Karl Riesenhuber
Die Auslegung und Kontrolle
des Wahrnehmungsvertrags

Schriften zum Europäischen
und Internationalen Privat-, Bank-
und Wirtschaftsrecht

EIW Band 1

Schriften zum Europäischen und Internationalen Privat-, Bank- und Wirtschaftsrecht

EIW Band 1

De Gruyter Recht · Berlin

Karl Riesenhuber

Die Auslegung und Kontrolle des Wahrnehmungsvertrags

W DE G RECHT

De Gruyter Recht · Berlin

Dr. *Karl Riesenhuber,* Professor an der Europa-Universität Viadrina, Frankfurt (Oder)

⊗ Gedruckt auf säurefreiem Papier,
das die US-ANSI-Norm über Haltbarkeit erfüllt.

ISBN 3-89949-183-1

Bibliografische Information Der Deutschen Bibliothek

Die Deutsche Bibliothek verzeichnet diese Publikation in der Deutschen Nationalbibliografie; detaillierte bibliografische Daten sind im Internet über http://dnb.ddb.de abrufbar.

Printed in Germany
Umschlaggestaltung: Christopher Schneider, Berlin
Datenkonvertierung/Satz: WERKSATZ Schmidt & Schulz GmbH, Gräfenhainichen
Druck und Bindung: Hubert & Co., Göttingen

Für Barbara

Geleitwort der Herausgeber

Europäisierung und Internationalisierung fordern die Rechtswissenschaft in besonderem Maße heraus. Die Einteilung in Fachgebiete und das Verhältnis zu anderen Sozialwissenschaften bedürfen der kritischen Neubewertung angesichts vielfacher Wechselwirkungen. Querbezüge zwischen wirtschaftsrechtlicher Regulierung und privatautonomer Gestaltung zeigen diese Entwicklung in aller Deutlichkeit. Eine sich über Deutschland hinaus öffnende Rechtswissenschaft muß sich solchen Herausforderungen stellen. Dafür steht exemplarisch das Recht der Finanzdienstleistungen als Querschnittsmaterie von Privatrecht und (öffentlichem) Wirtschaftsrecht. Dem will die vorliegende Reihe inhaltlich und methodisch Rechnung tragen. Neben dem Bank-, Kapitalmarkt- und Finanzrecht als Schwerpunkt zeigen Gesellschaftsrecht, Wettbewerbs- und Kartellrecht, Immaterialgüterrecht, Insolvenzrecht und auch Arbeitsrecht ähnliche Überlagerungen. Die intensive, international orientierte Bearbeitung der Überschneidungen von klassischem Privatrecht, insbesondere Vertragsrecht, und Wirtschaftsrecht verspricht reichen Ertrag, gerade auch auf europäischer Ebene unter dem zusammenfassenden Aspekt des Unternehmensrechts.
In der Reihe soll die herausragende Monographie ebenso ihren Platz finden wie der Tagungsband, Werke auf Deutsch ebenso wie gelegentlich auf Englisch. Ökonomisch ausgerichtete Arbeiten sollen neben die juristischen treten, die den Schwerpunkt bilden. In der Reihe sollen Werke zu Europäisierung und Internationalisierung zusammen kommen, die das Wirtschaftsrecht und das wirtschaftlich gedachte Privatrecht in hervorragender Weise befördern.

Im September 2004

Horst Eidenmüller, Stefan Grundmann, Susanne Kalss, Wolfgang Kerber, Karl Riesenhuber, Heike Schweitzer, Hans-Peter Schwintowski, Reinhard Singer, Christine Windbichler

Vorwort

Die Auslegung und Kontrolle des Wahrnehmungsvertrags hat seit Beginn der 1990er Jahre zunehmend häufig die Gerichte und auch die Wissenschaft beschäftigt. Dabei haben die Gerichte zumeist ein gutes Gespür für die Besonderheiten gezeigt, die der Wahrnehmungsvertrag vor allem durch seinen kollektiven Bezug aufweist. Indes zeigt sich auch, daß das Wahrnehmungsrecht als Gesamtsystem der Regelungen des Urheberrechtswahrnehmungsgesetzes, des Urheberrechtsgesetzes, des Vertragsrechts und des deutschen und Europäischen Kartellrechts oft nicht gesehen wird. Das ist zumal deswegen zu beklagen, weil die grundlegenden Deutungen und Theorien zu Auslegung und Kontrolle des Wahrnehmungsvertrags zumeist noch aus den 1960er und 1970er Jahren stammen, der Frühzeit des deutschen Wahrnehmungsgesetzes, in der zudem die AGB-Kontrolle noch nicht wie heute entwickelt war und Kommission und EuGH eben erst begannen, aus dem Europäischen Kartellrecht ein Europäisches Wahrnehmungsrecht zu formen. Daher tut eine Bestandsaufnahme und systematische Gesamtschau not. Das gilt umso mehr, als die Kommission nunmehr am 16. April 2004 die lange erwartete Mitteilung zur „Wahrnehmung von Urheberrechten und verwandten Schutzrechten im Binnenmarkt“ vorgelegt hat. Die Mitteilung ist Anlaß, sich über die Grundlagen und Grundentscheidungen des nationalen Wahrnehmungsrechts zu vergewissern und zu prüfen, ob diese sich bewährt haben und für eine mögliche Rechtsetzung der Gemeinschaft als Vorbild dienen können.

Die vorliegende Schrift ist aus meinem Erlanger Habilitationsvortrag vom 4. Juli 2002 hervorgegangen. Das Thema lag mir aus mehreren Gründen am Herzen. Zum einen bot sich hier die Gelegenheit, die Erfahrungen aus einer mehrjährigen anwaltlichen Tätigkeit auf dem Gebiet des Wahrnehmungsrechts einerseits und jene aus der – weithin parallel dazu verfolgten – wissenschaftlichen Tätigkeit auf den Gebieten des Vertragsrechts und des Europarechts andererseits in einer wissenschaftlichen Untersuchung zusammenzuführen. Zum anderen konnte ich damit meinem akademischen Lehrer, Professor Dr. Dr. *Stefan Grundmann,* ein kleines Zeichen des Dankes geben: Die Grundthemen der vorliegenden Schrift – Vertragsrecht, Treuhand, Europäisches Recht – sind Schwerpunkte seiner eigenen Tätigkeit. Und sein Vater, Professor Dr. *Siegfried Grundmann,* hatte als Assistent zum Thema der Kartellrechtskontrolle der Verwertungsgesellschaften publiziert.

Das Thema erforderte eine eingehendere Bearbeitung, es stellte sich bald heraus, daß sich seine zahlreichen Facetten nicht befriedigend in einem Aufsatz abhandeln ließen. Aufgrund anderer Publikationsverpflichtungen kam ich erst im Frühjahr dieses Jahres dazu, die Arbeit abzuschließen. Das hatte indes den Vorteil, daß ich dabei die Europäische Rechtsentwicklung, die sich jetzt abzeichnet, bereits berücksichtigen konnte: Zum einen wird künftig das Europäische Kartellrecht das nationale Kartellrecht überlagern und teilweise verdrängen. Zum anderen beabsichtigt die Kommission eine Angleichung des Wahrnehmungsrechts; insofern bot die Ausarbeitung Gelegenheit für eine Stellungnahme zur Mitteilung der Kommission auf der Grundlage des nationalen Rechts.

Bei der Fertigstellung des Buches haben mich meine Mitarbeiter in Frankfurt (Oder) tatkräftig unterstützt. Dafür danke ich meinem wissenschaftlichen Mitarbeiter Herrn Alexander von Vogel, der insbesondere den Abschnitt zu den vertragsrechtlichen Auslegungsgrundsätzen selbständig vorbereitet hat, sowie meinen studentischen Hilfskräften: Frau Aleksandra Mojkowska und Frau Katharina Ziegler sowie Herren Martin Bredol („Herr Abel"), Christian Flögel, Alexander Jüchser, Frank Rosenkranz und Torben Swane, die das Manuskript ganz oder teilweise gegengelesen und mich bei der Materialbeschaffung unterstützt haben.

Berlin/Frankfurt (Oder) im September 2004 *Karl Riesenhuber*

Inhaltsübersicht

Inhaltsverzeichnis

Abkürzungsverzeichnis

a.A.	anderer Ansicht
a.a.O.	am angegebenen Ort
a.E.	am Ende
a.F.	alte Fassung
AFMA	Anstalt für musikalische Aufführungsrechte
a.M.	anderer Meinung
abl.	ablehnend
ABl.	Amtsblatt der Europäischen Gemeinschaft
Abs.	Absatz
AfP	Archiv für Presserecht (Jahrgang, Seite)
AGB	Allgemeine Geschäftsbedingungen
AGBG	Gesetz zur Regelung der Allgemeinen Geschäftsbedingungen
AGICOA	Association de Gestion Internationale Collective de Œuvres Audiovisuelles
Alt.	Alternative
AöR	Archiv für öffentliches Recht (Jahrgang [Jahr] Seite)
Art.	Artikel
Aufl.	Auflage
AVB	Allgemeine Versicherungsbedingungen
BB	Betriebsberater (Jahr, Seite)
Begr.	Begründung
BGB	Bürgerliches Gesetzbuch
BGBl.	Bundesgesetzblatt
BGH	Bundesgerichtshof
BGHZ	Entscheidungen des Bundesgerichtshofs in Zivilsachen
BKartA	Bundeskartellamt
BlPMZ	Blatt für Patent-, Muster- und Zeichenwesen (Jahr, Seite)
BPatG	Bundespatentgericht
BVerfG	Bundesverfassungsgericht
BVerfGE	Entscheidungen des Bundesverfassungsgerichts
BVerwG	Bundesverwaltungsgericht
BVerwGE	Entscheidungen des Bundesverwaltungsgerichts
bzgl.	bezüglich
bzw.	beziehungsweise
CR	Computer und Recht (Jahr, Seite)
d.h.	das heißt
DB	Der Betrieb (Jahr, Seite)
ders.	derselbe
dies.	dieselbe/n
Diss.	Dissertation
DJZ	Deutsche Juristen-Zeitung (Jahr, Seite)
DPA	Deutsches Patentamt
DPMA	Deutsches Patent- und Markenamt (vgl. auch § 18 UrhWG)
DVBl.	Deutsches Verwaltungsblatt (Jahr, Seite)

ebd.	ebenda
EG	1. Europäische Gemeinschaft; 2. Nach Bezeichnung eines Artikels: EG-Vertrag, Vertrag zur Gründung der Europäischen Gemeinschaft, Konsolidierte Fassung mit den Änderungen durch den Vertrag von Amsterdam vom 2. 10. 1997
EGV	EG-Vertrag, Vertrag zur Gründung der Europäischen Gemeinschaft in der Fassung des Vertrags über die Europäische Union vom 7. 2. 1992 (Maastrichter Fassung)
Einf.	Einführung
Einl.	Einleitung
EU	1. Europäische Union; 2. Nach Bezeichnung eines Artikels: EU-Vertrag, Vertrag über die Europäische Union, Konsolidierte Fassung mit den Änderungen durch den Vertrag von Amsterdam vom 2. 10. 1997
EuGH	Europäischer Gerichtshof
EUV	EU-Vertrag, Vertrag über die Europäische Union vom 7. 2. 1992 (Maastricht-Vertrag)
EuZW	Europäische Zeitschrift für Wirtschaftsrecht (Jahr, Seite)
EWiR	Entscheidungen zum Wirtschaftsrecht
EWS	Europäisches Wirtschafts- und Steuerrecht (Jahr, Seite)
f.	folgende/r (Singular)
ff.	folgende (Plural)
FG	Festgabe
Fn.	Fußnote
FS	Festschrift
FuR	Film und Recht (Seite, Jahr)
GDT	Genossenschaft Deutscher Tonsetzer
GEMA	Gesellschaft für musikalische Aufführungs- und mechanische Vervielfältigungsrechte
GEMA-Brief	GEMA-Brief (Jahr, Ausgabe Nr.)
GEMA-Nachrichten	GEMA-Nachrichten (Jahr, Ausgabe Nr., Seite)
GenG	Gesetz betreffend die Erwerbs- und Wirtschaftsgenossenschaften
GRUR	Gewerblicher Rechtsschutz und Urheberrecht (Jahr, Seite)
GRUR Int.	Gewerblicher Rechtsschutz und Urheberrecht Internationaler Teil (Jahr, Seite)
GÜFA	Gesellschaft zur Übernahme und Wahrnehmung von Filmaufführungsrechten
GVL	Gesellschaft zur Verwertung von Leistungsschutzrechten
GWB	Gesetz gegen Wettbewerbsbeschränkungen
GWFF	Gesellschaft zur Wahrnehmung von Film und Fernsehrechten
h.M.	herrschende Meinung
Hrsg.	Herausgeber
Hs.	Halbsatz
i.d.F.	in der Fassung
i.d.R.	in der Regel
i.d.S.	in diesem Sinne
i.e.	im einzelnen
i.E.	im Ergebnis
i.e.S.	im engeren Sinne
i.O.	im Original
i.S.v.	im Sinne von
i.V.m.	in Verbindung mit

i.w.S.	im weiteren Sinne
insb.	insbesondere
JBl.	Juristische Blätter (Jahr, Seite)
JR	Juristische Rundschau (Jahr, Seite)
JuS	Juristische Schulung (Jahr, Seite)
JW	Juristische Wochenschrift (Jahr, Seite)
JZ	Juristenzeitung (Jahr, Seite)
K&R	Kommunikation und Recht, Betriebsberater für Medien, Telekommunikation, Multimedia (Jahr, Seite)
KG	Kammergericht
krit.	kritisch
KUG	Gesetz betreffend das Urheberrecht an Werken der bildenden Künste und der Photographie
KUR	Kunstrecht und Urheberrecht (Jahr, Seite)
KVO	Kartellverordnung v. 2. 11. 1923
l.Sp.	linke Spalte (s.a. r.Sp.)
LG	Landgericht
lit.	litera
LS	Leitsatz
m.a.W.	mit anderen Worten
MinE	Ministerialentwurf
m.N.	mit Nachweisen
m.w.N.	mit weiteren Nachweisen
MDR	Monatsschrift für Deutsches Recht (Jahr, Seite)
MMR	Multimedia und Recht, Zeitschrift für Informations-, Telekommunikations- und Medienrecht (Jahr, Seite)
n.F.	neue Fassung
n.rkr.	nicht rechtskräftig
NJW	Neue Juristische Wochenschrift (Jahr, Seite)
OLG	Oberlandesgericht
OVG	Oberverwaltungsgericht
r.Sp.	rechte Spalte (s.a. l.Sp.)
RabelsZ	Rabels Zeitschrift für ausländisches und internationales Privatrecht (Jahrgang [Jahr] Seite)
RefE	Referentenentwurf
RegE	Regierungsentwurf
RG	Reichsgericht
RGBl.	Reichsgesetzblatt
RGZ	Entscheidungen des Reichsgerichts in Zivilsachen
rkr.	rechtskräftig
Rn.	Randnummer; im Zusammenhang mit Entscheidungen des EuGH regelmäßig (außer bei älteren Entscheidungen) zur Verweisung auf die Absätze der Entscheidungsgründe verwandt (s.a. Tz.)
S.	Seite
s.	siehe
s.a.	siehe auch
s.o.	siehe oben
Schulze	Schulze, Erich (Hrsg.), Rechtsprechung zum Urheberrecht
sog.	sogenannte
st.Rspr.	ständige Rechtsprechung
str.	strittig
Tz.	Textziffer; im Zusammenhang mit Entscheidungen des EuGH regel-

	mäßig zur Verweisung auf Ausführungen in den Schlußanträgen des Generalanwaltes verwandt (s.a. Rn.)
u.a.	unter anderem
u.a.m.	und andere(s) mehr
UAbs.	Unterabsatz
UFITA	Archiv für Urheber- und Medienrecht (Band [Jahr], Seite)
UrhG	Urheberrechtsgesetz vom 9. September 1965
UrhWG	Urheberrechtswahrnehmungsgesetz vom 9. September 1965
VerlG	Gesetz über das Verlagsrecht (Verlagsgesetz) vom 19. Juni 1901
VFF	Verwertungsgesellschaft der Film- und Fernsehproduzenten
VG Wort	Verwertungsgesellschaft Wort
VG	Verwertungsgesellschaft
VGF	Verwertungsgesellschaft für Nutzungsrechte an Filmwerken
vgl.	vergleiche
VVaG	Versicherungsverein auf Gegenseitigkeit
WahrnV	Wahrnehmungsvertrag
WiB	Wirtschaftsrechtliche Beratung (Jahr, Seite)
WRP	Wettbewerb in Recht und Praxis (Jahr, Seite)
WuW	Wirtschaft und Wettbewerb (Jahr, Seite)
z.B.	zum Beispiel
z.T.	zum Teil
ZaöRV	Zeitschrift für ausländisches öffentliches Recht und Völkerrecht (Jahrgang [Jahr] Seite)
ZEuP	Zeitschrift für Europäisches Privatrecht (Jahr, Seite)
ZfRV	Zeitschrift für Rechtsvergleichung (Jahr, Seite)
ZGR	Zeitschrift für Unternehmens- und Gesellschaftsrecht (Jahr, Seite)
ZHR	Zeitschrift für das gesamte Handelsrecht und Wirtschaftsrecht (Jahr, Seite)
ZIP	Zeitschrift für Wirtschaftsrecht (Jahr, Seite)
ZUM	Zeitschrift für Urheber- und Medienrecht (Jahr, Seite)
zust.	zustimmend
zutr.	zutreffend
ZVglRWiss	Zeitschrift für vergleichende Rechtswissenschaft (Jahrgang [Jahr] Seite)

§ 1 Einleitung

I. Themenstellung

Der Wahrnehmungsvertrag zwischen Urheber und Verwertungsgesellschaft unterliegt im deutschen und Europäischen Recht einer Mehrzahl von Regelungsregimen, nämlich[1]

- als Vertrag dem Vertragsrecht,
- insbesondere als vorformulierter Vertrag den AGB-Regelungen,
- als Wahrnehmungsvertrag dem Urheberrechtswahrnehmungsgesetz,
- als urheberrechtlicher Vertrag dem Urheberrechtsgesetz und schließlich
- als Geschäftsbedingungen eines Unternehmens mit einem – national regelmäßig gegebenen – faktischen Monopol: dem deutschen Kartellrecht des GWB[2] sowie
- dem Europäischen Kartellrecht.

Diese Regelungen enthalten vor allem Vorschriften, aus denen sich eine Inhaltskontrolle des Wahrnehmungsvertrags ergibt. Darüber hinaus enthalten sie aber auch Vorschriften über die – der Kontrolle notwendig vorangehende – Auslegung des Wahrnehmungsvertrags. Das Gesamtbild vor allem der Kontrollvorschriften wird in Rechtsprechung und Literatur oftmals nicht berücksichtigt.[3] Statt dessen ist zu beobachten, daß auch Obergerichte nur einzelne Regelungsregime isoliert betrachten.

Das ist nicht nur praktisch, sondern auch theoretisch unbefriedigend. Gibt es mehrere Regelungen über denselben Gegenstand, so darf man erwarten, daß sich ihre Anwendungsbereiche formal abgrenzen lassen oder sie (jedenfalls) inhaltlich aufeinander abgestimmt sind. Die Systemforderung der inneren Einheit der Rechtsordnung mit dem Mindestpostulat der Widerspruchsfreiheit hat keineswegs nur

---

1 Unberücksichtigt bleibt in der vorliegenden Untersuchung die Kontrolle, die sich aus dem Gesellschaftsrecht ergeben kann, insbesondere aus dem vereinsrechtlichen Gleichbehandlungsgrundsatz; ein Beispiel aus der Rechtsprechung ist KG v. 23. 2. 2000 – KartU 1557/99; dazu noch die Hinweise bei *Bezzenberger/Riesenhuber*, GRUR 2003, 1005–1014.

2 Zu den unmittelbar bevorstehenden Änderungen durch die 7. GWB-Novelle unten, § 3 III 3 (S. 34 f.) und § 9 I (S. 123 f.).

3 Anders aber die Ansätze bei *Mauhs*, Der Wahrnehmungsvertrag, S. 67–69, die allerdings keine innere Abstimmung der Kontrollmaßstäbe unternimmt. Nur knapp und ohne nähere dogmatische Herleitung *Augenstein*, Rechtliche Grundlagen des Verteilungsplans, 2. Kap. C.

theoretische oder ästhetische Bedeutung. Vielmehr ist sie Ausdruck des fundamentalen Gerechtigkeitspostulats der Gleichbehandlung.[4]

Während die Auslegungsregeln des Vertragsrechts und des Urheberrechts noch in einem klaren Verhältnis stehen, ist die Abstimmung der Kontrollvorschriften in zahlreichen Einzelheiten unklar und umstritten. In der vorliegenden Untersuchung wird der Versuch unternommen, diese Abstimmung mit Hilfe der Prinzipien zu erreichen, die dem Urheberrechtswahrnehmungsgesetz zugrunde liegen und die in ganz entsprechender Weise auch als tragend für das Europäische Recht entwickelt wurden. Von diesem rechtsdogmatischen Ziel ausgehend soll die Untersuchung zugleich eine Grundlage für die eben (neu) entfachte rechtspolitische Diskussion um das Europäische Wahrnehmungsrecht darstellen.

II. Gang der Darstellung

Zum Zwecke dieser Erörterung sind zunächst einige Grundlagen zu legen. Zuerst werden die Entwicklung der Verwertungsgesellschaften dargestellt und die heute in Deutschland tätigen Verwertungsgesellschaften sowie der Wahrnehmungsvertrag als rechtstatsächliche Erscheinung vorgestellt (§ 2). Anschließend werden Entwicklung und Stand des Wahrnehmungs*rechts* nachgezeichnet (§ 3). Hier geht es zum einen darum, in das deutsche Urheberrechtswahrnehmungsgesetz einzuführen und es aus seiner Entstehung heraus zu verstehen. Zum anderen ist hier das „sonstige Wahrnehmungsrecht" darzustellen, das sich aus Urheberrecht, Vertragsrecht und Kartellrecht ergibt. In diesem Zusammenhang werden auch die Fragen der Anwendbarkeit jener Regelungen auf den Wahrnehmungsvertrag untersucht.

Auf dieser Grundlage können wir uns im 2. Teil der Untersuchung mit der Auslegung des Wahrnehmungsvertrags beschäftigen. Zweckmäßigerweise sind hier zunächst die Besonderheiten zu erörtern, die sich für den Wahrnehmungsvertrag als urheberrechtlichen Nutzungsvertrag ergeben (§ 4). Sodann sind die allgemeinen Auslegungsregeln des Vertragsrechts zu behandeln, insbesondere die Regeln über die Auslegung von Allgemeinen Geschäftsbedingungen (§ 5).

Die Kontrolle des Wahrnehmungsvertrags ist Gegenstand des 3. Teils. In einem ersten Abschnitt geht es dort um das deutsche Recht. Hier sind der Reihe nach Kontrolltatbestände des Urheberrechts (§ 6), des Urheberrechtswahrnehmungsgesetzes (§ 7), des Vertragsrechts (§ 8) sowie des Gesetzes gegen Wettbewerbsbeschränkungen (§ 9) zu erörtern. In einem zweiten Abschnitt geht es um das Europäische Recht. Hier ist vor allem das EG-Kartellrecht zu untersuchen (§ 10). Abschließend ist ein Blick auf die vorliegende und geplante Rechtsangleichung in diesem Bereich zu werfen (§ 11). Zum Schluß werden einige Folgerungen aus der Untersuchung gezogen (§ 12).

---

4 S. nur *Canaris,* Systemdenken und Systembegriff in der Jurisprudenz *passim; Michael,* Der Gleichheitssatz als Methodennorm, S. 223–294; *Pawlowski,* Methodenlehre, Rn. 156–159 und 160–174; *Riesenhuber,* System und Prinzipien des Europäischen Vertragsrechts, S. 5–30.

1. Teil: Grundlagen

§ 2 Verwertungsgesellschaften in Deutschland und die Praxis des Wahrnehmungsvertrags

I. Zur Entstehung der Verwertungsgesellschaften in Deutschland

Die Geschichte der Verwertungsgesellschaften[1] beginnt im 19. Jahrhundert, 1851 mit der Gründung der ersten Verwertungsgesellschaft in Frankreich.[2] Bekannt ist die Kaffeehausanekdote, nach der der französische Komponist *Bourget* dem Zahlungsverlangen des Kaffeehausbesitzers seinen Anspruch auf Vergütung für die Aufführung seiner Werke entgegensetzte.[3] Wesentlicher Anlaß für die Gründung von Verwertungsgesellschaften war, wie die Anekdote illustriert, die Anerkennung des Aufführungsrechts als ausschließliches Recht des Komponisten.

In Deutschland bildeten sich die ersten Verwertungsgesellschaften erst rund ein halbes Jahrhundert später. Nachdem das Gesetz betreffend das Urheberrecht an Werken der Literatur und der Tonkunst (LUG) von 1901 den Komponisten das Aufführungsrecht an erschienenen Werken der Tonkunst auch ohne die Voraussetzung eines entsprechenden Vorbehalts[4] als ausschließliches Recht zuerkannte,[5] erlangte die kollektive Rechtewahrnehmung erstmals größere Bedeutung.[6] Das hatte der Gesetzgeber von 1901, der das Vorbild anderer Länder vor Augen hatte, durchaus vorhergesehen und gewollt. In der Begründung des Regierungsentwurfs heißt es:

> „Die demgemäß im Entwurf vorgesehene Erleichterung des Schutzes [des Aufführungsrechts] wird, wie zu hoffen steht, dem Komponisten und dessen Hinterbliebenen eine fortdauernde Einnahme aus der Aufführung seiner Werke sichern. Im

---

1 Neben den im folgenden Genannten v.a. *Kreile/Becker,* in: Handbuch der Musikwirtschaft, S. 593–597; *Nordemann,* FS GRUR, S. 1197–1210; Schricker-*Reinbothe,* Vor §§ 1 ff. UrhWG Rn. 1–4.

2 I.e. *Schwab,* Recht und Praxis der Urheberverwertungsgesellschaften in Frankreich, S. 7–40.

3 *Kreile/Becker,* in: Handbuch der Musikwirtschaft, S. 595; *Hauptmann,* Die Vergesellschaftung des Urheberrechts, S. 45 Fn. 150; E. *Schulze,* Urheberrecht in der Musik, S. 41 f. Demnächst eingehend; M. M. *Schmidt,* die Anfänge der musikalischen Tantiemenbewegung in Deutschland.

4 § 50 Abs. 2 S. 2 UrhG v. 11. 6. 1870 bestimmte noch: „Musikalische Werke, welche durch Druck veröffentlicht worden sind, können ohne Genehmigung des Urhebers öffentlich aufgeführt werden, falls nicht der Urheber auf dem Titelblatt oder an der Spitze des Werkes sich das Recht der öffentlichen Aufführung vorbehalten hat." Der Vorbehalt war zwar leicht anzubringen, doch verzichteten die Urheber und Verleger zumeist darauf aus Sorge, er könne den Absatz hindern; *Melichar,* UFITA 117 (1991), 5 f.

5 § 11 Abs. 2 LUG: „Das Urheberrecht an einem Bühnenwerk oder an einem Werk der Tonkunst enthält auch die ausschließliche Befugnis, das Werk öffentlich aufzuführen." Zur Entwicklung des Aufführungsrecht noch *Staats,* Aufführungsrecht und kollektive Wahrnehmung, S. 13 f.

6 Zur Entwicklung nur *Kreile/Becker,* in: Handbuch der Musikwirtschaft, S. 593 f.; s. a. *Riesenhuber/Rosenkranz,* UFITA 2004 (im Druck).

> Einzelnen muß die Verwerthung des in dieser Weise erweiterten Aufführungsrechts dem Zusammenwirken der beteiligten Kreise überlassen bleiben. ... Als geeigneter Weg für eine befriedigende Gestaltung der Verhältnisse auf dem Boden des neuen Rechts kommt sowohl nach der Meinung der Komponisten als auch nach der der Verleger und nach dem Vorbilde der in anderen großen Ländern getroffenen Einrichtungen vornehmlich die Begründung einer Anstalt in Frage, deren Satzung es gestattet, die Werke derjenigen Komponisten, die ihr als Mitglieder beigetreten sind, ohne Weiteres aufzuführen, sofern die Aufführenden eine kleine Abgabe von der Einnahme aus der Aufführung oder auch vor der Aufführung eine entsprechende Vergütung an die Kasse der Anstalt entrichten. Aus derartigen Einnahmen erhält die Anstalt die Mittel, aus welchen den Komponisten die ihnen zustehenden Honorare gezahlt werden können."

So kam es. Auf Initiative von *Hans Sommer, Richard Strauss* und *Friedrich Rösch* wurde 1903 die „Genossenschaft der deutschen Tonsetzer" (GDT) gegründet, die die kollektive Rechteverwertung mit ihrer „Anstalt für musikalische Aufführungsrechte" (AFMA) betrieb.[7] Andere Verwertungsgesellschaften folgten nach, insbesondere wurden auch konkurrierende Verwertungsgesellschaften in Deutschland tätig.[8] Praktisch erwies sich dieses Nebeneinander mehrerer Verwertungsgesellschaften als wenig fruchtbar, mußten doch nun die Nutzer von mehreren Verwertungsgesellschaften Lizenzen einholen und die Verwertungsgesellschaften umgekehrt in aufwendiger Weise parallel mehrere Kontrollapparate installieren, die zudem noch zu prüfen hatten, ob der Veranstalter auch Werke aus dem Repertoire der Splittergesellschaft nutzte.

Dieser – von Urhebern wie von Nutzern[9] gleichermaßen als unbefriedigend empfundene –[10] Zustand löste sich erst[11] infolge des Gesetzes vom 4. Juli 1933 über die Vermittlung von Musikaufführungsrechten[12] (auch „Stagma-Gesetz") auf.[13] Der Kernpunkt des Gesetzes, die Einrichtung eines rechtlichen Monopols für die Verwertungsgesellschaft,[14] kommt in dem aus fünf Paragraphen bestehenden Gesetz freilich nicht zum Ausdruck, er ist aber in der Begründung deutlich hervor-

---

7 Eingehend zur Entstehungsgeschichte *Dümling,* Musik hat ihren Wert, S. 12–83.

8 *Dümling,* Musik hat ihren Wert, S. 96–115; *Kreile/Becker,* in: Handbuch der Musikwirtschaft, S. 624; *Plugge/Roeber,* Das musikalische Tantiemenrecht in Deutschland, S. 22–29. Zu dem aus dem Austritt einer Gruppe von Komponisten und Verlegern aus der GDT entstandenen Rechtsstreit RGZ 87, 215–221.

9 Vgl. *Nordemann,* FS GRUR, S. 1198.

10 Eingehend *Plugge/Roeber,* Das musikalische Tantiemenrecht in Deutschland, *passim.* S.a. Begründung zum Gesetz über Vermittlung von Musikaufführungen vom 4. Juli 1933, Deutscher Reichsanzeiger und Preußischer Staatsanzeiger v. 8. 7. 1933, abgedruckt bei E. *Schulze,* Geschätzte und geschützte Noten, S. 299.

11 Zuvor hatten sich die konkurrierenden Verwertungsgesellschaften freilich schon 1916 und 1930 zum „Musikschutzverband" zusammengeschlossen; dazu etwa *Dümling,* Musik hat ihren Wert, S. 105 und 173; *Nordemann,* FS GRUR, S. 1198 f.; E. *Schulze,* Geschätzte und geschützte Noten, S. 162–203.

12 RGBl. 1933 I S. 452, mit Begründung abgedruckt bei E. *Schulze,* Geschätzte und geschützte Noten, S. 298 f. Übersicht bei *Klauer,* UFITA 6 (1933), 291–298.

13 S.a. noch unten, § 3 I (S. 11 f.).

14 *Klauer,* UFITA 6 (1933), 291, 292; Schricker-*Reinbothe,* Vor §§ 1 ff. UrhWG Rn. 3.

gehoben.[15] Nach § 1 des Gesetzes bedurfte die Vermittlung von musikalischen Aufführungsrechten der Genehmigung des Reichsministers für Volksaufklärung und Propaganda, Verträge mit Vermittlern, die über diese Genehmigung nicht verfügten, waren nichtig (§ 2). Die öffentliche Aufführung von geschützten Musikwerken war nur mit Zustimmung der Verwertungsgesellschaft zulässig; fehlte sie, so konnte die Polizei von Amts wegen oder auf Antrag des Berechtigten die Aufführung „verhindern" (§ 3).[16] Der Hauptzweck des Gesetzes, eine aufreibende Konkurrenz von Verwertungsgesellschaften zu verhindern,[17] wurde also durch die Genehmigungspflicht des § 1 erreicht. Von den konkurrierenden Verwertungsgesellschaften – GDT, (Alte) GEMA[18] und AKM[19] –, die sich bereits 1930 zum Deutschen Musikschutzbund zusammengeschlossen und so ein faktisches Monopol erworben hatten,[20] gründeten nun zwei, die GEMA und die GDT, 1933 die Stagma – Staatlich genehmigte Gesellschaft zur Verwertung musikalischer Urheberrechte. Die Stagma erlangte durch Beschluß des Preußischen Staatsministeriums vom 28. 9. 1933[21] Rechtsfähigkeit und durch Verordnung des Reichsministers für Volksaufklärung und Propaganda vom 15. 2. 1934[22] das rechtliche Monopol zur Vermittlung von Musikaufführungsrechten.[23] Nach dem Krieg führte die Stagma ihre Tätigkeit mit Billigung der für ihren Sitz zuständigen britischen Militärregierung unter dem Namen GEMA fort.[24]

---

15 Begründung zum Gesetz über Vermittlung von Musikaufführungen vom 4. Juli 1933, Deutscher Reichsanzeiger und Preußischer Staatsanzeiger v. 8. 7. 1933, abgedruckt bei E. *Schulze,* Geschätzte und geschützte Noten, S. 298 f.

16 § 4 Stagma-Gesetz enthielt eine Schlichtungsklausel für den Fall, daß sich Nutzer und Vermittler nicht über die Vergütung einigten, § 5 eine Verordnungsermächtigung zugunsten des Reichsministers für Volksaufklärung und Propaganda.

17 Begründung zum Gesetz über Vermittlung von Musikaufführungen vom 4. Juli 1933, Deutscher Reichsanzeiger und Preußischer Staatsanzeiger v. 8. 7. 1933, abgedruckt bei E. *Schulze,* Geschätzte und geschützte Noten, S. 299.

18 Genossenschaft zur Verwertung musikalischer Aufführungsrechte (Alte Gema) von 1915.

19 Die österreichische Gesellschaft der Autoren, Komponisten und Musikverleger (AKM) von 1897 war auch in Deutschland tätig.

20 *Dümling,* Musik hat ihren Wert, S. 173.

21 Beschluß des Preußischen Staatsministeriums vom 28. 9. 1933 über die Verleihung der Rechtsfähigkeit abgedruckt bei E. *Schulze,* Geschätzte und geschützte Noten, S. 301. Vgl. auch BGHZ 15, 338, 342.

22 RGBl. I, S. 100, abgedruckt bei E. *Schulze,* Geschätzte und geschützte Noten, S. 302.

23 Die Anstalt für mechanische Rechte wurde der Stagma 1938 angegliedert; *Ulmer,* Urheber- und Verlagsrecht^{2}, § 84 II 1 (S. 373).

24 Vgl. BGHZ 15, 338, 342 f.

II. Deutsche Verwertungsgesellschaften und Wahrnehmungsverträge heute

1. Übersicht

Heute sind in Deutschland zwölf Verwertungsgesellschaften tätig.[25] Es sind dies[26]

- die GEMA – Gesellschaft für musikalische Aufführungs- und mechanische Vervielfältigungsrechte (rechtsfähiger Verein kraft staatlicher Verleihung);[27]
- die VG Wort (rechtsfähiger Verein kraft staatlicher Verleihung);[28]
- die VG Bild-Kunst (rechtsfähiger Verein kraft staatlicher Verleihung);[29]
- die GVL – Gesellschaft zur Verwertung von Leistungsschutzrechten mbH;[30]
- VG Musikedition (rechtsfähiger Verein kraft staatlicher Verleihung);[31]
- die VFF – Verwertungsgesellschaft der Film- und Fernsehproduzenten mbH;[32]
- die GWFF – Gesellschaft zur Wahrnehmung von Film- und Fernsehrechten mbH;[33]
- die VGF – Verwertungsgesellschaft für Nutzungsrechte an Filmwerken mbH;[34]
- die AGICOA Urheberrechtsschutz-Gesellschaft mbH;[35]
- die GÜFA – Gesellschaft zur Übernahme und Wahrnehmung von Filmaufführungsrechten mbH;[36]
- VG Media;[37]
- VG Werbung mbH i. G.[37a]

25 Übersichten zu den Verwertungsgesellschaften, ihrer Entstehung und Tätigkeit sowie weiteren Einzelheiten stehen in zahlreichen gut zugänglichen Werken zur Verfügung. Besonders eingehend Loewenheim-*Melichar,* Handbuch des Urheberrechts, § 46; ferner etwa Schricker-*Reinbothe,* Vor §§ 1 ff. UrhWG Rn. 14; Wandtke/Bullinger-*Gerlach,* Vor §§ 1 ff. UrhWG Rn. 4–15.
26 Die nachfolgenden Angaben über Informationen im www beruhen auf einer Durchsicht vom 24. 4. 2004.
27 Material (Satzung, Wahrnehmungsvertrag, Verteilungsplan) abgedruckt bei *Kreile* (Hrsg.), GEMA-Jahrbuch 2003/2004, und abrufbar bei www.gema.de. Zur GEMA *Kreile/Becker,* GEMA, in: Handbuch der Musikwirtschaft, 687–707; *Dümling,* Musik hat ihren Wert; E. *Schulze,* Geschätzte und geschützte Noten.
28 Material (Wahrnehmungsvertrag, Satzung, Verteilungsplan) abrufbar bei www.vgwort.de. Zur VG Wort *Melichar,* Die Wahrnehmung von Urheberrechten durch Verwertungsgesellschaften.
29 Material (Satzung, Wahrnehmungsvertrag, Verteilungsplan) abrufbar bei www.bildkunst. de. Zur VG Bild-Kunst *Pfennig,* in: Die Verwertungsgesellschaften im Europäischen Binnenmarkt, S. 63–77.
30 Material (Satzung, Wahrnehmungsvertrag) abrufbar bei www.gvl.de. Zur GVL *Dünnwald/Gerlach,* in: Handbuch der Musikwirtschaft, S. 708–714.
31 Information (soweit ersichtlich aber nicht Satzung, Wahrnehmungsvertrag und Verteilungsplan) abrufbar bei www.vg-musikedition.de.
32 Material (Satzung, Wahrnehmungsvertrag, Verteilungsplan) abrufbar bei www.vffvg.de.
33 Material (Satzung, Wahrnehmungsvertrag) abrufbar bei www.gwff.de.
34 Soweit ersichtlich keine Homepage.
35 Im Aufbau: www.agicoa.de.
36 Material (Wahrnehmungsvertrag) abrufbar bei www.guefa.de.
37 Material (Satzung, Verteilungsplan) abrufbar bei www.vgmedia.de.
37a Verwertungsgesellschaft Werbung mbH i. G., Theresienstr. 6, 80333 München. Erlaubnis des DPMA v. 26. 1. 2004, BAnz 2004, 5130 = BlfPMZ 2004, 121. Die VG Werbung hat, soweit erkennbar keine Internetpräsenz.

2. Organisationsformen und Rechtewahrnehmung

Sämtliche Verwertungsgesellschaften sind entweder als rechtsfähiger Verein oder als GmbH organisiert.[38] Von der in § 1 Abs. 4 UrhWG eröffneten Möglichkeit, als Einzelperson eine Verwertungsgesellschaft zu betreiben, hat bislang niemand Gebrauch gemacht.[39]

Als Verein sind die drei Verwertungsgesellschaften der Urheber organisiert, die GEMA, die VG Wort und die VG Bild-Kunst. Ferner ist auch die VG Musikedition ein rechtsfähiger Verein. Die Berechtigten sind der Verwertungsgesellschaft in jedem Fall zuerst durch schuldrechtlichen Berechtigungsvertrag verbunden.[40] Bei der Vereinsform können die Berechtigten aber unter bestimmten Voraussetzungen Vereinsmitglieder werden.[41] Das Mitgliedschaftsverhältnis führt indes – wie sich freilich nur *e silencio* aus den Satzungen ergibt – nicht zur Beendigung des Berechtigungsvertrags, der daneben weiterläuft.

Als GmbH sind demgegenüber fast alle Verwertungsgesellschaften der Leistungsschutzberechtigten organisiert. Sie haben nur wenige Mitglieder im korporationsrechtlichen Sinne (Gesellschafter) und nehmen die Rechte der Berechtigten ausschließlich auf der Grundlage von Berechtigungsverträgen wahr.[42]

III. Inhalt des Wahrnehmungsvertrags[43]

1. Einführung

Das Urheberrechtswahrnehmungsgesetz setzt den Wahrnehmungsvertrag als Vertragstyp voraus und definiert ihn nicht. Eine Kardinalnorm, wie sie § 433 BGB für das Kaufrecht darstellt und aus der das Pflichtenprogramm der Parteien ersichtlich wäre, fehlt ebenso wie ein Bestand dispositiver oder zwingender Einzelnormen.[44] Der Grund dafür liegt in der Entwicklung des Wahrnehmungsrechts, das anfänglich nicht gesondert geregelt war und durch das Gesetz von 1965 nur behutsam und mit Rücksicht auf die Wahrnehmungspraxis ausgeformt wurde, die sich bis dahin herausgebildet hatte.

Die Wahrnehmungsverträge, die die deutschen Verwertungsgesellschaften verwenden, erscheinen im Vergleich mit den Regelungen der Vertragstypen des BGB wenig systematisch aufgebaut. Der Schwerpunkt der Regelung liegt zumeist in der Be-

---

38 S.a. *Vogel,* GRUR 1993, 513, 519f.
39 S. aber den Fall des BayVGH, BlPMZ 1978, 261–263.
40 § 6 Abs. 1, 2 GEMA-Satzung; § 2 Abs. 1 VG Wort-Satzung.
41 § 6 Abs. 3–5, §§ 7, 8 GEMA-Satzung, § 2 Abs. 3–5 VG Wort-Satzung.
42 S. z.B. § 2 Abs. 2 GVL-Satzung; §§ 3, 5 Abs. 2 VGF-Satzung.
43 Eingehend *Mauhs,* Der Wahrnehmungsvertrag, S. 73–164; *Kreile/Becker,* in: Handbuch der Musikwirtschaft, S. 693–701.
44 Dazu der (kritische) Hinweis von *Dietz,* ZUM 2003, 41, 43f.

stimmung der an die Verwertungsgesellschaft übertragenen Rechte.[45] Die Rechtewahrnehmung[46] als charakteristische Hauptpflicht steht demgegenüber ebenso im Hintergrund wie der Anspruch des Berechtigten auf Auskehrung seines Erlösanteils.

2. Regelungstechnik: Formale Trennung von Wahrnehmungsvertrag, Satzung und Verteilungsplan und Einbeziehungsklauseln

Die Wahrnehmungsbedingungen sind in einer vom UrhWG anerkannten Tradition in drei Regelungen enthalten. Sie ergeben sich zuerst aus dem Wahrnehmungsvertrag, zudem aber auch aus dem Verteilungsplan und der Satzung. Diese drei Regelwerke sind regelmäßig miteinander verknüpft.

Erstens enthalten die Wahrnehmungsverträge üblicherweise Einbeziehungsklauseln (Inkorporationsklauseln), mit denen der Verteilungsplan und teilweise auch die Satzung in den Vertrag einbezogen werden, und zwar in ihrer jeweils gültigen Fassung („dynamische Verweisung").[47] Zweitens sind die Grundsätze der Verteilung schon kraft Gesetzes in die Satzung aufzunehmen, § 7 S. 3 UrhWG.[48] Umgekehrt ist nach der VG Bild-Kunst-Satzung der Wahrnehmungsvertrag Bestandteil der Satzung.[49]

3. Inhalt des Wahrnehmungsvertrags i.e.S.

a) *Pflichten der Verwertungsgesellschaft*

Der Wahrnehmungsvertrag verpflichtet die Verwertungsgesellschaft in erster Linie, die ihr vom Berechtigten übertragenen Rechte wahrzunehmen.[50] Weitere Pflichten kommen als Ergänzung dieser Hauptpflicht oder als zusätzliche Pflichten hinzu. Wesentliche Ergänzung der Hauptpflicht ist naturgemäß die Ausschüttung von Einnahmen; sie erfolgt aufgrund der kollektiven Rechtewahrnehmung nach den Bestimmungen eines Verteilungsplans. Zudem ist die Verwertungsgesellschaft – in Grenzen – zu Auskunft und Abrechnung verpflichtet.[50a]

---

45 §§ 1, 2 WahrnV GEMA; §§ 1, 2 WahrnV VG Wort; Abschnitt I WahrnV GVL; §§ 1, 2 WahrnV VG Bild-Kunst.

46 § 3 WahrnV GEMA; § 3 WahrnV VG Wort; § 4 WahrnV VG Bild-Kunst. Regelmäßig ist hier auch nur die *Berechtigung* zur Wahrnehmung genannt, nicht aber die Verpflichtung.

47 Verteilungsplan und Satzung einbeziehen: § 6 GEMA-WahrnV, § 5 VG-Wort-Satzung, § 5 VG-Bild-Kunst WahrnV, § 7 GWFF-WahrnV, Abschnitt 6 VFF-WahrnV; § 4 S. 1 GÜFA-WahrnV. Nur die Satzung einbezieht: Abschnitt VII GVL-WahrnV.

48 S. z.B. § 17 S. 2 GEMA-Satzung kraft Inkorporationsklausel; andere Satzungen regeln selbst die allgemeinen Grundsätze, z.B. § 9 VG Wort-Satzung, § 18 VG Bild-Kunst-Satzung, § 2 Abs. 4 GVL-Satzung.

49 § 12 VG Bild-Kunst-Satzung.

50 *Goldmann,* Die kollektive Wahrnehmung musikalischer Rechte, S. 296–301; *Melichar,* Die Wahrnehmung von Urheberrechten durch Verwertungsgesellschaften, S. 62 f.

50a *Riesenhuber,* ZUM 2004, 417–426.

Darüber hinaus kann der Wahrnehmungsvertrag weitere Pflichten der Verwertungsgesellschaft vorsehen, vor allem die Wahrung der Belange der Berechtigten in sonstiger Weise.

b) Pflichten des Berechtigten

aa) Zahlung einer Vergütung (Entgeltlichkeit)?

Den Berechtigten auf der anderen Seite trifft regelmäßig keine synallagmatische Hauptpflicht. Sie könnte in einer Vergütungspflicht liegen, die aber die deutschen Verwertungsgesellschaften durchweg nicht vorsehen. Anders als beispielsweise einzelne US-amerikanische Verwertungsgesellschaften[51] arbeiten die deutschen Verwertungsgesellschaften ohne Gewinnerzielungsabsicht.[52] Ihre Einnahmen schütten sie vollständig an die Berechtigten aus, abgesehen nur von einem Abzug der Verwaltungskosten. Für *ihre Tätigkeit* erhält die Verwertungsgesellschaft hingegen keine Vergütung. Der Wahrnehmungsvertrag ist daher ein unentgeltlicher Vertrag.

Freilich ist das nach deutschem Recht nicht zwingend so. Nach dem UrhWG ist es nicht ausgeschlossen, daß eine Verwertungsgesellschaft mit der Absicht einer eigenen Gewinnerzielung tätig ist, aus §§ 1–4 UrhWG ergibt sich kein dahingehendes Verbot. Indes dürfte die Zulässigkeit eigener Gewinnerzielung unter §§ 6, 7 UrhWG engen Grenzen unterliegen.

bb) Übertragung von Rechten (auf Zeit) zu treuen Händen

Hinzu kommen weitere Bindungen des Berechtigten.[53] Die wichtigste ist die Übertragung der vertraglichen Nutzungsrechte exklusiv (§ 31 Abs. 1, 3 UrhG)[54] an die Verwertungsgesellschaft.[55] Ohne sie kann die Verwertungsgesellschaft ihre Hauptpflicht nicht erfüllen. Üblicherweise erfolgt im Wahrnehmungsvertrag gleichzeitig die Verpflichtung zur Rechteeinräumung und die Verfügung. Die Verfügung nehmen die Parteien als Vorausabtretung der näher bestimmten Rechte für alle bestehenden und künftigen Werke vor.[56] Rechte, über die der Berechtigte anfänglich nicht verfügen kann, werden öfter für den Fall übertragen, daß er die Verfügungsbefugnis wieder erlangt.[57]

---

51 Die 1930 gegründete Society of European Stage Authors and Composers (SESAC) verteilt nur 50 % des Gewinns an Autoren und Verleger und schüttet den Rest an seine Gesellschafter aus; *Goldmann,* Die kollektive Wahrnehmung musikalischer Rechte, S. 90; *Kukuk,* Urheberrechtswahrnehmung in den USA, S. 157.

52 *Mauhs,* Der Wahrnehmungsvertrag, S. 15 f.

53 Nicht erörtert sind hier die – vertraglich regelmäßig nicht eigens geregelten – weiteren Verhaltenspflichten wie z. B. die allgemeine Pflicht, alles zu unterlassen, was dem Vertragszweck zuwider liefe; dazu nur *Mestmäcker,* FS Lukes, S. 446; s. aber auch die Regelung von § 5 a GEMA-WahrnV.

54 Vgl. LG Köln, ZUM 1998, 168, 169 – Kunstklotz.

55 *Goldmann,* Die kollektive Wahrnehmung musikalischer Rechte, S. 297–300.

56 *Goldmann,* Die kollektive Wahrnehmung musikalischer Rechte, S. 299; s. z. B. § 1 GEMA-WahrnV; § 2 VG-Wort-WahrnV, Abschnitt I Abs. 1 GVL-WahrnV, § 1 VG-Bild-Kunst-WahrnV, §§ 1, 2 GWFF-WahrnV, § 1 VFF-WahnV.

57 Z. B. § 2 GEMA-WahrnV, § 2 VG-Bild-Kunst-WahrnV.

Die Rechtsübertragung wird insbesondere durch Auskunftspflichten ergänzt, die Voraussetzung für die Rechtswahrnehmung sein können.[58] Wenn § 10 UrhWG die Verwertungsgesellschaft bindet, jedermann Auskunft zu geben, ob sie Rechte an einem bestimmten Werk wahrnimmt, so setzt die Regelung voraus, daß die Verwertungsgesellschaft ihrerseits einen Anspruch gegen den Berechtigten hat, die Werke zu spezifizieren. Soweit die Verteilung der Einnahmen Kenntnis der Werke und ihrer Beschaffenheit (z. B. Länge) voraussetzt, folgt daraus eine Obliegenheit der Berechtigten, neu geschaffene Werke bei der Verwertungsgesellschaft anzumelden.[59]

c) Erwerb von Mitgliedschaftsrechten oder mitgliedschaftsähnlichen Rechten

Gesondert zu erwähnen sind neben diesen schuldvertraglichen Pflichten Mitgliedschaftsrechte oder mitgliedschaftsähnliche Rechte.

Mitgliedschaftliche Rechte haben ohne weiteres diejenigen Berechtigten, die Mitglieder der Verwertungsgesellschaft werden. Diese Möglichkeit besteht bei den als Verein organisierten[60] Verwertungsgesellschaften. Üblicherweise ist aber der Erwerb der Vereinsmitgliedschaft an bestimmte Voraussetzungen geknüpft. Vereinsmitglied kann regelmäßig nur derjenige werden, der erstens der Verwertungsgesellschaft bereits seit einer Mindestlaufzeit vertraglich verbunden ist und der zweitens eine bestimmte Einnahmeschwelle überschreitet.[61]

Schon bei den als Verein organisierten Verwertungsgesellschaften werden die Berechtigten demnach üblicherweise nicht sogleich Mitglieder im korporationsrechtlichen Sinne. Die als GmbH organisierten Verwertungsgesellschaften, z. B. die Gesellschaft zur Verwertung von Leistungsschutzrechten (GVL), nehmen die Rechte stets nur auf wahrnehmungsvertraglicher, also schuldvertraglicher Grundlage wahr, so daß die Berechtigten in keinem Fall eigentliche Mitgliedschaftsrechte erwerben. In diesen Fällen erwerben die Berechtigten aber – gemäß den Vorgaben des § 6 Abs. 2 UrhWG – bereits aufgrund ihrer wahrnehmungsvertraglichen Verbindung gewisse mitgliedschaftsähnliche Rechte.[62] Gemäß § 6 Abs. 2 UrhWG bilden die Verwertungsgesellschaften eine gemeinsame Vertretung für die Berechtigten, mit denen sie zwar einen Wahrnehmungsvertrag schließen, die sie aber nicht als Mitglieder in die Verwertungsgesellschaft aufnehmen. Aufgabe dieser Vertretung, deren Wahl in der Satzung festgelegt sein muß (§ 6 Abs. 2 S. 2 UrhWG), ist die „angemessene Wahrung der Belange" dieser Berechtigten. Einzelheiten über die Wahl und Befugnisse bestimmt die Satzung.[63]

---

58 Z. B. §§ 5, 7 GEMA-WahrnV, Abschnitt IV Abs. 1 GVL-WahrnV, § 3 VG-Bild-Kunst-WahrnV.
59 LG Berlin v. 3. 7. 2001 – 16. O. 17/01, Umdruck S. 9–13. Vgl. OLG München, NJW 1999, 1363.
60 Zu den unterschiedlichen Organisationsformen bereits oben, II.2 (S. 7).
61 §§ 6, 7 GEMA-Satzung; § 2 VG-Wort-Satzung.
62 Zu den unterschiedlichen Modellen der einzelnen Verwertungsgesellschaften näher *Dördelmann,* FS Hertin, S. 39–51.
63 Dazu i.e. unten, § 7 IV (S. 97–100).

4. Terminologische Randbemerkung: Wahrnehmungs- oder Berechtigungsvertrag

Während manche Verwertungsgesellschaften den Vertrag mit dem Berechtigten als Wahrnehmungsvertrag bezeichnen, heißt er bei der ältesten deutschen Verwertungsgesellschaft traditionell Berechtigungsvertrag.[64] Das Urheberrechtswahrnehmungsgesetz gibt in den Vorschriften der §§ 6 bis 9 eine Bezeichnung nicht vor. In der Sache ist die Bezeichnung des *Vertragstyps* als Wahrnehmungsvertrag vorzuziehen. Allerdings ist der Begriff des Wahrnehmungsvertrags ähnlich blaß wie der des Berechtigungsvertrags; beide lassen die Inhalte weitgehend offen. Der Begriff der „Wahrnehmung" ist aber immerhin durch das Gesetz von 1965 geprägt.[65] Zudem bringt er zum Ausdruck, daß die Verwertungsgesellschaft für den Urheber da ist, und nicht umgekehrt. In der Bezeichnung als Wahrnehmungsvertrag kommt die charakteristische Hauptleistung ebenso zum Ausdruck wie das inhaltliche Schwergewicht der Bindungen. Es verpflichtet sich ja in erster Linie die Verwertungsgesellschaft zur Wahrnehmung, die Rechteeinräumung durch den Berechtigten dient lediglich diesem Zweck.

§ 3 Entwicklung und Rechtsquellen des Wahrnehmungsrechts

I. Das Recht der Verwertungsgesellschaften vor 1965

Gründung und Tätigkeit von Verwertungsgesellschaften hatte der Gesetzgeber des LUG uneingeschränkt der Privatinitiative und der Privatautonomie sowie den allgemeinen Gesetzen überlassen.[1] Eine erste rudimentäre Regelung enthielt in Deutschland[1a] vor 1965 nur das Stagma-Gesetz, das wir bereits kurz erörtert haben.[2] Das Stagma-Gesetz bestand auch nach dem Krieg zunächst fort (vgl. § 26 UrhWG). Nach einer Entscheidung des BGH aus dem Jahr 1954 war es nicht schon als Regelung typisch nationalsozialistischen Inhalts durch das Gesetz Nr. 191 der Militärregierung (MilRegG Nr. 191) unanwendbar.[3] Lediglich die Genehmigungspflicht des § 1

---

64 Vgl. E. *Schulze,* Geschätzte und geschützte Noten, S. 85 f. (Faksimile Berechtigungsvertrag).

65 Das Gesetz sollte nach dem Regierungsentwurf noch Verwertungsgesellschaftengesetz heißen, BT-Drs. IV/271, S. 1. Auf Vorschlag des Rechtsausschusses, BT-Drs. IV/3402, S. 1, und Anlage dazu, S. 2, wurde die Bezeichnung geändert, um zum Ausdruck zu bringen, daß es um eine Regelung über „jede treuhänderische gemeinsame Wahrnehmung von Urheberrechten und verwandten Schutzrechten" geht, „gleichgültig, ob diese Tätigkeit von den herkömmlich als Verwertungsgesellschaften bezeichneten, meist in der Rechtsform eines wirtschaftlichen Vereins bestehenden Organisationen der Urheber ausgeübt wird oder von anderen juristischen oder natürlichen Personen".

1 Eingehend *Riesenhuber/Rosenkranz,* UFITA 2004 (im Druck).

1a Rechtsvergleichender Überblick aus der Zeit bei *Ulmer/Bussmann/Weber,* Das Recht der Verwertungsgesellschaften – vergleichende Darstellung der gesetzlichen Bestimmungen (1955).

2 Oben, § 2 I (S. 4 f.).

3 BGHZ 15, 338, 350–352; *Ulmer,* Urheber- und Verlagsrecht², § 84 II 1 (S. 373 f.; in Kraft blieben insbesondere die Regel über die polizeiliche Hilfe bei der Überwachung der Aufführungen!); a.M.

Stagma-Gesetz entfiel nach Ziff. 3 MilRegG Nr. 191, und mit ihr auch die *rechtliche* Monopolstellung der GEMA.[4] Die Verwertungsgesellschaften wurden nach 1945 wieder zu „privaten Organisationen". Faktisch behielt die GEMA ihr Monopol. Nur für andere Gebiete traten neue Verwertungsgesellschaften hinzu: nämlich 1958 die Verwertungsgesellschaft Wort (VG WORT)[5] und die Gesellschaft zur Verwertung von Leistungsschutzrechten mbH (GVL)[6].[7]

Von der Stagma-Gesetzgebung abgesehen unterfielen die Verwertungsgesellschaften ausschließlich den allgemeinen Gesetzen, dem Verbandsrecht im Hinblick auf ihre Organisation, dem Vertragsrecht im Hinblick auf ihre Rechtsbeziehungen zu den Urhebern einerseits und den Nutzern andererseits und dem Kartellrecht im Hinblick auf ihre Monopolstellung. Der Wahrnehmungsvertrag war durch seine Ausgestaltung als Treuhandvertrag und Geschäftsbesorgungsvertrag gekennzeichnet.[8] Ein Kontrahierungszwang der Verwertungsgesellschaften nach beiden Seiten – Berechtigte und Nutzer – wurde schon unter Hinweis auf ihre faktischen Monopolstellung begründet.[9] Umstritten war die kartellrechtliche Beurteilung der Verwertungsgesellschaften. Von manchen wurden sie als Kartelle i.S.v. § 1 GWB angesehen, andere betrachteten sie „nur" als marktbeherrschende Unternehmen i.S.v. § 22 GWB[10] oder nahmen sie vom Kartellrecht völlig aus.[11]

Bestand demnach auch keine gesetzliche Aufsichtsregelung, so unterstellte sich die GEMA doch freiwillig einer Art staatlicher Aufsicht. Durch eine Vereinbarung mit dem Bundesjustizministerium aus dem Jahr 1952 verpflichtete sie sich, einem Vertreter des Ministeriums Zugang zu den Sitzungen des Aufsichtsrats zu gewähren.[12] Darüber hinaus machte sie diesem Vertreter sämtliche Unterlagen zugänglich.[13]

---

noch *Grundmann,* NJW 1954, 297, 298; OLG Köln v. 28. 5. 1952 – 2 U 4/51 (zitiert nach *Grundmann,* a.a.O.; das Urteil ist, soweit ersichtlich, nicht veröffentlicht und nach Ablauf der 30jährigen Aufbewahrungspflicht vom OLG Köln nicht mehr zu erhalten). Zur Klarstellung auch Bayerisches Staatsministerium für Unterricht und Kultus, Entschließung v. 26. 8. 1949 Nr. VII 49 693, ABl. Nr. 18 v. 28. 9. 1949, S. 185.

4 Wohl a.M. *Nipperdey,* NJW 1953, 881, 882.

5 Zu ihr nur *Melichar,* Die Wahrnehmung von Urheberrechten durch Verwertungsgesellschaften – am Beispiel der VG Wort (1983). Zu den – erfolglosen – früheren Versuchen Loewenheim-*Melichar,* Handbuch des Urheberrechts, § 45 Rn. 13; insbesondere zu der 1955 von 13 deutschen Schriftstellerverbänden gegründeten und am 15. September 1958 in Konkurs gegangenen Gesellschaft zur Verwertung literarischer Urheberrechte (GELU) noch BGH, GRUR 1966, 567–570 – GELU.

6 Zu ihr nur *Dünnwald/Gerlach,* in: Handbuch der Musikwirtschaft, S. 708–714.

7 Übersicht über die bestehenden deutschen Verwertungsgesellschaften oben, § 2 II 1 (S. 6) und Anhang 1.

8 *Ulmer,* Urheber- und Verlagsrecht², § 84 II 3 (S. 374 f.).

9 *Ulmer,* Urheber- und Verlagsrecht², § 84 III 1 (S. 376).

10 *Ulmer,* Urheber- und Verlagsrecht², § 84 III 2 (S. 376 f.). S. i.e. unten, § 9 I (S. 123 f.).

11 *Nipperdey,* NJW 1953, 881–884; gegen ihn *Grundmann,* NJW 1954, 297 f. S. i.e. unten, § 9 I (S. 123 f.).

12 Vereinbarung zwischen dem Bundesjustizministerium und der GEMA v. 10. 1. 1952, abgedruckt in E. *Schulze,* Urheberrecht in der Musik², Anhang 32 (S. 338).

13 RegE UrhWG, Begründung zu A II 3, BT-Drs. IV/271, S. 10.

II. Das Urheberrechtswahrnehmungsgesetz von 1965 – wesentliche Inhalte und Grundprinzipien

Das war der Stand von Recht und Praxis der Verwertungsgesellschaften, von dem der Gesetzgeber ausging, als er sich ab 1954 daran machte, eine gesetzliche Regelung des Rechts der Verwertungsgesellschaften zu schaffen: Die Tätigkeit der Verwertungsgesellschaften, die sich als „Selbsthilfegruppen“[14] gebildet hatten, war – wie es im Ministerialentwurf des UrhWG heißt – „ganz dem freien Spiel der Kräfte überlassen“,[15] und im Rahmen der Vorarbeiten haben offenbar gerade auch die Urheber gefordert, es dabei zu belassen.[16] Der Gesetzgeber ist dem, vor allem im Hinblick auf die Monopolstellung der Verwertungsgesellschaften, nicht gefolgt. Statt dessen hat er Gründung und Tätigkeit der Verwertungsgesellschaften im Gesetz von 1965 einer eingehenden Regelung unterworfen. Im internationalen Vergleich ist das Urheberrechtswahrnehmungsgesetz die wohl eingehendste Regelung.[17] Sieht man die Regelung näher an, so erweist sich allerdings, daß der Gesetzgeber mit ihr keine grundstürzende Neuordnung des Wahrnehmungsrechts anstrebte.

1. Überblick über die wesentlichen Inhalte des Urheberrechtswahrnehmungsgesetzes von 1965

Das Urheberrechtswahrnehmungsgesetz ist in vier Abschnitte untergliedert. Der Erste Abschnitt, §§ 1–5, behandelt die Erlaubnis zum Geschäftsbetrieb. Im Zweiten Abschnitt, §§ 6–17, sind die Rechte und Pflichten der Verwertungsgesellschaften geregelt. Die §§ 6–9 über den Wahrnehmungszwang, den Verteilungsplan, die Vorsorge- und Unterstützungseinrichtungen sowie die Rechnungslegung und Prüfung betreffen das Verhältnis zwischen Verwertungsgesellschaft und Berechtigten. Die

---

14 *Hauptmann,* Die Vergesellschaftung des Urheberrechts, S. 46.

15 RegE, Allgemeine Begründung zu A II 3, BT-Drs. IV/271, S. 11 = *Mestmäcker/Schulze,* Anhang A (3), S. 14.

16 Vgl. MinE, Begründung zu A II 4, *Mestmäcker/Schulze,* Anhang A (2), S. 12.

17 Aus der Rechtsvergleichung und zum ausländischen Recht etwa *Dietz,* Das Urheberrecht in der Europäischen Gemeinschaft, S. 271–304; *ders.,* FS Dittrich, S. 21–38 (Mittel- und Osteuropa); *Dillenz,* ZfRV 1990, 161–177 (Österreich); *Goldmann,* Die kollektive Wahrnehmung musikalischer Rechte (USA) [dazu *meine* Rezension ZUM 2003, 888–890]; *dies.,* GRUR Int. 2001, 420–438 (USA); *Holeschofsky/Huber,* ZfRV 1979, 30–40 (Österreich); *Katzenberger,* in: Die Verwertung von Urheberrechten in Europa, S. 1–15 (EG-Mitgliedstaaten); *Koizumi,* GRUR Int. 1998, 579–584 (Japan); *Kuhn,* Urheberrechtsverwertungsgesellschaften in Italien; *Kukuk,* Urheberrechtswahrnehmung in den USA, Diss. Berlin 1995; *Löhr,* Die Aufsicht über Verwertungsgesellschaften (USA, Großbritannien, Frankreich); *Saitô,* FS Rehbinder, S. 335–344 (Japan); *Schwab,* Recht und Praxis der Urheberverwertungsgesellschaften in Frankreich; *Senger,* Wahrnhemung digitaler Urheberrechte (Österreich); *Stavridou,* GRUR Int. 1999, 31–40 (Griechenland); *Walter,* ZfRV 1999, 88–97 (Österreich); *Weichhaus,* Das Recht der Verwertungsgesellschaften in Deutschland, Großbritannien und Frankreich [dazu *meine* Rezension ZUM 2004, 335]. Sammlung der mitgliedstaatlichen Gesetze bei *Hilty,* Die Verwertung von Urheberrechten in Europa, S. 149–324. S.a. RegE, Begründung zu A II, BT Drs. IV/271 S. 9 f. = *Mestmäcker/Schulze,* Anhang A (3), S. 11 f. Aus der Literatur vor 1965 nur *Ulmer/Bußmann/Weber,* Das Recht der Verwertungsgesellschaften – Vergleichende Darstellung der gesetzlichen Bestimmungen; *Möhring,* UFITA 36 (1962), 407, 408 f.

§§ 10–17 über die Auskunftspflicht, den Abschlußzwang, die Gesamtverträge und Tarife, über die Schiedsstelle und das gerichtliche Verfahren, über die Pflichten des Veranstalters und schließlich über den Gerichtsstand betreffen das Verhältnis von Verwertungsgesellschaft und Nutzern. Im Dritten Abschnitt, §§ 18–20, ist die Aufsicht geregelt: die Aufsichtsbehörde, der Inhalt der Aufsicht und die Unterrichtungspflicht der Verwertungsgesellschaft gegenüber der Aufsichtsbehörde.[18] Endlich enthalten die §§ 21–28 Übergangs- und Schlußvorschriften, von denen hier nur die des § 24 hervorzuheben ist. § 24 bestimmt die Änderungen des GWB, die wir gesondert erörtern.[19]

2. Entstehungsgeschichte und Grundprinzipien

Nach einem Referentenentwurf von 1954 und einem Ministerialentwurf von 1959 legte die Bundesregierung 1962 ihren Entwurf vor, der, am 9. September 1965 vom Bundestag verabschiedet,[20] im wesentlichen[21] am 1. 1. 1966 in Kraft trat.

a) *Der Referentenentwurf von 1954 und der Ministerialentwurf von 1959*

Ausgangspunkt für die Überlegungen des Referentenentwurfs ist einerseits, daß die Verwertungsgesellschaften für die Rechtewahrnehmung notwendig und auch erwünscht sind, daß aber andererseits ihre Monopolstellung eine staatliche Aufsicht erforderlich macht.[22]

Schon der Referentenentwurf lehnte die Bildung nur *einer* umfassenden Verwertungsgesellschaft für alle Berechtigten (Urheber und Verlage) – also z.B. Komponisten ebenso wie Wort-Autoren und Leistungsschutzberechtigte – ab. Sie würde einen riesigen Verwaltungsapparat benötigen und eine „außerordentliche Machtfülle“ erlangen.[23] Der Referentenentwurf sah aber noch die Beschränkung auf nur *eine* Verwertungsgesellschaft für eine Art von Rechten oder Vergütungsansprüchen vor (§ 4 Abs. 2 RefE).[24] Das wäre also, wie schon unter dem Gesetz von 1933, wieder

---

18 Gegen die Staatsaufsicht waren anfänglich verfassungsrechtliche Bedenken erhoben worden; dazu noch *Häußer,* FS Roeber, S. 113–130; *Hübner/Stern,* GEMA-Nachrichten 1978 Nr. 108, S. 85–98; *Leisner,* UFITA 48 (1966), 46–81; *Löhr,* Die Aufsicht über Verwertungsgesellschaften, S. 26–33; *Menzel,* Die Aufsicht über die GEMA durch das DPA, S. 43–45; B. *Müller,* Die verfassungsrechtliche Problematik des Gesetzes über die Wahrnehmung von Urheberrechten und verwandten Schutzrechten; Fromm/Nordemann-*Nordemann,* Einl. UrhWG Rn. 10; *Sandberger/Treeck,* UFITA 47 (1966), 165, 174–184 (Verstoß gegen Art. 12 GG); E. *Schulze,* UFITA 50 (1967), 476–491; *Ulmer,* Urheber- und Verlagsrecht, § 98 I 1 (S. 415)

19 Unten, § 9 (S. 123–136).

20 BGBl. 1965 I S. 1294–1299.

21 Bereits am Tag nach der Verkündung vom 16. 9. 1965 trat gem. § 28 Abs. 1 UrhWG die ursprünglich in § 14 Abs. 7 (vgl. heute § 15 UrhWG) enthaltene Verordnungsermächtigung für den Bundesjustizminister zur Regelung des Schiedsstellenverfahrens in Kraft.

22 RefE Begründung zu A VI 1, *Mestmäcker/Schulze,* Anhang A (1) S. 15 f.

23 RefE Begründung zu A VI 2, *Mestmäcker/Schulze,* Anhang A (1) S. 16.

24 RefE Begründung zu A VI 3, *Mestmäcker/Schulze,* Anhang A (1) S. 16; entfallen im MinE, vgl. Begründung MinE zu A II 4, *Mestmäcker/Schulze,* Anhang A (2) S. 12–15.

ein gesetzliches Monopol gewesen. Anders als heute der Fall, hätte es z.B. nicht mehrere Verwertungsgesellschaften zur Wahrnehmung von Filmrechten geben können. Der Ministerialentwurf 1959 hat dieses *gesetzliche* Monopol aufgehoben, freilich nicht um den Wettbewerb zu fördern – die Begründung hebt weiterhin die durch die Vorkriegszeit erwiesenen Nachteile von konkurrierenden Verwertungsgesellschaften hervor – oder weil man die Regelung wirtschaftlich für falsch hielt.[25] Vielmehr hielt man das anfangs vorgesehene gesetzliche Monopol mit Rücksicht auf das kurz zuvor ergangene Apothekenurteil des BVerfG[26] für verfassungsrechtlich bedenklich.[27] Daß die Verwertungsgesellschaften auf einzelnen Gebieten *faktisch* eine Monopolstellung (der Ministerialentwurf spricht sogar von einer „natürlichen Monopolstellung")[28] erlangen würden, wie das bei der GEMA schon damals der Fall war, hat der Ministerialentwurf hingegen ausdrücklich hingenommen. So verzichtete man auf das gesetzliche Monopol und überließ die Bildung der Verwertungsgesellschaften ausdrücklich dem freien Spiel der Kräfte.[29]

Obwohl damit das gesetzliche Monopol aus dem Spiel war, hielt der Gesetzgeber an dem Regelungsvorhaben als solchem fest, wohl zu Recht. In der Begründung zum Ministerialentwurf heißt es: „Dabei ist nicht entscheidend, ob die Verwertungsgesellschaft im Einzelfall bereits eine absolute Monopolstellung erreicht hat. Allein die kollektive Wahrnehmung einer Vielzahl gleichartiger Rechte, verbunden mit der Treuhandstellung der Verwertungsgesellschaft, birgt die Gefahr eines Mißbrauchs in sich, die eine gesetzliche Regelung erforderlich macht."[30]

Hielt man damit auch eine gesetzliche Regelung der Wahrnehmungstätigkeit für erforderlich, so wollte man doch nicht an der hergebrachten *privatrechtlichen Organisation* rühren. Auch nach Regierungsentwurf und Ministerialentwurf sollten die Verwertungsgesellschaften *staatsferne Selbstverwaltungsorganisationen* bleiben.[31] Die staatliche Einflußnahme „begrenzt ... der Entwurf auf das unbedingt Notwendige", er „ist bemüht, weitergehende Eingriffe in die Tätigkeit der Verwertungsgesellschaften zu vermeiden".[32] Insbesondere heißt es in der Begründung zum Referentenentwurf, dem der Ministerialentwurf insoweit erkennbar gefolgt ist: „Was die Verteilung der Einnahmen der Verwertungsgesellschaft anlangt, so er-

---

25 RegE Begründung zu A II 3, BT-Drs. IV/271, S. 11 = *Mestmäcker/Schulze,* Anhang A (1) S. 13, weist darauf hin, daß das gesetzliche Monopol „von allen Seiten begrüßt" worden sei.
26 BVerfGE 7, 377.
27 MinE Begründung zu A II 4, *Mestmäcker/Schulze,* Anhang A (2) S. 13–15.
28 MinE Begründung zu A II 4, *Mestmäcker/Schulze,* Anhang A (2) S. 14. Ein natürliches Monopol i.S. der ökonomischen Theorie bejahen *Tietzel/Weber,* in: Ökonomische Analyse der rechtlichen Organisation von Innovation, S. 134f.; a.M. *Bing,* Die Verwertung von Urheberrechten, S. 186–204.
29 RegE Begründung zu A II 3, BT-Drs. IV/271, S. 11 = *Mestmäcker/Schulze,* Anhang A (3) S. 14.
30 MinE Begründung zu A II 4, *Mestmäcker/Schulze,* Anhang A (2) S. 14f.
31 Damit steht nicht in Widerspruch, wenn *Becker,* FS Kreile, S. 27–51, die Verwertungsgesellschaften als Träger öffentlicher *Aufgaben* bezeichnet und sie *insoweit* in eine gewisse Staatsnähe rückt. Mag man auch die *Aufgaben* als staatlich ansehen, so hat der Gesetzgeber für ihre *Erfüllung* doch eine *staatsferne Organisation* gewählt.
32 RefE, Begründung zu A VI 4, *Mestmäcker/Schulze,* Anhang A (1), S. 17.

scheint es ausreichend, dafür im Gesetz allgemeine Richtlinien vorzuschreiben. Die Regelung der Einzelheiten der Verteilung bleibt der Satzung und der Beschlußfassung der Organe der Verwertungsgesellschaften überlassen."[33]

b) *Der Regierungsentwurf von 1962*

Die wesentlichen Grundgedanken der vorangegangenen Entwürfe behielt auch der Regierungsentwurf von 1962 bei.[34] Auch danach wurden Verwertungsgesellschaften als zweckmäßig und wünschenswert, aber im Hinblick auf ihre Monopolstellung kontrollbedürftig angesehen. Ist schon das Urheberrecht ein Monopol, so werde dieses durch die Bündelung der Nutzungsrechte in der Hand der Verwertungsgesellschaften noch verstärkt, zumal wenn die Verwertungsgesellschaften zusätzlich durch Gegenseitigkeitsverträge mit ausländischen Verwertungsgesellschaften ein „Weltmonopol" erlangten. Diese Machtfülle und die damit einhergehende Mißbrauchsmöglichkeit waren der wesentliche Regelungsanlaß. Insbesondere könne die Verwertungsgesellschaft die Berechtigten, die auf sie angewiesen sind, wirtschaftlich schwer schädigen. „Weitere Gefahren können sich aus der Treuhandstellung der Verwertungsgesellschaften ergeben. Die Urheber, die ihre Rechte der Verwertungsgesellschaft zur Wahrnehmung übertragen, vertrauen ihr damit oft den wesentlichen Teil ihres Vermögens an. Es muß sichergestellt sein, daß dieses Vermögen sachgemäß verwaltet wird und die in Wahrnehmung der anvertrauten Rechte eingezogenen Vergütungen gerecht verteilt werden."[35] Die Regelung ist damit durch zwei Umstände veranlaßt. Zum einen erfolgt sie – auf den Markt bezogen – wegen der Monopolstellung der Verwertungsgesellschaften, zum anderen – auf das Vertragsverhältnis bezogen – wegen der Treuhandstellung der Verwertungsgesellschaft.[36]

Übrigens hatten die Verwertungsgesellschaften bzw. die Urheber und Leistungsschutzberechtigten im Gesetzgebungsverfahren selbst gewisse öffentlich-rechtliche bzw. regulierende Elemente zur Unterstützung der Verwertungsgesellschaften gefordert, so eine Auskunftspflicht der Gemeinde- und Polizeibehörden, wie sie früher aufgrund des Gesetzes von 1933[37] und zuletzt für Bayern aufgrund einer Entschließung des Staatsministeriums für Unterricht und Kultus[38] bestanden hatte, und eine gesetzliche Regelung über das einheitliche Inkasso für mehrere Verwertungsgesellschaften. Beides hat der Gesetzgeber abgelehnt. Die „Amtshilfe" für private Organisationen schien ihm bedenklich, nicht zuletzt in Hinblick auf eine u.U. bestehende Bindung durch das Steuergeheimnis.[39] Und die Zusammenarbeit

---

33 RefE, Begründung zu A VI 4 b, *Mestmäcker/Schulze,* Anhang A (1), S. 18.
34 Zu ihm eingehend *Möhring,* UFITA 36 (1962), 407–427.
35 RegE, Begründung zu A II 1, BT-Drs. IV/271, S. 10 = *Mestmäcker/Schulze,* Anhang A (3), S. 11.
36 Kritisch *Möhring,* UFITA 36 (1962), 407, 409–412 (Gesetz und Aufsicht unnötig).
37 Dazu schon oben, § 2 I (S. 4 f.). S.a. *Möhring,* UFITA 36 (1962), 407, 421 f.
38 Bayerisches Staatsministerium für Unterricht und Kultus, Entschließung v. 26. 8. 1949 Nr. VII 49 693, ABl. Nr. 18 v. 28. 9. 1949, S. 185 zu Nr. II.
39 RegE, Begründung zu A II 4, BT-Drs. IV/271, S. 13 = *Mestmäcker/Schulze,* Anhang A (3), S. 17.

der Verwertungsgesellschaften sollte diesen überlassen bleiben.[40] Statt dieser öffentlich-rechtlichen Regelungen enthielt das UrhWG von 1965 in § 16 – der heute in veränderter Form in § 13a fortbesteht – nur Bestimmungen von – privatrechtlichen – Veranstalterpflichten, nämlich v.a. die Pflicht, von der Verwertungsgesellschaft eine Einwilligung für die Nutzung von Werken einzuholen, und die sogenannte Programmpflicht, der Verwertungsgesellschaft nach Durchführung der Veranstaltung mitzuteilen, welche Werke genutzt wurden.

III. Wahrnehmungsrecht i.w.S. in anderen Rechtsakten

Wenn man vom Wahrnehmungsrecht spricht, so kann man damit die Regeln des Urheberrechtswahrnehmungsgesetzes bezeichnen („Wahrnehmungsrecht i.e.S."). In einem weiteren Sinne enthalten aber – wie wir gesehen haben –[41] noch andere Rechtsakte Vorschriften, die auf die kollektive Rechtewahrnehmung anwendbar sind und die man daher als „Wahrnehmungsrecht i.w.S." bezeichnen kann. Im Hinblick auf die hier erörterte Auslegung und Kontrolle des Wahrnehmungsvertrags geht es vor allem um das Urheberrechtsgesetz (1), das Bürgerliche Gesetzbuch (2), das Gesetz gegen Wettbewerbsbeschränkungen (3) sowie das EG-Recht, namentlich das EG-Kartellrecht (4).

1. Urheberrechtsgesetz

a) Aufgaben und Kompetenzen der Verwertungsgesellschaften

Auch der Gesetzgeber des Urheberrechtsgesetzes weist vielfach auf die Verwertungsgesellschaften hin, setzt ihre Tätigkeit als selbstverständlich voraus und nimmt sie auch in Dienst.[42] Die Entwicklung des materiellen Urheberrechts war nicht nur, wie oben (§ 2 I, S. 3 f.) erörtert, Auslöser für die Bildung von Verwertungsgesellschaften, sie macht die Tätigkeit der Verwertungsgesellschaften in zunehmenden Maße unentbehrlich.

aa) Verwertungsgesellschaftenpflichtige Rechte

So können verschiedene Ansprüche nur durch Verwertungsgesellschaften geltend gemacht werden:[43,44]

---

40 Kritisch Mestmäcker/Schulze-*Dördelmann*, Einleitung UhrWG I, S. 1–4.

41 Oben, § 1 II (S. 1).

42 Dazu nur *Schack*, Urheber- und Urhebervertragsrecht, Rn. 435–437. Dasselbe gilt auch für den Europäischen Gesetzgeber – auf dessen Regelungen einige der nachfolgend erörterten (Umsetzungs-) Vorschriften zurückgehen; dazu näher unten, § 11 I (S. 149 f.).

43 S.a. § 80 Abs. 2 S. 2 UrhG.

44 Zu den Vergütungsansprüchen *Rossbach*, Die Vergütungsansprüche im deutschen Urheberrecht, S. 136–148, 211–298. Zur jüngeren Entwicklung kritisch *Schack*, ZUM 2001, 453–466 („Kollektivierungstendenzen").

- das Kabelweitersendungsrecht, § 20b Abs. 1 UrhG (§ 71 Abs. 1, § 72 Abs. 1, § 78 Abs. 4, § 94 Abs. 4);
- die Auskunftsansprüche zur Durchsetzung des Folgerechts, § 26 Abs. 3–6 UrhG (§ 71 Abs. 1);
- die Ansprüche auf Vergütung für Vermietung und Verleihung, § 27 UrhG (§ 71 Abs. 1, § 72 Abs. 1, § 77 Abs. 2, § 85 Abs. 4, § 87b Abs. 2, § 94 Abs. 4);
- die Vergütung für die Vervielfältigung, Verbreitung oder öffentliche Wiedergabe von Rundfunkkommentaren und Zeitungsartikeln, § 49 Abs. 1 UrhG;
- die Geräteabgabe und Nebenansprüche, §§ 54, 54a, 54f Abs. 3, 54g, 54h UrhG.

bb) Privilegierung der Rechtsbeziehung zwischen Urheber und Verwertungsgesellschaft

Zudem anerkennt das Urheberrechtsgesetz die besondere Rechtsstellung der Verwertungsgesellschaften „im Lager" des Berechtigten, wenn es die Befugnis zur Vorausabtretung von bestimmten Rechten grundsätzlich ausschließt, im Verhältnis zur Verwertungsgesellschaft aber zuläßt:

- § 20b Abs. 2 S. 3, Vergütung für Kabelweitersendung;
- § 27 Abs. 1 UrhG, Vergütung für Vermietung;
- § 63a S. 2 UrhG, gesetzliche Vergütungsansprüche aus dem Sechsten Abschnitt (§§ 45–63 a) des Urheberrechtsgesetzes.

In diesem Zusammenhang ist auch die Vorschrift des § 35 Abs. 1 S. 2 UrhG zu nennen. Das Erfordernis einer Zustimmung zur Weiterübertragung von Nutzungsrechten entfällt von Gesetzes wegen, wenn das ausschließliche Nutzungsrecht nur zur Wahrnehmung der Belange des Urhebers eingeräumt ist. Die Regelung betrifft zwar nicht nur den Wahrnehmungsvertrag, doch ging es dem Gesetzgeber vor allem darum.[45] Damit wird freilich nur dem Zweck des Wahrnehmungsvertrags Rechnung getragen. Insofern liegen die Dinge hier nicht anders, als wenn man bei der Rechtseinräumung zur Wahrnehmung mit Rücksicht auf den Vertragszweck die konkludente Vereinbarung der Übertragung des Nutzungsrechts gem. § 34 Abs. 4 UrhG entnimmt.[46]

b) Vereinzelte Verteilungsregel

Vereinzelt enthält das Urheberrechtsgesetz in § 54h Abs. 2 auch eine Verteilungsregelung. Jedem Berechtigten ist ein angemessener Anteil der Vergütungen nach §§ 54, 54a UrhG zu gewähren, die gem. § 54h Abs. 1 UrhG nur von einer Verwertungsgesellschaft geltend gemacht werden können. Die Vorschrift betrifft freilich

---

45 RegE, Begründung zu § 35, BT-Drs. IV/270 S. 57.
46 Schricker-*Schricker*, § 34 Rn. 11.

vor allem die Aufteilung der für mehrere Verwertungsgesellschaften durch eine gemeinsame Organisation (Zentralstelle für private Überspielungsrechte, ZPÜ)[47] inkassierte Einnahme aus den Vergütungsansprüchen des § 54a UrhG. An diesen Einnahmen sollen die Berechtigten aller Verwertungsgesellschaften einen angemessenen Anteil haben,[48] sie sind m.a.W. angemessen auf die beteiligten Verwertungsgesellschaften zu verteilen.[49] Darüber hinaus wird der Vorschrift auch ein Hinweis auf die Verteilung der Einnahmen *einer* Verwertungsgesellschaft auf ihre Berechtigten entnommen. Insoweit bedeutet § 54h Abs. 2 UrhG indes keine Abweichung oder Ergänzung zu der Verteilungsvorschrift des § 7 UrhWG, sondern eine Verweisung auf diese Norm.[50]

c) *Anerkennung des Interessengleichlaufs als Grundsatz*

Der Gesamtheit der Einzelregeln über Verwertungsgesellschaften kann man darüber hinaus die grundsätzliche Anerkennung der Notwendigkeit und Nützlichkeit von Verwertungsgesellschaften entnehmen. Handelt es sich auch beim Wahrnehmungsvertrag um einen urheberrechtlichen Nutzungsvertrag, so ist dieser doch durch eine besondere Interessenlage geprägt, da die Verwertungsgesellschaft nicht die Marktgegenseite der Rechteinhaber ist, sondern gleichsam in deren Lager steht.[51] In der Begründung des Entwurfs eines Gesetzes zur Stärkung der vertraglichen Stellung von Urhebern und ausübenden Künstlern heißt es dazu:

> „Der Entwurf zielt nicht auf ... die Vereinbarungen, die Urheber und ausübende Künstler mit den für sie treuhänderisch tätigen Verwertungsgesellschaften zu schließen pflegen. Bei diesen Vertragstypen des Urhebervertragsrechts im weiteren Sinne liegt ein Schutzbedürfnis der Urheber und ausübenden Künstler meist nicht ohne weiteres auf der Hand, denn sie sind der erstmaligen Verfügung des jeweiligen Schöpfers über sein Werk nachgeordnet. Wahrnehmungsverträge dienen bereits nach ihrem Zweck dem Schutz der Autoren und Interpreten; insoweit bedarf es keines gesetzgeberischen Handelns.“[52]

d) *Anwendung der allgemeinen Regeln des Urhebervertragsrechts*

Der Gesetzgeber hat damit anerkannt, daß das Verhältnis zwischen Urheber und Verwertungsgesellschaft von einer besonderen Interessenlage geprägt ist. Vereinzelt, nämlich in § 35 Abs. 1 S. 2 UrhG, hat er deswegen sogar eine besondere Regelung für Wahrnehmungsverträge vorgesehen. Im übrigen ist grundsätzlich davon

---

47 Dazu nur Schricker-*Loewenheim,* § 54h Rn. 3, 7; Schricker-*Reinbothe,* Vor § 1 UrhWG Rn. 14; Fromm/Nordemann-*Nordemann,* § 54h Rn. 3.

48 Das Angemessenheitsgebot ist somit eine Aufteilungsregel, wie sie in entsprechender Weise auch § 86 UrhG für das Verhältnis von ausübendem Künstler und Tonträgerhersteller enthält.

49 Vgl. auch BE 17 VVRL.

50 Schricker-*Loewenheim,* § 54h Rn. 5; Wandtke/Bullinger-*Lüft,* § 54h Rn. 3. Wohl a.M. Dreier/*Schulze,* § 7 UrhWG Rn. 5.

51 Damit soll freilich nicht geleugnet werden, daß die Berechtigten im Verhältnis zur Verwertungsgesellschaft ein spezifisches Schutzbedürfnis haben; darauf weist zu Recht hin *Schack,* ZUM 2001, 453–466.

52 BT-Drs. 14/6433, S. 8; s.a. S. 12, 15.

auszugehen, daß die urheberrechtlichen Vorschriften über Nutzungsverträge im Grundsatz auf den Wahrnehmungsvertrag Anwendung finden. Ungeachtet dessen ist aber im Einzelfall zu erwägen, ob diese Vorschriften ihrem Zweck nach auch für den Wahrnehmungsvertrag Geltung beanspruchen.[53]

In der nachfolgenden Erörterung von Auslegungs- und Kontrollvorschriften geht es vor allem um die Regelungen des § 31 Abs. 4 und 5 UrhG. Bei der Auslegung des Wahrnehmungsvertrags kann die Zweckübertragungslehre des § 31 Abs. 5 UrhG eine Rolle spielen.[54] Und die Übertragung von Rechten kann durch das Verbot des § 31 Abs. 4 UrhG im Hinblick auf unbekannte Nutzungsarten begrenzt sein.[55]

2. Vertragsrecht, insbesondere AGB-Recht

Als Vertrag unterliegt der Wahrnehmungsvertrag selbstverständlich dem Vertragsrecht des BGB (a)). Da der Wahrnehmungsvertrag zudem von der Verwertungsgesellschaft für eine Vielzahl von Verträgen vorformulierte Bedingungen enthält, die die Verwertungsgesellschaft den Berechtigten „stellt" (§ 305 Abs. 1 BGB), können insbesondere die Vorschriften über die AGB-Kontrolle Anwendung finden (b)).

a) *Rechtsnatur des Wahrnehmungsvertrags*

aa) Der Wahrnehmungsvertrag als Auftrag

Als unentgeltlicher Vertrag ist der Wahrnehmungsvertrag ein unvollkommen zweiseitiger Vertrag. Den Typenverträgen des BGB[56] ist er nicht eindeutig zuzuordnen,[57] es handelt sich um einen gemischt-typischen Vertrag, der primär dem Auftragsrecht zuzuordnen ist. Da die Verwertungsgesellschaft für ihre Tätigkeit keine Vergütung erhält, sondern lediglich ihre Verwaltungskosten ersetzt bekommt – eine Art Aufwendungsersatz, § 670 BGB –, hat der Wahrnehmungsvertrag aller-

---

53 S. nur Schricker-*Schricker,* Vor §§ 28 ff. Rn. 38: „Inwieweit bei Geschäften zur Wahrnehmung von Urheberrechten und verwandten Schutzrechten Besonderheiten gegenüber dem allgemeinen Urhebervertragsrecht gelten und ob hierbei zwischen Verträgen mit Verwertungsunternehmen und Verwertungsgesellschaften zu differenzieren ist, erscheint noch wenig geklärt." Zur entsprechenden Problematik bei § 10 UrhG BGH, GRUR 2003, 332, 334 und dazu *Riesenhuber,* GRUR 2003, 187, 195 f.

54 Dazu unten, § 4 (S. 37–43).

55 Dazu unten, § 6 I (S. 57–61).

56 Zum österreichischen Recht OGH, UFITA 85 (1979), S. 351, 356.

57 BGH, GRUR 1966, 567, 569 – GELU („Nach dem gesamten Inhalt der vertraglichen Abreden stellt sich der Berechtigungsvertrag als ein urheberrechtlicher Nutzungsvertrag eigener Art dar, der im Gesetz eine besondere Regelung nicht gefunden hat."); ebenso BGH, GRUR 1968, 321, 327 – Haselnuß; BGH, GRUR 1982, 308, 309 – Kunsthändler. Noch zum Berechtigungsvertrag der GDT-AFMA RGZ 87, 215, 220 („ein Vertrag besonderer, im Bürgerlichen Gesetzbuche nicht geregelter Art mit gesellschaftsähnlichem Charakter").

dings entgegen einer verbreiteten Meinung[58] keine Elemente des Geschäftsbesorgungsvertrags (§§ 675 f. BGB) oder des Dienstvertrags (§§ 611–630 BGB).[59]

bb) Der Verteilungsplan als Regelung über § 667 BGB

Der Verteilungsplan insbesondere (§ 7 S. 1 UrhWG), der durch Einbeziehungsklausel Bestandteil des Wahrnehmungsvertrags wird,[60] ist auftragsrechtlich eine Regelung über die Auskehrung des aus der Geschäftsführung (= Rechtewahrnehmung) Erlangten i.S.v. § 667 BGB.[61] Die Besonderheit besteht lediglich darin, daß im Rahmen der kollektiven Rechtewahrnehmung eine individuelle Zuordnung von Einnahmen zu Rechten weithin nicht möglich ist. Vor allem deswegen ist ein „Plan" erforderlich, nach welchen Regeln die Verwertungsgesellschaft ihre Einnahmen an die einzelnen Berechtigten ausschüttet.[62]

cc) Verteilungsplan und Leistungsbestimmungsrecht

Die weitere rechtliche Einordnung des Verteilungsplans ist umstritten, insbesondere inwieweit darin Elemente eines Leistungsbestimmungsrechts enthalten sind. Der Bundesgerichtshof hat dazu kürzlich ausgeführt:

> „Dementsprechend können auch die allgemeinen Grundsätze des Verteilungsplans – im Gegensatz zu dem jährlich neu beschlossenen, der Ausschüttung dienenden Verteilungsplan, der nach § 315 BGB zu beurteilen ist – im Verhältnis zu den angeschlossenen Mitgliedern der Beklagten nur als Allgemeine Geschäftsbedingungen gelten."[63]

---

58 BGH, GRUR 1966, 567, 569 – GELU („Der Vertrag enthält Elemente des Auftrags, insbesondere bezüglich der treuhänderischen Rechtsübertragung, sowie des Gesellschafts-, des Dienst- und des Geschäftsbesorgungsvertrags."; Nachweise weggelassen); ebenso BGH, GRUR 1968, 321, 327 – Haselnuß; BGH, GRUR 1982, 308, 309 – Kunsthändler; BGH, GRUR 1988, 782, 784 – GEMA-Wertungsverfahren; LG Berlin, Schulze RzU LGZ 198 S. 7. Wandtke/Bullinger-*Gerlach,* § 6 Rn. 4; *Melichar,* Die Wahrnehmung von Urheberrechten durch Verwertungsgesellschaften, S. 62; *Nipperdey,* NJW 1953, 881, 883 („Geschäftsbesorgungsvertrag i.S. des § 675 BGB oder als nicht handelsrechtliches Kommissionsgeschäft mit gesellschaftlichem Einschlag").
Auf *Ulmer,* Urheber- und Verlagsrecht, 2. Auflage 1960, § 83 III (S. 371), berief sich der BGH in der GELU-Entscheidung freilich zu Unrecht, da *Ulmer* den Wahrnehmungsvertrag als Auftrag qualifizierte, nur den Vertrag *mit Bühnenverlegern und Bühnenvertrieben* sah er als Geschäftsbesorgungsvertrag an; in der 3. Auflage von 1980 erörtert *Ulmer* die Rechtsnatur des Wahrnehmungsvertrags mit der VG nach meiner Durchsicht nicht mehr, er nimmt lediglich zur Rechtsnatur des Vertrag mit Bühnenverlagen Stellung (3. Auflage, § 96 I 3 [S. 407]).

59 Ebenso *Schack,* Urheber- und Urhebervertragsrecht, Rn. 951. In dieselbe Richtung auch *Mauhs,* Der Wahrnehmungsvertrag, S. 43 (die auch dienstvertragliche Elemente annimmt); wohl auch LG Köln, ZUM 1998, 168, 169 – Kunstklotz.

60 Oben, § 2 III 2 (S. 8).

61 So zutr. BGH, GRUR 1988, 782, 784 – GEMA-Wertungsverfahren.

62 Zu den Besonderheiten der Verteilung im Gegensatz zur Abrechnung bei der normalen Inkassovollmacht treffend BGH, GRUR 1966, 567, 569 – GELU; ebenso BGH, GRUR 1968, 321, 327 – Haselnuß.

63 BGH, GRUR 2002, 332, 333 – Klausurerfordernis (Nachweise weggelassen); *Goldmann,* Die kollektive Wahrnehmung musikalischer Rechte, S. 300; Wolf/Horn/Lindacher-*Horn,* § 23 AGBG Rn. 356 f.; *Mauhs,* Der Wahrnehmungsvertrag, S. 59. Beklagte war die GEMA, deren „angeschlossene Mitglieder" nicht Mitglieder im vereinsrechtlichen Sinne sind, sie sind der GEMA nur schuldvertragliche verbunden.

Dem kann man im Grundsatz zustimmen, wenngleich die Aussage noch präzisiert werden kann. Zunächst ist terminologisch darauf hinzuweisen, daß das Gericht mit den „allgemeinen Grundsätzen des Verteilungsplans" offenbar den Verteilungsplan als Regelwerk i.S.v. § 7 S. 1 UrhWG bezeichnen wollte. Es nimmt damit also nicht etwa auf die „Grundsätze des Verteilungsplans" Bezug, die nach § 7 S. 3 UrhWG in die Satzung der Verwertungsgesellschaft aufzunehmen sind.

In der Sache ist es sodann zutreffend, zwischen dem Verteilungsplan als Regelwerk und seiner Anwendung zu unterscheiden. Der Verteilungsplan selbst enthält freilich nicht notwendig ein Leistungsbestimmungsrecht. Vielmehr enthalten die Verteilungspläne üblicherweise ganz überwiegend formal und ohne Spielraum anwendbare Regeln über die Bewertung von Nutzungsvorgängen. Im Grundschema bedeuten sie, daß auf eine Nutzung ein Anteil der Gesamteinnahmen entfällt, der sich aus dem Verhältnis der Einzelnutzung zur Gesamtzahl aller Nutzungen ergibt. Ein Leistungsbestimmungsrecht liegt darin sowenig wie in der Berechnung des Kaufpreises mit Rücksicht auf die abgenommene Menge. Nur *soweit* der Verteilungsplan Regeln enthält, die der Verwertungsgesellschaft oder einem von ihr bestimmten Gremium ein Ermessen einräumt, liegt ein Leistungsbestimmungsrecht vor mit der Folge, daß die Ermessensausübung nach § 315 BGB bzw. einem vereinbarten Maßstab zu überprüfen ist.[64]

Endlich ist auch in der Befugnis der Verwertungsgesellschaft, die Verteilungsregeln (den Verteilungsplan) zu ändern, ein Leistungsbestimmungsrecht i.S.v. § 315 BGB zu sehen. Wie wir gesehen haben, beziehen die Parteien regelmäßig nicht nur den bei Vertragsschluß geltenden Verteilungsplan in den Wahrnehmungsvertrag ein, sondern dynamisch den Verteilungsplan in seiner jeweils geltenden Fassung.[65] Das hat seinen Grund letztlich in der Natur der Sache, nämlich der Notwendigkeit, die Verteilungsregeln laufend den veränderten rechtlichen und praktischen Gegebenheiten anzupassen.[66] Wenn aber die Verwertungsgesellschaft gegenüber dem Berechtigten befugt ist, die Verteilungsregeln zu ändern und wenn weiterhin die Verteilungsregeln unmittelbar die Höhe der Ausschüttung bestimmen, so muß man auch diese Änderungsbefugnis selbst als Leistungsbestimmungsrecht qualifizieren. Bei der Ausübung dieses Leistungsbestimmungsrechts ist die Verwertungsgesellschaft freilich nicht an den dispositiven Maßstab des billigen Ermessens des § 315 Abs. 1 BGB gebunden, sondern formell an die internen Regeln über die Änderung des Verteilungsplans und materiell an das Willkürverbot des § 7 S. 1 UrhWG[67] als Spezialregelung für die Verteilung.

---

64 Ebenso *Augenstein,* Rechtliche Grundlagen des Verteilungsplans, 2. Kap. B I 1 b.

65 Oben, § 2 III 2 (S. 8).

66 S. die zutreffende Beschreibung bei BGH, GRUR 1988, 782, 782, 784 f. – GEMA-Wertungsverfahren.

67 Dazu eingehend unten, § 7 III (S. 78–96).

dd) Möglichkeit und Grenzen der Lückenfüllung mit Hilfe des dispositiven (Auftrags-) Vertragsrechts

Soweit der Wahrnehmungsvertrag Lücken aufweist, können diese ggf. durch Auftragsrecht geschlossen werden. Dabei sind indes die Besonderheiten der kollektiven Rechtewahrnehmung zu berücksichtigen. So hat der BGH z.B. zutreffend darauf hingewiesen, daß der Wahrnehmungsvertrag nicht mit einem Inkassovertrag gleichgesetzt werden kann. Insbesondere kann die auftragsrechtliche Weisungsbefugnis (§ 665 BGB) für den Wahrnehmungsvertrag nicht gelten, sie ist mit der kollektiven Rechtswahrnehmung unvereinbar.[68]

b) AGB-Kontrolle

Eine Reihe von Fragen, die den Anwendungsbereich der AGB-Kontrolle (§ 310 BGB) betreffen, sind zweckmäßigerweise vorab zu erörtern. Zunächst ist zu klären, ob die AGB-Kontrolle nach §§ 305–310 BGB überhaupt anwendbar ist (aa)). Da die Kontrollintensität wesentlich davon abhängt, ob der Vertragspartner des Verwenders Unternehmer oder Verbraucher ist, ist zweitens zu klären, in welche Kategorie die Berechtigten beim Abschluß des Wahrnehmungsvertrags fallen (bb)). Endlich bietet die sogenannte Bereichsausnahme für das Gesellschaftsrecht Anlaß zu erörtern, ob die AGB-Kontrolle auch im Verhältnis zwischen der Verwertungsgesellschaft und ihren Mitgliedern (im vereinsrechtlichen Sinne) stattfindet (cc)).

aa) Anwendbarkeit der AGB-Kontrollvorschriften

Unterliegt zunächst der Wahrnehmungsvertrag überhaupt der AGB-Kontrolle? Selbstverständlich ist das keineswegs, wenn man bedenkt, daß bereits das Wahrnehmungsgesetz von 1965 Vorschriften über die Inhaltskontrolle enthält und zudem

---

68 BGH, GRUR 1968, 321, 327 – Haselnuß („Der von der Kl. mit B. geschlossene Vertrag ist ein urheberrechtlicher Nutzungsvertrag eigener Art. Er weist Elemente des Auftrags, insbesondere bezüglich der treuhänderischen Rechtsübertragung, sowie des Gesellschafts-, des Dienst- und des Geschäftsbesorgungsvertrags auf (BGH in GRUR 1966, 568 , 569 GELU). Zutreffend hat das BerG bei Beurteilung der Frage, ob die Bekl. ihr etwa gegen B. zustehende Ansprüche der Kl. mit Erfolg entgegensetzen kann, in erster Linie darauf abgestellt, daß die Kl. im Verhältnis zu B. hinsichtlich der Art und Weise der treuhänderischen Wahrnehmung der ihr von diesem übertragenen Nutzungsrechte nicht an dessen Weisungen gebunden ist. Da die Geltendmachung des Willens der Mitglieder insoweit nicht durch Einzelabsprachen mit der Kl. oder gar durch Weisungen der Mitglieder an die Kl. erfolgt, sondern durch die Vereinsorgane der Kl., insbesondere die Mitgliederversammlung, der auch die Beschlußfassung über die Einzelheiten des Verteilungsplans zusteht, unterscheidet sich das zwischen der Kl. und deren einzelnen Mitgliedern bestehende Rechtsverhältnis gerade in dem hier wesentlichen Punkt von der Abtretung zum Zwecke des Inkassos, bei der der Treuhänder regelmäßig an die Weisungen des Treugebers gebunden ist. Da die Kl. über die urheberrechtlichen Nutzungsrechte der Gesamtheit ihrer Mitglieder zu verfügen berechtigt ist, ist sie andererseits wegen der beherrschenden Stellung infolge ihres umfangreichen Repertoires auch verpflichtet, auf Grund der von ihr wahrgenommenen Rechte jedermann auf Verlangen zu angemessenen Bedingungen Nutzungsrechte einzuräumen oder Einwilligungen zu erteilen. Dieser nach allgemeiner Ansicht schon bisher geltende Grundsatz (vgl. Ulmer, a.a.O., S. 376) hat nunmehr in § 11 WahrnG gesetzliche Anerkennung gefunden. Hierin zeigt sich aber in besonderem Maße die Verselbständigung der Kl. gegenüber ihren einzelnen Mitgliedern."); BGH, GRUR 1982, 308, 309 – Kunsthändler.

mit der Aufsicht durch das DP(M)A eine behördliche Kontrolle vorsieht.[69] Indes war schon dem AGB-Gesetz von 1977 deutlich zu entnehmen, daß die Wahrnehmungsbedingungen seiner Kontrolle unterliegen sollten, erklärte das Gesetz doch – wie heute § 309 Nr. 9, Schlußabsatz BGB – speziell die Vorschriften über die Kontrolle von Vertragslaufzeitklauseln für Verwertungsgesellschaften für unanwendbar. *E contrario* bedeutet das unzweideutig, daß die Bestimmungen über die AGB-Kontrolle im übrigen Anwendung finden sollten. Und auch die Tatsache, daß das UrhWG eine spezielle behördliche Kontrolle installiert hat, begründet nichts anderes. Vielmehr ist auch sonst anerkannt, daß eine behördliche Aufsicht über den Verwender der nachträglichen Gerichtskontrolle von Allgemeinen Geschäftsbedingungen nicht entgegensteht.[70] Die grundsätzliche Anwendbarkeit der AGB-Kontrolle auf den Wahrnehmungsvertrag hat kürzlich auch der Bundesgerichtshof klargestellt.[71]

bb) Sind Urheber Verbraucher, sind sie Unternehmer?[72]

(1) Bedeutung der Fragestellung

Handeln – zweitens – Urheber beim Abschluß des Wahrnehmungsvertrags als Verbraucher oder Unternehmer? Infolge der Angleichung des Privatrechts durch die EG ist heute die Abgrenzung des persönlichen Anwendungsbereichs von vertragsrechtlichen Schutzvorschriften wesentlich durch die Unternehmer-Verbraucher Dichotomie geprägt.[73] Die grundsätzliche Bedeutung dieser Unterscheidung zeigt sich schon daran, daß diese neuen Zentralbegriffe jetzt in §§ 13 und 14 BGB definiert werden. Infolge der AGB-Richtlinie der EG aus dem Jahr 1993 spielt sie auch für die AGB-Kontrolle eine zentrale Rolle. Nach § 310 Abs. 3 BGB unterliegen Verbraucherverträge – Verträge zwischen einem Unternehmer und einem Verbraucher – einer verschärften Kontrolle. Umgekehrt ist die Kontrolle von AGB, die gegenüber Unternehmern verwendet werden, nach § 310 Abs. 1 S. 1 BGB weniger streng. Diese Unterscheidung löst die frühere Abgrenzung des Schutzbereichs durch eine Herabsetzung der Kontrolle gegenüber Kaufleuten ab, die § 24 des AGBG in seiner ursprünglichen Fassung von 1977 vorsah.

Ob jemand als „Unternehmer“ oder „Verbraucher“ anzusehen ist, hängt nach §§ 13 und 14 BGB von dem Zweck ab, zu dem der Betreffende handelt. Verbraucher ist eine natürliche Person, die ein Rechtsgeschäft zu einem Zweck schließt, der weder

---

69 S. aus jüngerer Zeit nur *Donle,* Die Bedeutung des § 31 Abs. 5 für das Urhebervertragsrecht, S. 260–262, der ein Schutzbedürfnis (wohl nur im Hinblick auf die Kontrolle des Umfangs der Rechtseinräumung) verneint; dazu noch unten, § 8 III 3 a (S. 108).

70 BGHZ 83, 169, 172; BGHZ 89, 284, 291; Wolf/Horn/Lindacher-*Horn,* § 23 Rn. 13–16, 353.

71 BGH, GRUR 2002, 332, 333 – Klausurerfordernis. Ebenso schon *Dünnwald,* FS Kreile, S. 161, 165; *Mauhs,* Der Wahrnehmungsvertrag, S. 57 f.; Loewenheim-*Melichar,* Handbuch des Urheberrechts, § 47 Rn. 22; Ulmer/Brandner/Hensen-*Ulmer,* AGBG, § 23 Rn. 22; Wolf/Horn/Lindacher-*Horn,* AGBG, § 23 Rn. 77.

72 Zum folgenden eingehend *Riesenhuber,* ZUM 2002, 777–781; zust. *Steden,* Das Monopol der GEMA, S. 91 Fn. 161.

73 Zu den gemeinschaftsrechtlichen Grundlagen nur *Riesenhuber,* System und Prinzipien des Europäischen Vertragsrechts, S. 250–267 und 426–467.

ihrer gewerblichen noch ihrer selbständigen beruflichen Tätigkeit zugerechnet werden kann (§ 13 BGB). Unternehmer ist eine natürliche oder juristische Person oder eine rechtsfähige Personengesellschaft, die bei Abschluß eines Rechtsgeschäfts in Ausübung ihrer gewerblichen oder selbständigen beruflichen Tätigkeit handelt (§ 14 Abs. 1 BGB). Eine gewerbliche Tätigkeit ist eine planvolle, auf gewisse Dauer angelegte selbständige und wirtschaftliche Tätigkeit, die nach außen hervortritt.[74] Auch eine Nebentätigkeit kann ausreichen.[75] Ob zudem eine Gewinnerzielungsabsicht erforderlich ist, ist umstritten, eine neuere Ansicht verneint das und läßt ausreichen, daß die Geschäfte nach betriebswirtschaftlichen Grundsätzen geführt werden und sich als Tätigkeit am Markt darstellen.[76] Eine berufliche Tätigkeit ist jede nachhaltige, auf Erzielung von Einkünften gerichtete Tätigkeit unter Teilnahme am Wirtschaftsleben.[77] Selbständig ist eine berufliche Tätigkeit, die nicht in einem Arbeitsverhältnis ausgeübt wird.[78] Zur beruflichen oder unternehmerischen Tätigkeit gehören auch Hilfs- und Nebengeschäfte, ungewöhnliche Verträge sowie vorbereitende und abwickelnde Geschäfte.[79]

(2) Meinungsstand

Ob die Berechtigten – insbesondere Urheber – beim Vertragsschluß mit den Verwertungsgesellschaften als Unternehmer oder als Verbraucher handeln, wird nur vereinzelt erörtert. Nach einer Ansicht sollen Wortautoren beim Abschluß des Wahrnehmungsvertrags grundsätzlich keine Unternehmer i.S.v. § 24 Nr. 1 AGBG a.F. (der § 14 BGB im wesentlichen entspricht) sein, Unternehmer seien aber die „freiberuflichen Journalisten".[80]

Gerichtsentscheidungen zu der Frage gibt es, soweit ersichtlich, nicht. Allerdings hat der Bundesgerichtshof bereits in seiner Entscheidung GEMA-Wertungsverfahren aus dem Jahr 1988 zu der Frage Stellung genommen, ob die Urheber oder sonstigen Berechtigten als *Unternehmen i.S. des GWB* anzusehen sind. Für das GWB geht man zwar von einem weiten, sog. funktionalen Unternehmensbegriff aus. Als unternehmerisches Handeln wird danach „jedwede Tätigkeit im geschäftlichen Verkehr"[81] definiert oder „jede selbständige Tätigkeit im wirtschaftlichen Verkehr ..., die auf den Austausch von Waren oder gewerblichen Leistungen gerichtet ist und

74 Wolf/Horn/Lindacher-*Horn*, AGB-Gesetz, § 24 Rn. 6a; Münchener Kommentar-*Micklitz*, § 14 Rn. 12.
75 Wolf/Horn/Lindacher-*Horn*, § 24 Rn. 6a; Palandt-*Heinrichs*, § 14 Rn. 2.
76 Ulmer/Brandner/Hensen-*Brandner*, § 24 Rn. 10; Palandt-*Heinrichs*, § 14 Rn. 2; *Ring*, in: Dauner-Lieb/Heidel/Lepa/Ring, Das neue Schuldrecht, § 12 Rn. 10; *Faber*, ZEuP 1998, 854, 869; anders die Vorgenannten, Fn. 74.
77 Wolf/Horn/Lindacher-*Horn*, § 24 Rn. 6b; Ulmer/Brandner/Hensen-*Brandner*, § 24 Rn. 11; enger Münchener Kommentar-*Micklitz*, § 14 Rn. 24 (erlaubte, sinnvolle, auf Dauer angelegte Tätigkeit, die der Schaffung und Erhaltung der Lebensgrundlage dient).
78 Münchener Kommentar-*Micklitz*, § 14 Rn. 24.
79 Palandt-*Heinrichs*, § 14 Rn. 2.
80 *Hoeren*, AfP 2001, 8, 11.
81 BGHZ 36, 91 (103) – Gummistrümpfe; BGH, NJW 1976, 1941 (1942) – Auto-Analyzer; BGH, NJW 1980, 1046 – Berliner Musikschule; BGHZ 107, 273 (277) – Staatslotterie; BGH, WM 1999, 1373 (1376) – Lottospielgemeinschaft; st. Rspr.

sich nicht auf die bloße Deckung des privaten Verbrauchs beschränkt“[82]. Deckt sich dieser Unternehmensbegriff auch nicht völlig mit jenem des § 14 BGB, so entspricht er ihm doch in Einzelpunkten und lassen sich daraus immerhin Anhaltspunkte für unsere Fragestellung entnehmen. In der Entscheidung GEMA-Wertungsverfahren begründet der BGH die Unternehmereigenschaften der Berechtigten so:

> „Mit zutreffenden Erwägungen hat das Kammergericht allerdings die Unternehmenseigenschaft der Berechtigten, also der Komponisten, Textdichter und Verleger, in ihrer auf die wirtschaftliche Verwertung des künstlerischen Schaffens gerichteten Tätigkeit bejaht. Bei der Verwertung ihrer Werke handeln die Berechtigten als selbständige Marktteilnehmer im geschäftlichen Verkehr. Zwar treten sie nach dem Abschluß eines Wahrnehmungsvertrags mit einer Verwertungsgesellschaft als Anbieter der jeweiligen Nutzungsrechte nicht mehr in Erscheinung; sie haben damit jedoch entgegen der Auffassung der Rechtsbeschwerde ihre Selbständigkeit im Verhältnis zur Verwertungsgesellschaft – also auf dem Markt zwischen Berechtigtem und Werkmittler – nicht verloren.“[83]

(3) Stellungnahme

In der Tat ist diese Qualifizierung der Berechtigten als Unternehmer auch unter § 14 BGB richtig. Unproblematisch ist das der Fall, soweit die Berechtigten juristische Personen sind, wie etwa nicht selten Verlage (die Berechtigte z. B. der GEMA, der VG Wort, der VG Bild-Kunst oder der VG Musikedition sein können), Filmhersteller (deren Rechte z. B. die GÜFA, die VFF oder die VGF wahrnehmen) oder Tonträgerhersteller (deren Rechte die GVL wahrnimmt). Als juristische Personen sind sie ohne weiteres nicht Verbraucher, aufgrund ihrer gewerblichen Zweckrichtung sind sie aber zudem zweifellos Unternehmer. Aber auch die „typischen Urheber“ wie Komponisten oder Schriftsteller handeln beim Abschluß des Wahrnehmungsvertrags mit der Verwertungsgesellschaft in Ausübung einer nachhaltigen, auf Erzielung von Einkünften gerichteten selbständigen Tätigkeit unter Teilnahme am Wirtschaftsleben und sind daher Unternehmer. Das wird deutlich, wenn man zunächst die Hilfsüberlegung anstellt, wie die Berechtigten zu beurteilen sind, wenn sie ihre Rechte selbst – ohne Vermittlung durch die Verwertungsgesellschaft – verwerten: Der Komponist oder Schriftsteller, der einen Verlagsvertrag mit einem Verlag oder einen Lizenzvertrag mit einem anderen Nutzer abschließt, handelt dabei zu dem Zweck, sein Werk am Markt zu verwerten, und ist daher insoweit als Unternehmer anzusehen. Die Zwischenschaltung der Verwertungsgesellschaft erfolgt aber zu eben diesem Zweck der Verwertung und ändert deshalb – ebenso wie unter dem GWB – an der Beurteilung nichts. Tatsächlich würde ja auch niemand daran zweifeln, daß der Fabrikant, der seine Waren durch einen Absatzmittler vertreibt, bei Abschluß dieses Absatzmittlungsvertrags als Unternehmer anzusehen ist.

Zwei Fallgruppen könnten allerdings Anlaß zu Zweifeln bieten, die sogenannten Gelegenheitsurheber und die Arbeitnehmerurheber. Für sogenannte Gelegenheits-

---

82 Immenga/Mestmäcker-*Emmerich,* § 14 GWB Rn. 10; Langen/Bunte-*Bunte,* § 1 GWB Rn. 13.
83 BGH, GRUR 1988, 782, 784 – GEMA-Wertungsverfahren.

urheber könnte man die Qualifikation als Unternehmer bezweifeln, weil sowohl die gewerbliche als auch die berufliche Tätigkeit eine dauerhafte Anlage voraussetzen. Und Arbeitnehmer-Urheber, also solche, die in Ausübung ihrer Arbeitstätigkeit Werke schaffen, sind insoweit nicht *selbständig* tätig. Gleichwohl sind auch diese Urheber im Hinblick auf den Abschluß des Wahrnehmungsvertrags als Unternehmer zu beurteilen. Denn für die Qualifizierung als Unternehmer kommt es auf den Zweck an, zu dem die Person bei Abschluß des (jeweiligen) Rechtsgeschäfts handelt. Entscheidend ist daher für die Beurteilung nicht der Schöpfungsvorgang, sondern der Verwertungsvorgang. Auch ein Gelegenheitsurheber bezweckt aber bei Abschluß des Wahrnehmungsvertrags, der stets eine Mindestlaufzeit von zumeist drei Jahren hat, eine nachhaltige Verwertung seiner Rechte.[84] Und der Arbeitnehmer-Urheber, der in Ausübung seiner Arbeitstätigkeit – und in diesem Sinne „unselbständig" – Werke schafft, bezweckt doch mit dem Abschluß des Wahrnehmungsvertrags die selbständige Verwertung seiner Rechte – u.U. sogar gegenüber seinem Arbeitgeber.[85]

Widerspricht aber diese Subsumtion nicht dem Willen des Gesetzgebers, der in § 309 Nr. 9 Schlußabsatz BGB ein bestimmtes Klauselverbot für den Wahrnehmungsvertrag für unanwendbar erklärt hat? Sind die Berechtigten bei Abschluß des Wahrnehmungsvertrags Unternehmer, so ist diese Ausnahme bedeutungslos, da die speziellen Klauselverbote der §§ 308, 309 BGB auf Allgemeine Geschäftsbedingungen, die gegenüber Unternehmern verwendet werden, von vornherein keine Anwendung finden (§ 310 Abs. 1 S. 1 BGB). Hier muß man indes einmal von einem Fehler des Gesetzgebers ausgehen, der zudem leicht zu erklären ist. Er rührt daher, daß der Gesetzgeber bereits bei der Änderung des AGB-Gesetzes im Jahr 1998 die Implikationen nicht bedacht hat, die sich daraus ergeben, daß es für die Herabsetzung der Kontrollmaßstäbe nicht mehr auf die *Kaufmanns*eigenschaft des Verwendungsgegners ankommt, sondern auf seine *Unternehmer*eigenschaft. Unter dem ursprünglichen AGBG von 1977 (bis 1998) erfolgte die Herabsetzung des Schutzes nur zulasten von Kaufleuten. Da aber die meisten Urheber keine Kaufleute sind, unterlag ihr Wahrnehmungsvertrag nach dem AGBG 1977 auch der Kontrolle nach den speziellen Klauselverboten der §§ 10, 11 AGBG, so daß die Ausnahme, die seinerzeit in § 23 Abs. 2 Nr. 6 AGBG enthalten war, einen guten Sinn hatte. Bei der Umstellung auf den Unternehmerbegriff hat der Gesetzgeber offenbar schlicht übersehen, daß damit die Ausnahme von dem speziellen Klauselverbot obsolet wurde.[86] Der Gesetzgeber des Schuldrechtsmodernisierungsgesetzes schließlich hat

---

84 Vgl. auch die umsatzsteuerrechtliche Bewertung, für die es auf die Nachhaltigkeit der Tätigkeit ankommt: BFH, BStBl. 1972 II, 238 (Nießbrauch), sowie A 18 UStR (mit einer einmaligen Handlung wird eine dauernde Erwerbsquelle eröffnet).

85 Zur Wahrnehmung von Rechten an Werken, die der Arbeitnehmer-Urheber in Ausübung seiner Arbeitstätigkeit geschaffen hat, nur *Riesenhuber,* NZA 2004, im Druck.

86 Die Umstellung auf den Unternehmerbegriff diente vor allem dazu, auch nach Herausnahme der „Minderkaufleute" aus dem Kaufmannsbegriff des HGB diesen Personenkreis von dem vollen Schutz des AGB-Gesetzes auszunehmen, den man als nicht sachgerecht ansah. Zudem sollten sachwidrige Differenzierungen vermieden werden, die man darin sah, daß Kleingewerbetreibende, die kein Grundhandelsgewerbe betreiben, vollen Schutz des AGBG genossen. Und

diesen Fehler fortgeführt. Seine Änderungen waren nur gesetzgebungstechnischer Natur, eine inhaltliche Aussage war damit nicht verbunden.[87]

Im Gesetz bleibt damit eine „Ungereimtheit", wenn auch kein echter Normwiderspruch: Die Ausnahmeregelung in § 309 Nr. 9 Schlußabsatz BGB ist, soweit sie den Wahrnehmungsvertrag betrifft, obsolet. An der Unternehmereigenschaft der Berechtigten beim Abschluß des Wahrnehmungsvertrags ändert das nichts. Mag der Gesetzgeber auch für den konkreten Anwendungsfall einzelne Implikationen übersehen haben, die sich aus der Maßgabe des Unternehmerbegriffs ergeben, so hat er diese doch bewußt in Kauf genommen. Eines der Anliegen des Gesetzgebers war es gerade, durch die Ersetzung des Kaufmannsbegriffs durch den Unternehmerbegriff sachwidrige Differenzierungen zu vermeiden, die sich nach früherem Recht ergeben hatten, und gerade auch Freiberufler aus dem vollen AGB-Schutz auszunehmen.[88]

(4) Praktische Folgerungen

Praktisch folgt aus der Qualifikation der Berechtigten als Unternehmer zum einen, daß sie beim Abschluß des Wahrnehmungsvertrags nicht in den Genuß der besonderen Schutzvorschriften kommen, die das Gesetz in § 310 Abs. 3 BGB zugunsten von Verbrauchern vorsieht. Zum anderen findet eine AGB-Kontrolle nur nach den herabgesetzten Maßstäben für Unternehmer statt, die § 310 Abs. 1 BGB vorsieht.

Praktisch dürfte sich das für die Berechtigten freilich nicht nachteilig auswirken. Für die Verwertungsgesellschaften praktisch irrelevant ist die Vermutung von § 310 Abs. 3 Nr. 1 BGB, daß Allgemeine Geschäftsbedingungen von einem Teil (dem „Unternehmer") gestellt wurden; normalerweise ist ganz unzweifelhaft, daß die Verwertungsgesellschaft die Geschäftsbedingungen „stellt". Die von Nr. 2 der Vorschrift betroffenen Einmalklauseln gibt es in dem Geschäft der Verwertungsgesellschaften, das weithin auf eine Standardisierung angelegt ist, praktisch nicht, ebensowenig wie besondere, den Vertragschluß begleitende Umstände, die nach Nr. 3 bei der Beurteilung der Klauseln in Verbraucherverträgen zu berücksichtigen wären.

Sind aber die Berechtigten im Hinblick auf den Vertrag mit der Verwertungsgesellschaft als Unternehmer zu beurteilen, so finden zudem gem. § 310 Abs. 1 S. 1 BGB die Einbeziehungsregelung des § 305 Abs. 2 und 3 BGB sowie die besonderen Klauselverbote der §§ 308 und 309 BGB keine Anwendung. Auch diese Herabsetzung der AGB-Kontrolle dürfte praktisch keine Schutzlücken zur Folge haben. Zunächst fin-

---

schließlich sollten bei dieser Gelegenheit Freiberufler ebenso wie zuvor Kaufleute nur den herabgesetzten AGB-Schutz erhalten. Mit den Folgefragen dieser Änderung befaßt sich die Regierungsbegründung nicht. Zum Ganzen: Regierungsbegründung HRefG-Entwurf, BT-Drs. 13/8444, S. 47 sowie S. 20–31.

87 Vgl. Regierungsbegründung zu § 309 Nr. 9, BT-Drs. 14/6857, abgedruckt bei *Canaris*, Schuldrechtsreform 2002, S. 716: „Nummer 9 entspricht wörtlich dem bisherigen § 11 Nr. 12 AGBG. Allerdings wird dieser Nummer die Ausnahme des bisherigen § 23 Abs. 2 Nr. 6 AGBG in wörtlicher Übernahme angefügt."

88 Regierungsbegründung HRefG-Entwurf, BT-Drs. 13/8444, S. 47.

den die Schutzvorschriften der §§ 305 a–306 BGB auch im Unternehmensverkehr Anwendung. Es bleibt daher insbesondere beim Vorrang der Individualabrede (§ 305 b BGB; z.B. im Falle der sog. Spartenlizenzierung), bei der Nichteinbeziehung überraschender Klauseln (§ 305 c Abs. 1)[89] und bei der Auslegung zu Lasten des Verwenders nach § 305 c Abs. 2 BGB[90].

Schutzdefizite sind aber auch im Rahmen der Einbeziehungskontrolle nicht zu besorgen. § 305 Abs. 2 und 3 BGB konkretisiert für die Vereinbarung von AGB die allgemeinen Vorschriften über den Vertragsschluß. Auch ohne diese Regelungen müssen die Parteien aber die Einbeziehung der AGB in den Vertrag vereinbaren; schon dadurch ist ein Mindestschutz der Berechtigten gewährleistet.[91] Hinzu kommt, daß die Verwertungsgesellschaften, die regelmäßig für eine außerordentlich große Vielzahl von Berechtigten tätig sind, schon im Interesse einer effizienten und geordneten Rechtewahrnehmung einen standardisierten Ablauf des Vertragsschlusses vorsehen, der sogar den Anforderungen von § 305 Abs. 2 BGB genügt.

Endlich schließt § 310 Abs. 1 BGB auch die Inhaltskontrolle für den Unternehmensverkehr nicht aus, sondern modifiziert sie nur. Unanwendbar sind allerdings die besonderen Klauselverbote der §§ 308 und 309 BGB, doch bleibt es bei der Überprüfung anhand der Generalklausel des § 307 BGB einschließlich des Transparenzgebots (§ 307 Abs. 1 S. 2 BGB). Dabei stellt § 310 Abs. 1 S. 2 BGB klar, daß im Unternehmensverkehr auch die Kontrolle unter § 307 Abs. 1 und 2 BGB zu einer Kassation der in §§ 308, 309 BGB verpönten Klauseln führen kann. Gerade hier zeigt sich, daß die Anwendung der Schutzstandards für Unternehmer für die Kontrolle des Wahrnehmungsvertrags auch in der Sache angemessen ist. Die meisten der speziellen Klauselverbote der §§ 308, 309 BGB passen auf den Wahrnehmungsvertrag von vornherein nicht, weil sie auf den Austausch von Waren oder Dienstleistungen gegen Vergütung in einer Zweierbeziehung angelegt sind. Die kollektive Rechtewahrnehmung, wie sie das Urheberrechtswahrnehmungsgesetzvoraussetzt,[92] weist demgegenüber Besonderheiten auf,[93] die auch im Rahmen der AGB-Kontrolle berücksichtigt werden müssen. Dafür eignet sich der Kontrolltatbestand der §§ 307 Abs. 1 und 2 BGB ungleich besser als feste Klauselverbote.

---

89 Vgl. BGH, NJW 1986, 1244, 1246 – GEMA-Vermutung I; unten, § 8 II 2 c (S. 102–104).

90 Unten, § 5 III 5 (S. 54–56). Vgl. zu beiden Bestimmungen auch die Entscheidung des KG v. 5. 3. 2002 – 5 U 6420/00 zu B II 1 der Entscheidungsgründe: Auslegung einer von der Berechtigten eingeführten Begrenzung der Rechteübertragung *contra proferentem.*

91 S. nur Wolf/Horn/Lindacher-*Horn*, § 24 Rn. 10–12. I.e. unten, § 8 II (S. 101–106).

92 Dem Urheberrechtswahrnehmungsgesetz lassen sich allerdings nur die Grundwertungen der kollektiven Rechtewahrnehmung entnehmen und als Maßstab für die AGB-Kontrolle fruchtbar machen. Einen Vertragstyp „Wahrnehmungsvertrag“ gestaltet das Gesetz nicht aus. Eine stärkere gesetzgeberische Ausformung des Leitbildes des Wahrnehmungsvertrags fordert jetzt *Dietz,* ZUM 2003, 41, 43 f.

93 S. nur die differenzierte Beurteilung in BGH, GRUR 1988, 782 – GEMA-Wertungsverfahren.

cc) Kontrolle der Wahrnehmungsbedingungen für Mitglieder im vereinsrechtlichen Sinne?

(1) Problemstellung und Meinungsstand

Eine Wahrnehmungstätigkeit i.S.v. § 1 Abs. 1 UrhWG können nach Absatz 4 der Vorschrift auch natürliche Personen ausüben, praktisch sind indes alle deutschen Verwertungsgesellschaften als Korporationen organisiert, nämlich als Verein oder GmbH.[94] Schon von Gesetzes wegen sind die Wahrnehmungsbedingungen teilweise in der Satzung geregelt: Nach § 7 S. 3 UrhWG müssen die Verwertungsgesellschaften die Grundsätze des Verteilungsplans in die Satzung aufnehmen. Umgekehrt erklären die Berechtigungsverträge in vielen Fällen die Satzung zum Vertragsbestandteil.[95] Daher stellt sich die Frage, ob die Wahrnehmungsverträge ganz oder teilweise als „Verträge auf dem Gebiet des Gesellschaftsrechts" nach der Bereichsausnahme des § 310 Abs. 4 S. 1 BGB von der AGB-Kontrolle ausgenommen sind?

Die Frage wird unterschiedlich beantwortet. (1) Nach einer Ansicht sind die Wahrnehmungsbedingungen von der Kontrolle ausgenommen, wenn sie in der Verbandssatzung geregelt sind; ob die Berechtigten Mitglieder des Verbands sind oder ihm nur schuldvertraglich verbunden, ist danach (wohl) irrelevant.[96] (2) Nach einer zweiten Ansicht ist zu unterscheiden: (a) Ist das Wahrnehmungsrechtsverhältnis *ausschließlich* durch die Satzung geregelt, so greife die Bereichsausnahme. (b) Ist hingegen das Wahrnehmungsrechtsverhältnis in Satzung und Wahrnehmungsvertrag geregelt und inkorporiert dabei die eine Regelung die andere, so sei zu differenzieren: (aa) Die Wahrnehmungsbedingungen für Verbandsmitglieder seien dann aufgrund ihres gesellschaftsvertraglichen Einschlags von der Kontrolle ausgenommen, (bb) jene für Nichtmitglieder hingegen nicht, und zwar auch dann nicht, wenn sie in der in den Wahrnehmungsvertrag inkorporierten Satzung geregelt sind.[97] (3) Nach einer dritten Ansicht kommt es nicht auf die formale Zuordnung einer Bestimmung zu Satzung oder Wahrnehmungsvertrag an und auch nicht auf die Rechtsstellung des Vertragspartners: Der AGB-Kontrolle sind nur die in der Satzung enthaltenen gesellschaftsrechtlichen Beziehungen entzogen, Regelungen, die die Rechtewahrnehmung betreffen, sollen hingegen auch dann der AGB-Kontrolle unterliegen, wenn sie in der Satzung enthalten sind, und zwar (wohl) auch dann, wenn es um das Verhältnis der Verwertungsgesellschaft zu Mitgliedern im vereinsrechtlichen Sinn geht.[98]

---

94 S.o. § 2 II 2 (S. 7).
95 Näher oben, § 2 III 2 (S. 8).
96 Staudinger-*Schlosser,* § 23 Rn. 41; Ulmer/Brandner/Hensen-*Ulmer,* § 23 Rn. 50; so wohl auch *Schricker,* EwiR 2002, 309, 310. S. auch BGHZ 128, 93 (Inhaltskontrolle von – wohl schmunzelnd sog. – „sportlichen Regelwerken" auch gegenüber Nicht-Mitgliedern nicht nach dem AGBG, sondern nur nach § 242 BGB).
97 Wolf/Horn/Lindacher-*Horn,* § 23 Rn. 354; Loewenheim-*Melichar,* Handbuch des Urheberrechts, § 47 Rn. 23.
98 *Mauhs,* Der Wahrnehmungsvertrag, S. 59; *Augenstein,* Rechtliche Grundlagen des Verteilungsplans, 2. Kap. B I 1 a.

Der BGH hat die Frage bislang nicht entschieden, in seiner – soweit ersichtlich – ersten Entscheidung zu der Frage ging es um die Anwendbarkeit des AGBG auf einen Vertrag mit einem Berechtigten, der der Verwertungsgesellschaft nur schuldvertraglich verbunden war.[99]

(2) Die Bereichsausnahme des § 310 Abs. 4 S. 1 BGB

Nach § 310 Abs. 4 S. 1 BGB findet die Klauselkontrolle keine Anwendung „bei Verträgen auf dem Gebiet des Gesellschaftsrechts".[100] Die Bereichsausnahme hat der Gesetzgeber mit der Eigenart dieses Rechtsgebiets begründet. Zur Begründung werden heute mehrere Gesichtspunkte angeführt. Zum einen fehle das typische Schutzbedürfnis, weil und soweit solche Verträge individuell ausgehandelt werden und dabei nicht einzelne eine typischerweise ungünstige Verhandlungsposition haben. Das Schutzbedürfnis fehle zweitens, weil und soweit der Inhalt des Gesellschaftsvertrags schon zwingend geregelt sei; das gilt vor allem für die Aktiengesellschaft. Drittens erfolge eine Inhaltskontrolle schon in effektiver Weise durch den Markt und die Publizitäts- und Haftungsbestimmungen zum Schutz von Gesellschaftern und Investoren. Und endlich paßten zumindest die besonderen Klauselverbote der §§ 308 f. BGB nicht, da sie auf Austauschverträge zugeschnitten seien.[101]

Die Bereichsausnahme bezieht sich auf Gesellschaftsrecht in einem weiten Sinne, zu dem insbesondere auch das Vereinsrecht gehört.[102] „Verträge auf dem Gebiet des Gesellschaftsrechts" wird indes eng verstanden, nicht jeder Vertrag, der eine Beziehung zu gesellschaftsrechtlichen Rechtsverhältnissen hat, fällt unter die Ausnahmebestimmung. Erfaßt sein sollen nur solche Verträge, „die unmittelbar auf Struktur, Personenkreis oder Willensbildung der Gesellschaft einwirken, also den Gesellschaftsvertrag (die Satzung) gestalten oder die Gesellschafterrechte inhaltlich prägen".[103] Für Austauschbeziehungen, die zusätzlich zu der Mitgliedschaftsbeziehung bestehen, gilt, daß „Rechtsverhältnisse zwischen Gesellschaft und Gesellschafter, die Warenlieferungen oder Dienstleistungen zum Gegenstand haben, nicht der Inhaltskontrolle unterliegen, wenn sie unmittelbar auf dem Gesellschaftsvertrag beruhen, mitgliedschaftlicher Natur sind und dazu dienen, den Gesellschaftszweck zu verwirklichen"[104] Die Austauschbeziehung begründet indes „nur dann mitgliedschaftliche Rechte und Pflichten ..., wenn die Gesellschafter durch sie

---

99 BGH, GRUR 2002, 332, 333 – Klausurerfordernis. Die Entscheidung BGH, GRUR 1986, 62, 65 f. – GEMA Vermutung I, erörtert die Frage der Anwendbarkeit des AGBG nicht.
100 Allerdings bleibt eine Kontrolle am Maßstab von Treu und Glauben jedenfalls bei Verbänden mit einer „überragenden Machtstellung" im wirtschaftlichen oder sozialen Bereich möglich, BGHZ 105, 306.
101 Wolf/Horn/Lindacher-*Horn*, § 23 Rn. 70; Münchener Kommentar-*Basedow*, § 23 Rn. 19; *Grunewald*, FS Semler, S. 179–193.
102 BR-Drs. 360/75, S. 41; Staudinger-*Schlosser*, § 23 AGBG Rn. 10; Münchener Kommentar-*Basedow*, § 23 Rn. 9.
103 Wolf/Horn/Lindacher-*Horn*, § 23 Rn. 74; Ulmer/Brandner/Hensen-*Ulmer*, § 23 Rn. 21a; *Grunewald*, FS Semler, S. 181.
104 BGH, NJW-RR 1992, 379.

die Verwirklichung des Gesellschaftszwecks unmittelbar fördern".[105] Für unsere Erörterung lohnt sich ein Blick auf zwei andere Gestaltungen, bei denen die Mitglieder zugleich in einer Austauschbeziehung zur Gesellschaft stehen, die Genossenschaft und der Versicherungsverein auf Gegenseitigkeit.[106]

In einem Fall des BGH ging es um eine als Genossenschaft betriebene Taxizentrale, deren Benutzung in der Satzung geregelt war. Der Beklagte hielt eine Kündigungsklausel in der Satzung wegen Verstoßes gegen § 11 Nr. 12c AGBG (= § 309 Nr. 9c BGB) für unwirksam, der BGH ist dem nicht gefolgt. Die Bereichsausnahme für Verträge auf dem Gebiet des Gesellschaftsrechts sei weit zu verstehen und gelte nicht nur für Regelungen über die Gestaltung des Mitgliedschaftsverhältnisses i.e.S., sondern „jedenfalls auch für diejenigen Satzungsbestandteile, in denen auf korporationsrechtlicher Ebene Austausch- und Benutzungsverhältnisse zwischen der Genossenschaft und ihren Mitgliedern geregelt werden, die der Förderung des Zwecks des genossenschaftlichen Zusammenschlusses dienen".[107] Nur auf echte Drittbeziehungen zwischen Genossenschaft und Genossen, die auch ohne Rücksicht auf die Mitgliedschaft bestehen könnten, greift die Ausnahme nicht ein. Den inneren Grund für dieses weite Verständnis findet das Gericht nicht so sehr in den Mitbestimmungsrechten der Genossen, sondern vor allem darin, daß die zu beurteilende Klausel einen direkten Bezug zur Erreichung des Genossenschaftszwecks habe, so daß die Anwendung des Klauselverbots in den Kernbereich der Genossenschaftsautonomie eingreife. In der Hauptsache ging es dem Gericht darum, die divergierenden Bestimmungen über die zulässige Bindung im AGBG einerseits und im GenG (§ 65 Abs. 2 GenG) andererseits inhaltlich abzustimmen.[108]

Für die Versicherungsbedingungen eines Versicherungsvereins auf Gegenseitigkeit hat der BGH die Bereichsausnahme hingegen eher eng ausgelegt. Das Gericht unterscheidet drei Fälle. Die ersten beiden betreffen Versicherungsbedingungen, die nicht in der Satzung festgelegt sind. Im Verhältnis zu Nichtmitgliedern unterliegen sie ohne weiteres der AGB-Kontrolle. Dasselbe gilt aber auch im Verhältnis zu Mitgliedern. „Die vereinsrechtliche Form des Vertragspartners eines Versicherungsverhältnisses ist kein ausreichender Grund, die Versicherungsbedingungen der Inhaltskontrolle nach dem AGB-Gesetz zu entziehen. In diesen Fällen unterliegt Vertragsrecht und nicht Gesellschaftsrecht bzw. Vereinsrecht der Inhaltskontrolle. § 23 Abs. 1 AGBG [= § 309 Abs. 4 S. 1 BGB n.F.] trifft schon seinem Wortlaut nach nicht zu." Aber auch den dritten Fall, daß die Versicherungsbedingungen für ein Versicherungsverhältnis zwischen VVaG und einem Mitglied in der Satzung festgelegt sind, behandelt das Gericht nicht anders. Allerdings erfasse dann die Inhaltskontrolle die Satzung unmittelbar. „Aber auch in diesem Falle greift § 23 Abs. 1 AGBG [= § 309 Abs. 4 S. 1 BGB n.F.] nicht ein, wenn die Regelung nicht die Stellung als Vereinsmitglied, sondern die als Partner eines Vertragsverhältnisses, also eines

105 BGH, NJW-RR 1992, 379.
106 S. auch die Untersuchung der Rechtsprechung bei *Grunewald,* FS Semler, S. 179–193.
107 BGHZ 103, 219, 225 = NJW 1988, 1729; enger Münchener Kommentar-*Basedow,* § 23 Rn. 14.
108 BGHZ 103, 219, 225f.

Versicherungsnehmers betrifft [Nachweise]. Regelt die Satzung allein das vertragliche Austauschverhältnis zwischen Versicherer und Versicherungsnehmer, handelt es sich lediglich um eine nur äußerlich (als unechter Satzungsbestandteil) in die Satzung aufgenommene vorformulierte Regelung versicherungsrechtlicher Vertragsbeziehungen ohne materiellen Satzungscharakter. In solchen Fällen treffen die Gründe nicht zu, die eine Ausnahme von der Inhaltskontrollen nach dem AGB-Gesetz rechtfertigen.“ [109]

(3) Anwendung auf den Wahrnehmungsvertrag

Wie sind nun die Berechtigungsverträge nach diesen Grundsätzen zu bewerten?

Was zunächst die Berechtigungsverträge mit einer Verwertungsgesellschaft angeht, die die Berechtigten *nicht* als Mitglieder aufnimmt, so liegen die Dinge relativ einfach. Hier greift die Bereichsausnahme nicht ein, so wenig wie sie eingreift, wenn der Verwender ein Verkäufer ist, der als Gesellschaft organisiert ist. Das gilt auch, soweit die Wahrnehmungsbedingungen – wie insbesondere die allgemeinen Grundsätze des Verteilungsplans – Satzungsbestandteil sind. Erstens dient diese Inkorporierung in die Satzung nur dem Schutz der Berechtigten durch Transparenz, so daß es sinnwidrig wäre, daraus nun die Kontrollfreiheit abzuleiten. Zweitens handelt es sich nur um formale Satzungsbestandteile, die der Sache nach mit der Satzung nichts zu tun haben und korporationsrechtlich ganz selbstverständlich entbehrlich wären. Von den Zwecken, die die Bereichsausnahme rechtfertigen, greifen keine ein.

Anderes gilt aber auch dann nicht, wenn die Berechtigten – wie bei der GEMA und der VG Wort möglich – der Verwertungsgesellschaft nicht nur durch Wahrnehmungsvertrag, sondern zusätzlich auch durch Mitgliedschaft verbunden sind. Die Besonderheit liegt hier allein darin, daß parallel zur wahrnehmungsvertraglichen Beziehung eine Mitgliedschaftsbeziehung besteht. Da aber die wahrnehmungsvertragliche Rechtsbeziehung von der mitgliedschaftlichen unabhängig ist, besteht kein Anlaß, sie nun von der Kontrolle auszunehmen. Konkret heißt dies, daß die Bedingungen des Wahrnehmungsvertrags und des Verteilungsplans auch hier der AGB-Kontrolle unterliegen. Ausgenommen von der AGB-Kontrolle sind allein die („materiellen“) [110] Bestimmungen der Satzung, also die Regelungen, die die Organisation der Gesellschaft und die Mitgliedschaft betreffen.

109 BGHZ 136, 394, 396 f.
110 Also nicht solche Bestimmungen, die, wie die Grundsätze der Verteilung (§ 7 S. 3 UrhWG) lediglich *formaler* Satzungsbestandteil sind. Die Unterscheidung von formellen und materiellen Satzungsbestandteilen macht auch fruchtbar *Grunewald*, FS Semler, S. 181–185; sie verkennt *Schricker*, EWiR 2002, 309, 310.

3. Kartellrecht

Urheber und Leistungsschutzberechtigte hatten im Gesetzgebungsverfahren des UrhWG eine völlige Freistellung von der Kartellaufsicht gefordert. Der Gesetzgeber hat das abgelehnt,[111] sich zur Begründung aber nur auf das Verhältnis zwischen Verwertungsgesellschaft (also Kollektiv der Rechteinhaber) und Nutzern bezogen.[112] Nach dem durch § 24 UrhWG eingeführten § 102a GWB a.F. fanden die Kartellverbote der §§ 1 und 15 GWB auf die Bildung von Verwertungsgesellschaften sowie wettbewerbsbeschränkende Verträge oder Beschlüsse der Verwertungsgesellschaften grundsätzlich keine Anwendung. Verwertungsgesellschaften unterlagen aber den übrigen Vorschriften des GWB, insbesondere den Vorschriften über marktbeherrschende Unternehmen (v.a. §§ 22, 26 GWB a.F., heute §§ 19, 20 GWB)[113] sowie einer speziellen Mißbrauchsaufsicht (§ 102a Abs. 2 S. 1 GWB a.F.).

Infolge der 6. GWB-Novelle von 1998 ist die Regelung des ursprünglichen § 102a nach § 30 GWB verschoben worden. Der Gesetzgeber hat sie inhaltlich im wesentlichen unverändert gelassen. Lediglich die spezielle Mißbrauchsaufsicht ist entfallen, da der Gesetzgeber die allgemeine Mißbrauchskontrolle nach den Bestimmungen der §§ 19, 20 GWB über marktbeherrschende Unternehmen als ausreichend ansah. Das wird zwar einerseits kritisiert,[114] andererseits aber auch als Zeichen dafür gesehen, daß sich die Verwertungsgesellschaften „im deutschen Urheberrechts- und Wettbewerbssystem eine Vertrauensstellung erarbeitet [haben], die eine Reduzierung der Kontrolle rechtfertigt.“[115]

Mittlerweile hat sich auch die Regelung des § 30 GWB überholt, und zwar infolge der Europäisierung des Kartellrechts. Nach der Verordnung 1/2003[116] hat für grenzüberschreitende Sachverhalte das Gemeinschaftskartellrecht weithin Vorrang: Insoweit ist das Kartellverbot des Art. 81 EG auch von den nationalen Kartellbehörden und Gerichten anzuwenden. Das nationale Kartellverbot darf weder dahinter zurückbleiben noch strengere Maßstäbe anlegen, Art. 3 Abs. 1 S. 1, Abs. 2 S. 1 VO 1/2003. Im Hinblick auf den Mißbrauch einer marktbeherrschenden Stellung ist von den nationalen Kartellbehörden auch Art. 82 EG anzuwenden; allerdings bleiben strengere nationale Vorschriften insoweit zulässig, Art. 3 Abs. 1 S. 2, Abs. 2 S. 2 VO 1/2003.[117] Die Mißbrauchsaufsicht der §§ 19, 20 GWB, die *sedes materiae* der

---

111 RegE, Allgemeine Begründung zu A II 4, BT-Drs. IV/271, S. 12 = *Mestmäcker/Schulze,* Anhang A (3) S. 16f. Zust. *Stockmann,* in: Die Verwertungsgesellschaften im Europäischen Binnenmarkt, S. 26.

112 S. noch unten, § 9 III 2c (S. 128 f.).

113 BGH, GRUR 1988, 782, 784 – GEMA-Wertungsverfahren.

114 *Lux,* WRP 1989, 31, 35–38 (Schutzlücken bei nicht-marktbeherrschenden Verwertungsgesellschaften, da § 19 GWB auf sie keine Anwendung findet); vgl. auch *Goldmann,* Die kollektive Wahrnehmung musikalischer Rechte, S. 218f.

115 *Goldmann,* Die kollektive Wahrnehmung musikalischer Rechte, S. 220.

116 Verordnung (EG) Nr. 1/2003 des Rates vom 16. Dezember 2002 zur Durchführung der in den Artikeln 81 und 82 des Vertrags niedergelegten Wettbewerbsregeln, ABl. 2003 L 1/1.

117 Näher unten, § 9 I (S. 123 f.).

kartellrechtlichen Kontrolle des Wahrnehmungsvertrags ist und die auch in der 7. GWB-Novelle im Kern erhalten bleiben soll, behält daher nach wie vor Bedeutung.

4. Europäisches Recht

a) Sekundärrecht

Im Europäischen Recht fehlen bislang weitgehend Spezialregelungen für das Wahrnehmungsrecht. In einigen Angleichungsrechtsakten hat der Gemeinschaftsgesetzgeber indes auf die Verwertungsgesellschaften bezug genommen, ihre Bindungen hervorgehoben und bestimmte Rechte für verwertungsgesellschaftenpflichtig erklärt.[118]

b) Kartellrecht

Ungeachtet dieser vereinzelten Hinweise in Angleichungsrechtsakten fehlt im Gemeinschaftsrecht eine Sonderregelung für Verwertungsgesellschaften, wie sie im deutschen Recht das Urheberrechtswahrnehmungsgesetz darstellt. Damit fehlt – ähnlich wie im amerikanischen Recht –[119] auch eine Regelung, die die kartellrechtliche Beurteilung von Verwertungsgesellschaften regeln würde. Da indes die rohe Anwendung des Kartellrechts der Tätigkeit der Verwertungsgesellschaften nach wohl unbestrittener Ansicht nicht gerecht wird, haben die Verwertungsgesellschaften in den ersten Kartellverfahren vor Kommission und EuGH versucht, sich auf die Tatbestände der Art. 86 Abs. 1 und 2 EG zu berufen.[120]

Die (deutschen) Verwertungsgesellschaften wiesen insbesondere darauf hin, daß sie (1) einer besonderen Staatsaufsicht nach dem UrhWG unterliegen und (2) als Träger von öffentlichen Aufgaben angesehen werden könnten[121]. Ihre Stellung entspreche (3) zudem eher der einer Gewerkschaft denn der eines Unternehmens, so daß die Anwendung des Kartellrechts auch in der Sache nicht passe.[122] Daher seien Verwertungsgesellschaften als „öffentliche Unternehmen" i.S.v. Art. 86 Abs. 1 EG anzusehen,[123] „die mit Dienstleistungen von allgemeinem wirtschaftlichen Interesse

---

118 I.e. unten, § 11 (S. 149–158).

119 Eingehend *Goldmann,* Die kollektive Wahrnehmung musikalischer Rechte, S. 123–180.

120 Zur Stellung des Art. 86 Abs. 2 EG im System des Europäischen Kartellrechts eingehend *Möschel,* JZ 2003, 1021–1027. Zu den Eigenheiten der Verwertungsgesellschaften („Unternehmen ‚sui generis'") kürzlich *Lerche,* ZUM 2003, 34–38.

121 Dazu aus jüngerer Zeit v.a. *Becker,* FS Kreile, S. 27–51; *Kreile/Becker,* FS Mestmäcker, S. 79f. Ferner *Melichar,* Die Wahrnehmung von Urheberrechten durch Verwertungsgesellschaften, S. 58–60; E. *Schulze,* GRUR Int. 1974, 344f.; abl. *Reischl,* GRUR Int. 1982, 151, 158. Eine „soziale Verantwortung der Verwertungsgesellschaften" hebt jetzt auch hervor Kommission, Mitteilung v. 16. 4. 2004, KOM(2004) 261 endg. zu 3.1.2. (S. 16).

122 *van Isacker,* FS Roeber, S. 225–229; zum Gewerkschaftsvergleich zuletzt eingehend *Wünschmann,* Die kollektive Verwertung von Urheber- und Leistungsschutzrechten, S. 61–66.

123 Vgl. Kommission, v. 2. 6. 1971, ABl. 1971 L 134/15, 27 – GEMA I.

betraut sind“, Art. 86 Abs. 2 EG.[124] Für solche Unternehmen gelten die Kartellvorschriften (nur) „soweit die Anwendung dieser Vorschriften nicht die Erfüllung der ihnen übertragenen besonderen Aufgaben rechtlich oder tatsächlich verhindert“.

Kommission und EuGH sind dem nicht gefolgt. Nach den Vorschriften des UrhWG, das den Verwertungsgesellschaften anders als das Stagma-Gesetz kein gesetzliches Monopol mehr zuweist, seien die Verwertungsgesellschaften nicht als öffentliche Unternehmen i.S.v. Art. 86 Abs. 1 EG anzusehen. Sie seien aber auch nicht mit Dienstleistungen von allgemeinem wirtschaftlichen Interesse i.S.v. Art. 86 Abs. 2 EG betraut. Die Erlaubniserteilung und Aufsicht durch eine staatliche Behörde und die besonderen Bindungen, die das UrhWG den Verwertungsgesellschaften auferlegt, seien bloße Folge der tatsächlichen Monopolsituation und bedeuteten kein „Betrauen“ mit Aufgaben. Bei den den Verwertungsgesellschaften vorgegebenen (oder besser: anheimgestellten) Aufgaben gem. §§ 7 S. 2, 8 UrhWG handele es sich „nur“ um soziale und kulturelle Aufgaben, nicht aber, wie von Art. 86 Abs. 2 EG vorausgesetzt, um Dienstleistungen von *wirtschaftlichem* Interesse.[125] Der Gerichtshof hat diese Erwägungen der Kommission bestätigt. Ein Unternehmen, „das der Staat mit keiner besonderen Aufgabe betraut hat und das Privatinteressen wahrnimmt“, fällt nicht unter Art. 86 Abs. 2 EG.[126]

Dem ist in der Tat zuzustimmen,[127] wenngleich die Anwendung von Art. 86 Abs. 2 EG eine besonders gute Möglichkeit geboten hätte, bei der Kartellrechtskontrolle die besonderen urheber- und wahrnehmungsrechtlichen Erwägungen mit zu berücksichtigen.[128] Das Besondere des Wahrnehmungsgesetzes liegt gerade darin, daß es die vorgefundene liberale Tradition der kollektiven Rechtewahrnehmung in staatsferner Selbstverwaltung nicht unterbricht, sondern nur einen äußeren Rahmen dafür bereitstellt. Der Gesetzgeber hat nicht die Verwertungsgesellschaften mit ihrer Aufgabe betraut, sondern auf die eigeninitiative Rechtewahrnehmung durch die in Verwertungsgesellschaften zusammengeschlossenen Berechtigten vertraut. Verwertungsgesellschaften unterliegen daher der allgemeinen Kartellrechtskontrolle der Art. 81, 82 EG. Indes hat sich hier – wie dem in dieser Ausgangsposition nicht unähnlichen US-amerikanischen Recht – Raum gefunden, den Erfordernissen und Sachgesetzlichkeiten der kollektiven Rechtewahrnehmung Rechnung zu tragen.[129]

---

124 *Melichar,* Die Wahrnehmung von Urheberrechten durch Verwertungsgesellschaften, S. 58–60; vgl. auch die Argumentation der GVL in *Kommission,* Entscheidung v. 29. 10. 1981, ABl. 1981 L 370/49 Rn. 39 – GVL.

125 Kommission, v. 2. 6. 1971, ABl. 1971 L 134/15, 27 – GEMA I; Kommission, v. 29. 10. 1981, ABl. 1981 L 370/49 Rn. 65–68 – GVL.

126 EuGH v. 27. 3. 1974 – Rs. 127/73 *BRT ./. SABAM,* Slg. 1974, 313 Rn. 19/22 und 23; EuGH v. 2. 3. 1983 – Rs. 7/82 *GVL ./. Kommission,* Slg. 1983, 483 Rn. 31 f. Kritisch noch *Dietz,* FS GRUR, S. 1457.

127 Ebenso *Goldmann,* Die kollektive Wahrnehmung musikalischer Rechte, S. 226 f.; *Möschel,* JZ 2003, 1021, 1025; *Stockmann,* in: Die Verwertungsgesellschaften im Europäischen Binnenmarkt, S. 38–40; *Wünschmann,* Die kollektive Verwertung von Urheber- und Leistungsschutzrechten, S. 72–74. A.M. *Lerche,* ZUM 2003, 34, 36.

128 So mit Recht *Kreile/Becker,* FS Mestmäcker, S. 80. S.a. *Lerche,* ZUM 2003, 34, 36.

129 I.e. unten, § 10 (S. 137–148).

2. Teil: Die Auslegung des Wahrnehmungsvertrags

§ 4 Urheberrechtliche Auslegungsgrundsätze

Den Regeln des Urheberrechtsgesetzes entnimmt man das Prinzip, daß dem Urheberrecht die Tendenz innewohne, möglichst weitgehend beim Urheber zu verbleiben, um ihm die Teilhabe am wirtschaftlichen Erfolg seiner Werke zu ermöglichen.[1] Einen allgemeinen Auslegungsgrundsatz *„in dubio pro auctore"* – der wohl auch an Unbestimmtheit und Einseitigkeit scheitern würde – gibt es gleichwohl nicht. Indes ist die Auslegungsregel des § 31 Abs. 5 UrhG, die sogenannte Zweckübertragungslehre, Ausdruck des genannten Prinzips. Da sie *specialiter* den allgemeinen vertragsrechtlichen Auslegungsregeln vorgeht, ist sie zuerst zu erörtern.

I. Einführung: Die Zweckübertragungsregel, § 31 Abs. 5 UrhG

Nach § 31 Abs. 5 S. 1 UrhG bestimmt der von den Parteien eines Nutzungsvertrags zugrundegelegte Vertragszweck, (1) auf welche Nutzungsarten sich das Nutzungsrecht bestimmt, wenn die Nutzungsarten nicht ausdrücklich einzeln bezeichnet sind. Der Vertragszweck ist nach Satz 2 der Vorschrift auch das entscheidende Kriterium, um zu bestimmen, (2) ob überhaupt ein Nutzungsrecht eingeräumt wird, (3) ob es sich um ein einfaches oder ausschließliches Nutzungsrecht handelt, (4) wie weit Nutzungsrecht und Verbotsrecht reichen und (5) welchen Einschränkungen das Nutzungsrecht unterliegt. Mit dieser Vorschrift – die im Regierungsentwurf des Urheberrechtsgesetzes nicht enthalten war,[2] auf Vorschlag des Rechtsausschusses eingefügt[3] und zuletzt durch das Änderungsgesetz aus dem Jahr 2002[4] um den Satz 2 ergänzt wurde – hat der Gesetzgeber die für das deutsche[5] Urheberrecht[6] bereits Anfang des 20. Jahrhunderts begründete[7] mißverständlich so genannte

---

1 *Ulmer,* Urheber- und Verlagsrecht, § 84 IV (S. 365); Schricker-*Schricker,* §§ 31/32 Rn. 10.

2 RegE, BT-Drs. IV/270, S. 8 = M. *Schulze,* Materialien zum Urheberrechtsgesetz, Band 1, S. 349, 356. Die Regelung entspricht dem Vorschlag von *Reimer,* GRUR 1962, 619, 623 f.

3 BT-Drs. IV 3401 S. 10; dazu Schriftlicher Bericht des Rechtsausschusses (12. Ausschuß) (*Reischl*), Anhang zu BT-Drs. IV/3401, zu § 31 S. 5.

4 Gesetz zur Stärkung der vertraglichen Stellung von Urhebern und ausübenden Künstlern v. 22. 3. 2002, BGBl. I, S. 1115.

5 Rechtsvergleichender Überblick bei *Lieberecht,* Die Zweckübertragungslehre im ausländischen Urheberrecht (1983) (kontinentaleuropäisch weithin anerkannter Grundsatz).

6 Für andere Rechtsgebiete *Merkel,* Möglichkeiten und Grenzen einer Anwendung der Zweckübertragungstheorie in Erfinder-, Patent- und Gebrauchsmusterrecht.

7 Grundlegend *Goldbaum,* Urheberrecht und Urhebervertragsrecht (1. Aufl. Berlin 1922), S. 47–59; 347–351. BGHZ 9, 262, 264 f. – Lied der Wildnis. Aus der Rechtsprechung vor 1945: RGZ

Zweckübertragungstheorie[8] kodifiziert. Die Auslegungsregel erfaßt nicht nur Verfügungsverträge, sondern (teleologisch notwendig) auch Verpflichtungsverträge.[9] Sie findet immer dann Anwendung, wenn die Nutzungsrechte „nicht ausdrücklich einzeln bezeichnet" werden, gilt m.a.W. nicht nur „im Zweifel". Selbst wenn die Parteien unzweifelhaft umfassend alle Nutzungsrechte übertragen wollten, findet sie Anwendung.[10]

Obwohl der Wortlaut das nicht deutlich macht, handelt es sich nicht um eine „neutrale" Auslegungsregel, die lediglich dem Gemeinten zum Durchbruch verhelfen will. Die Auslegungsregel „ergreift Partei" (*Schack*), und zwar zugunsten des Urhebers, der vor zu weitreichenden Verfügungen geschützt werden soll. Sie dient letztlich dem Zweck, sicherzustellen, daß der Urheber am wirtschaftlichen Erfolg seiner Werke teilhat.[11] Die (tendenzielle) Zurückhaltung von Nutzungsrechten soll ihm die gesonderte Verfügung – gegen gesondertes Entgelt – ermöglichen.[12] Daß dieser Schutz mit Hilfe einer „bloßen" Auslegungsregel gesucht wird, ist entgegen mancher Kritik im Grundsatz durchaus einleuchtend. Ähnlich wie das Transparenzgebot des AGB-Rechts schützt die Zweckübertragungslehre die materiale Vertragsfreiheit, die man als wirtschaftliche Selbstbestimmung bezeichnet.[13] Der Urheber wird nicht vor Verfügungen an sich geschützt, sondern davor, diese unversehens mit einer großflächigen Vereinbarung vorzunehmen. Sind aber die zu übertragenden Nutzungsrechte einzeln bezeichnet, so kann man ihm die selbstbestimmte Entscheidung durchaus zutrauen, weil er sie dann sehenden Auges trifft (oder doch treffen kann). Freilich wird zu Recht auf die naheliegenden Auswirkungen dieser Regelung auf die Kautelarpraxis hingewiesen, die veranlaßt wird, nach amerikanischer Formulierungstechnik alle Rechte möglichst umfassend einzeln zu bezeichnen.[14]

118, 282, 285–287 – Musikantenmädel; RGZ 123, 312, 317f. – Wilhelm Busch; RGZ 134, 198, 200f. – Schallplattenrechte; RGZ 140, 231, 238f. – Tonfilm; RGZ 140, 255, 257 – Hampelmann; S. schon KG Berlin, GRUR 1923, 140, 141 – Verfilmungsrecht; RGSt 42, 32. Zur Entwicklung eingehend *Schweyer,* Die Zweckübertragungstheorie im Urheberrecht, S. 1–68; ferner etwa *Donle,* Die Bedeutung des § 31 Abs. 5 UrhG, S. 6–20; *Genthe,* Der Umfang der Zweckübertragungstheorie im Urheberrecht, S. 5–15.

8 Erstens ist das Wort unverständlich („Zweckübertragung"?; krit. auch *Rehbinder,* Urheberrecht, Rn. 311), zweitens geht man nicht von einer Übertragung von Urheberrechten, sondern der Einräumung von Nutzungsrechten aus (*Schack,* Urheber- und Urhebervertragsrecht, Rn. 547 Fn. 58) und drittens handelt es sich wohl nicht um eine Theorie. Hier geht es nicht nur um eine Frage der sprachlichen „Korrektheit", sondern um eine Frage der juristischen Methodik. Der Begriff ist auf ärgerliche Weise irreführend und trägt so zu einer Verdunkelung und Abschottung der Urheberrechtswissenschaft bei.

9 Schricker-*Schricker,* §§ 31/32 UrhG Rn. 37.

10 BGHZ 131, 8, 12f. – Pauschale Rechtseinräumung.

11 BGHZ 131, 8, 12 – Pauschale Rechtseinräumung; BGH, GRUR 1979, 637, 638f. – White Christmas; Schricker-*Schricker,* §§ 31/32, Rdn. 32; *Rehbinder,* Urheberrecht, Rn. 311; *Schack,* Urheber- und Urhebervertragsrecht, Rn. 547.

12 So schon RGZ 118, 282, 285 – Musikantenmädel; RGZ 123, 312, 319f. – Wilhelm Busch; RGZ 134, 198, 201 – Schallplattenrechte.

13 Eingehend *Drexl,* Die wirtschaftliche Selbstbestimmung des Verbrauchers (1998).

14 *Rehbinder,* Urheberrecht, Rn. 311 („Geschwätzigkeit amerikanischer Verträge"); s. ferner die kritische Würdigung bei *Schweyer,* Die Zweckübertragungstheorie im Urheberrecht (1982), S. 116–119.

II. Anwendbarkeit auf den Wahrnehmungsvertrag

1. Meinungsstand

Die Anwendbarkeit der Zweckübertragungslehre auf den Wahrnehmungsvertrag ist umstritten. Der Bundesgerichtshof ist zunächst ohne nähere Begründung davon ausgegangen, daß die Zweckübertragungslehre auch bei Zweifeln über die Auslegung des Wahrnehmungsvertrags regiert,[15] in der Entscheidung *Musical Gala* hat er das kürzlich bestätigt.[16] Andere Gerichte haben teilweise eine andere Ansicht vertreten; die Regelung passe ihrem Zweck nach nicht.[17] Die Literatur geht ebenfalls weithin von der Anwendbarkeit des § 31 Abs. 5 UrhG auf Wahrnehmungsverträge aus. Wortlaut und Systematik der Vorschrift lasse sich anderes nicht entnehmen. Da der Gesetzgeber auf eine Sonderregelung für Wahrnehmungsverträge verzichtet habe, sei davon auszugehen, daß die Zweckübertragungslehre auch hier anwendbar sein sollte.[18] Zudem bedürfe der Urheber auch gegenüber der Verwertungsgesellschaft des Schutzes, da er ein Interesse an der individuellen Rechtewahrnehmung habe.[19]

2. Stellungnahme

Die Auslegungsregel des § 31 Abs. 5 UrhG ist auch auf Wahrnehmungsverträge anzuwenden (a)). Allerdings ist bei ihrer Anwendung sorgsam der Zweck des Wahrnehmungsvertrags zu berücksichtigen (b)). Der soeben skizzierte Meinungsstand zeigt jedoch, daß die rechtspolitische Bewertung dieser Vorschrift unterschiedlich ausfallen kann (nachfolgend III).

a) Die Anwendbarkeit von § 31 Abs. 5 UrhG auf Wahrnehmungsverträge

Auf die Anwendbarkeit des § 31 Abs. 5 UrhG auf Wahrnehmungsverträge deutet schon der Wortlaut der Vorschrift hin, der so allgemein formuliert ist, daß er alle Nutzungsverträge erfaßt, und – anders als andere Vorschriften wie § 35 Abs. 1 S. 2 UrhG – Wahrnehmungsverträge auch nicht speziell ausnimmt.

---

15 BGH, GRUR 1966, 567, 569 f. – GELU; BGH, GRUR 1986, 62, 66 – GEMA-Vermutung I; OLG Hamburg, GRUR 1991, 599, 600; eher obiter auch OLG Hamburg, ZUM 2002, 480–485 – Handy Klingeltöne; LG Hamburg, AfP 1986, 78, 79. Ebenso *Mauhs,* Der Wahrnehmungsvertrag, S. 104 f.; Schricker-*Reinbothe,* § 6 UrhWG, Rn. 5; *Rossbach,* Die Vergütungsansprüche im deutschen Urheberrecht, S. 147; *Russ,* ZUM 1995, 32, 33; Fromm/Nordemann-*Hertin,* §§ 31/32, Rn. 40; Wandtke/Bullinger-*Gerlach,* § 6 UrhWG, Rn. 5; *Meyer,* Verwertungsgesellschaften und ihre Kontrolle nach dem UrhWG, S. 86 f.; *Genthe,* Der Umfang der Zweckübertragungstheorie, S. 95 f.; *Dünnwald,* FuR 1974, 554, 555; *Poll,* FuR 1981, 505, 509 Fn. 26.

16 BGHZ 142, 388, 396 = GRUR 2000, 228, 229 – Musical-Gala = LM § 19 UrhG Nr. 2 m. Anm. v. *Loewenheim* = EWiR 2000, 99–100 (*Schricker*).

17 OLG München, GRUR 1983, 571, 572 – Spielfilm Videogramme; LG Berlin, FuR 1984, 326, 331.

18 *Siebert,* Die Auslegung der Wahrnehmungsverträge, S. 55.

19 *Donle,* Die Bedeutung des § 31 Abs. 5 UrhG, S. 121 f.; anders freilich die Bewertung ebd. S. 260 f.

Zudem hat der durch die Regelung bezweckte Schutz vor einer pauschalen und unüberlegten Rechtsübertragung auch im Verhältnis zur Verwertungsgesellschaft einen guten Sinn. Ganz allgemein läßt sich nicht schon sagen, der Urheber bedürfte gegenüber der Verwertungsgesellschaft keines Schutzes. Im Gegenteil zeigt die Mehrzahl der Kontrollvorschriften, die in dieser Abhandlung erörtert werden,[20] daß der Gesetzgeber den Urheber auch in diesem Verhältnis für schutzbedürftig hält. Insbesondere ging der Gesetzgeber des Wahrnehmungsgesetzes davon aus, daß der Urheber gerade auch des Schutzes vor einer zu weitgehenden Rechtsübertragung an die Verwertungsgesellschaft bedarf. Nicht von ungefähr nennt die Begründung zur Angemessenheitskontrolle des § 6 Abs. 1 S. 1 UrhWG gerade das Beispiel des Umfangs der Rechtsübertragung.[21] Und auch hier läßt sich nicht pauschal sagen, die kollektive Rechtewahrnehmung sei *immer* im Interesse des Berechtigten. Denn die Wahrnehmungspraxis zeigt, daß es durchaus Rechte gibt, die gleichermaßen individuell oder kollektiv wahrgenommen werden können; der Berechtigte entscheidet sich dann für die individuelle Wahrnehmung, wenn das für ihn (unter Berücksichtigung seiner Kosten) lukrativer ist.[22] Dem läßt sich – an dieser Stelle, bei der teleologischen Auslegung des § 31 Abs. 5 UrhG –[23] auch nicht entgegenhalten, es komme nicht auf die Möglichkeiten der wenigen marktstarken Berechtigten (Urheber) an, sondern auf die Interessen der Gesamtheit der Urheber. Denn hier geht es um die Frage, ob ein *individueller* Berechtigter bei Abschluß des Wahrnehmungsvertrags des Schutzes bedarf.

Anderes kann man allein für die verwertungsgesellschaftspflichtigen Rechte[24] annehmen.[25] Hier ist es in der Tat so, daß der Berechtigte durch die Inanspruchnahme der Verwertungsgesellschaft nur gewinnen kann, da er sonst faktisch rechtlos ist. Allerdings ist die Auslegung des Wahrnehmungsvertrags im Hinblick auf diese einzeln im Urheberrechtsgesetz genannten Rechte normalerweise unzweifelhaft, so daß es auf die Zweckübertragungslehre nicht ankommt.

b) *Der Zweck der Rechtsübertragung als Auslegungsmaxime*

Findet demnach die Zweckübertragungslehre auch auf die Übertragung von Rechten auf die Verwertungsgesellschaft Anwendung, so muß man hier doch deren Grenzen beachten. Sie ergeben sich zunächst daraus, daß die Zweckübertragungslehre nur Anwendung findet, wenn die Rechte nicht ausdrücklich einzeln bezeichnet sind. Der Wahrnehmungsvertrag enthält indes üblicherweise einen Katalog der einzelnen übertragenen Rechte. Vor allem aber sind bei ihrer Anwendung die

---

20 Nachfolgend, 3. Teil.

21 BT-Drs. IV/271, S. 15 f. = *Mestmäcker/Schulze,* Anhang A (3) S. 22. Näher unten, § 7 II 4 (S. 70).

22 Beispielhaft kann man an die Möglichkeiten zur individuellen Rechtewahrnehmung denken, die sich aus § 1 lit. i WahrnV GEMA ergeben.

23 Anders liegen die Dinge bei der *Anwendung* von § 31 Abs. 5 UrhG; dazu sogleich, b).

24 Die verwertungsgesellschaftenpflichtigen Rechte sind oben, § 3 III 1 a aa (S. 17 f.), dargestellt.

25 Für die Kontrolle des Wahrnehmungsvertrags nach § 31 Abs. 4 UrhG schlägt Schricker-*Schricker,* Vor §§ 28 ff. Rn. 38 vor, die verwertungsgesellschaftenpflichtigen Rechte auszunehmen. Dazu noch unten, § 6 I 2 a (S. 59).

Zwecke des Wahrnehmungsvertrags zu berücksichtigen, wie sie sich letztlich aus dem Wahrnehmungsgesetz ergeben.

Der Zweck des Wahrnehmungsvertrags liegt für den Berechtigten darin, an der kollektiven Rechtewahrnehmung teilzuhaben, aber auch, sie durch seinen Einzelbeitrag mit zu ermöglichen. Den ersten Aspekt beschreibt der Bundesgerichtshof zutreffend, wenn er ausführt: „Dem Berechtigungsvertrag liegt maßgeblich der Zweck zugrunde, der GEMA als Verwertungsgesellschaft zur kollektiven Wahrnehmung Rechte einzuräumen, deren individuelle Wahrnehmung dem einzelnen Urheberberechtigten nicht möglich ist, während Rechte, die der Urheberberechtigte individuell verwerten kann, diesem verbleiben sollen.“[26] Dieser Blickwinkel des Individualinteresses ist indes zu eng, soweit damit die kollektive Wahrnehmung auf den Bereich beschränkt wird, in dem die individuelle Wahrnehmung objektiv „nicht möglich“ ist.[27] Der Zweck des Wahrnehmungsvertrags ist vielmehr auch durch das Kollektivinteresse aller Berechtigten (also auch des einzelnen Berechtigten als Vertragspartner) geprägt, eine wirkungsvolle Rechtewahrnehmung durch die Verwertungsgesellschaft zu ermöglichen. Dieses Interesse, das im Europäischen Kartellrecht treffend auch als Funktionsinteresse der Verwertungsgesellschaft bezeichnet wird,[28] ist bei der Auslegung mitzuberücksichtigen. Das deutet auch der BGH an, wenn er in der zitierten Entscheidung normativ (nicht tatsächlich) formuliert, es komme darauf an, ob die individuelle Rechtewahrnehmung „sinnvoll“ sei.[29]

Der Zweck des Wahrnehmungsvertrags liegt daher darin, der Verwertungsgesellschaft die Rechte zur kollektiven Wahrnehmung zu übertragen, die der einzelne nicht sinnvoll individuell wahrnehmen kann und/oder deren Übertragung geboten ist, um eine effektive kollektive Rechtewahrnehmung zu ermöglichen. Diese Zweckbestimmung, die neben dem Individualinteresse des Berechtigten auch das von der Verwertungsgesellschaft vertretene Kollektivinteresse berücksichtigt, das den Vertragszweck ebenfalls mitbestimmt, kann etwa dann ganz greifbare Folgen haben, wenn ein Recht zwar – vielleicht gerade im Einzelfall – individuell wahrgenommen werden kann, aufs Ganze gesehen aber eine kollektive Wahrnehmung vorzugswürdig ist. Ungeachtet der Interessen des einzelnen kann hier mit Rücksicht auf den Kollektivbezug jedes Wahrnehmungsvertrags auch nach der Zweckübertragungslehre eine Rechteübertragung anzunehmen sein.

---

26 BGHZ 142, 388, 396 – Musical Gala.
27 Vgl. *Russ,* ZUM 1995, 32, 33. Zu einseitig die Interessen des Berechtigten (nicht *der Vertragsparteien*) berücksichtigt dagegen *Staats,* Aufführungsrecht und kollektive Wahrnehmung, S. 83.
28 Kommission v. 4. 12. 1981, ABl. 192 L 94/12 Tz. 36. Näher unten, § 10 III 4 a (S. 142 f.).
29 BGHZ 142, 388, 396 – Musical Gala.

III. Rechtspolitische Bewertung

Wenn auch Obergerichte Zweifel äußern, ob die Zweckübertragungslehre ihrem Schutzzweck nach auf den Wahrnehmungsvertrag anzuwenden ist,[30] so deutet das darauf hin, daß jedenfalls die rechtspolitische Bewertung unterschiedlich ausfallen kann. Die Zweifel haben mehrere Gründe. Zum einen rühren sie daher, daß der Wahrnehmungsvertrag zwar auch ein Nutzungsvertrag ist, er aber nicht mit der Marktgegenseite geschlossen wird. Zum anderen kann man fragen, ob die Zweckübertragungslehre in diesem speziellen Fall zu einem wirksamen Schutz der Berechtigten führt.

Der Wahrnehmungsvertrag ist ein Nutzungsvertrag, doch sind die Verwertungsgesellschaften nicht die Marktgegenseite, die dem Berechtigten die Teilhabe am wirtschaftlichen Erfolg streitig machen könnten, sondern die Organisation der Berechtigten selbst, die präzise den Zweck hat, ihn an dem wirtschaftlichen Erfolge möglichst weitgehend zu beteiligten. Tatsächlich formulieren ja auch nicht die Gegner den Wahrnehmungsvertrag, über seinen Inhalt und die Reichweite der Rechteübertragung bestimmen vielmehr die Berechtigten selbst (zumindest im Rahmen der Mitwirkungsrechte des § 6 Abs. 2 UrhWG)[31].

Daß Berechtigte und Verwertungsgesellschaft nicht vollständig gleichlaufende Interessen haben, wurde bereits aufgezeigt (soeben, II.2, S.40). Auch im Verhältnis zum Treuhänder kann daher der Schutz des Treugebers einen guten Sinn haben. Indes ist es fraglich, ob die Zweckübertragungslehre ein leistungsfähiges Instrument zu diesem Zweck ist. Auf ihre praktischen Auswirkungen haben wir ebenfalls bereits hingewiesen: Letztlich ist die Zweckübertragungslehre nur eine Herausforderung der Formulierungskunst der Kautelarpraxis (oben, I a.E., S. 38). Erweist sich, daß der nach der Zweckübertragungslehre ausgelegte Wahrnehmungsvertrag einzelne Rechte nicht umfaßt, deren kollektive Wahrnehmung wünschenswert erscheint, so wird die Verwertungsgesellschaft den Wahrnehmungsvertrag entsprechend anpassen. Das ist für die Verwertungsgesellschaft, die den Wahrnehmungsvertrag massenhaft nutzt, auch effizient möglich. Der Berechtigte kann sich dem praktisch nicht entziehen, da die Wahrnehmungsbedingungen aufgrund der regelmäßig (außer im Filmbereich) bestehenden faktischen Monopolstellung der Verwertungsgesellschaft nicht verhandelbar sind. Zudem muß man bezweifeln, ob die Wahrnehmungsbedingungen für den einzelnen Berechtigten überhaupt mit einem vertretbaren Aufwand sinnvoll überprüft und bewertet werden können. Und schließlich kann man nicht verkennen, daß die Zweckübertragungslehre droht, ihr Ziel, eine informierte Entscheidung über die Rechteübertragung zu ermöglichen, selbst zu vereiteln, führt doch die von ihr erzwungene Aufzählung einer Vielzahl von Einzelrechten notgedrungen zu einer gewissen Unübersichtlichkeit.

---

30 S.o., Nw. in Fn. 17.

31 Zu § 6 Abs. 2 UrhWG näher unten, § 7 IV (S. 97–100).

Die Problematik ist aus dem Recht der Allgemeinen Geschäftsbedingungen (AGB) bekannt: Nur ein *rational fool* würde über AGB verhandeln. Weil aber Verhandlungen effizient nicht möglich sind, der Markt m.a.W. versagt, hat der Gesetzgeber eine Inhaltskontrolle installiert. Ist auch grundsätzlich eine prozedurale Abhilfe zur Erreichung von Schutzzwecken im Vertragsrecht dem Eingriff in die Inhaltsfreiheit vorzuziehen,[32] so sprechen doch hier die besseren Gründe für eine Inhaltskontrolle – wie sie insbesondere in Form von § 6 Abs. 1 S. 1 UrhWG bereits besteht. Allerdings mag man den Verwertungsgesellschaften nicht erlassen, die übertragenen Nutzungsrechte möglichst detailliert und transparent zu bezeichnen. Indes reichen zur Sicherung dieses Gebots schon die allgemeinen Regeln: Das verfügungsrechtliche Bestimmtheitsgebot sowie die Regeln über die Beweislast, nach denen die Verwertungsgesellschaft sowohl im Verhältnis zu Berechtigten wie zu Nutzern gegebenenfalls die Rechtsübertragung nachzuweisen hat. Die zusätzliche Restriktion, die die Zweckübertragungsregel im Rahmen der Auslegung begründet, ist im Verhältnis zwischen Urheber und Verwertungsgesellschaft teleologisch nicht überzeugend, da die Verwertungsgesellschaft die wirtschaftlichen Interessen der Berechtigten fördert und der – unbestritten gebotene – Schutz bereits über die Inhaltskontrolle nach § 6 Abs. 1 S. 1 UrhWG gewährleistet ist. *De lege ferenda* sollte § 31 Abs. 5 UrhG auf Wahrnehmungsverträge keine Anwendung finden.

§ 5 Vertragsrechtliche Auslegungsgrundsätze

Als spezielle Auslegungsregel für urheberrechtliche Nutzungsverträge findet die Zweckübertragungslehre des § 31 Abs. 5 UrhG auf den Wahrnehmungsvertrag Anwendung, die wir soeben in § 4 erörtert haben. Im übrigen bleibt es bei den allgemeinen Auslegungsregeln des Vertragsrechts, die zum einen §§ 133, 157 BGB zu entnehmen sind, zum anderen bei der Zweifelsregel für die Auslegung von Allgemeinen Geschäftsbedingungen des § 305c Abs. 2 BGB. Jeweils ist die Auslegung sowohl der Bedingungen des Wahrnehmungsvertrags i.e.S. als auch der darin inkorporierten Regelwerke, namentlich der Satzung und des Verteilungsplans, zu erörtern. Zunächst ist aber in einer Einführung auf einige grundlegende praktische Schwierigkeiten der Auslegung des Wahrnehmungsvertrags hinzuweisen.

I. Einführung: Auslegungsprobleme in der Wahrnehmungspraxis

Sichtet man Wahrnehmungsverträge, Satzungen und Verteilungspläne der Verwertungsgesellschaften, so findet man darin nicht selten Termini, die teils aus längst vergangenen Zeiten stammen und die teils schlicht nicht von Juristen, sondern von

32 *Canaris,* AcP 200 (2000), 273, 303 f. und *passim; Riesenhuber,* System und Prinzipien des Europäischen Vertragsrechts, S. 564–569.

den Berechtigten der jeweiligen Verwertungsgesellschaft (mit-) formuliert wurden. Da die Satzung und die Grundsätze des Verteilungsplans notwendig der Änderungskompetenz der Mitglieder- oder Gesellschafterversammlung unterliegen (§ 7 S. 3 UrhWG), werden – zumal bei den als Selbstverwaltungskörperschaft der Berechtigten organisierten Verwertungsgesellschaften – nicht selten noch in der Mitgliederversammlung selbst Formulierungen gewählt oder geändert mit der Folge, daß manches von der Warte des Juristen aus laienhaft formuliert erscheint. Nur auf den ersten Blick liegt dagegen die Abhilfe nahe, mißglückte Formulierungen in der nächsten Mitgliederversammlung zu glätten: Praktisch ist das nicht, da jede Revision, auch wenn sie nur das erklärte Ziel einer redaktionellen Änderung hat, in der Mitgliederversammlung Anlaß für Auseinandersetzungen bietet, die sowohl die Verwaltung als auch die Mitgliederversammlung aus guten Gründen scheuen mögen.[1] Besonders verständlich ist das, soweit es um Verteilungsregelungen geht: Jede Änderung von Verteilungsregelungen betrifft notwendig einige Berechtigte nachteilig, da es eben nur *ein* zu Verteilendes gibt und jede Änderung daher nur bedeuten kann, daß einzelne Berechtigte zulasten anderer Berechtigter begünstigt werden.[2] Änderungen nach dem „Maximin"-Prinzip,[3] die bedeuten würden, daß auch der am schlechtesten Gestellte noch eine Verbesserung erfährt, sind regelmäßig nicht möglich.

In der Praxis stellt sich daher die Frage, ob bei der Auslegung der Wahrnehmungsbedingungen (in Berechtigungsvertrag, Satzung und Verteilungsplan) ein besonderer Sprachgebrauch, der sich bei der Verwertungsgesellschaft eingebürgert hat, berücksichtigt werden kann. Unter dem Gesichtspunkt der AGB-Kontrolle ist die Frage umgekehrt, wann man von einem Zweifel ausgehen darf, der zu Lasten der Verwertungsgesellschaft als Verwenderin geht (§ 305c Abs. 2 BGB). Ein Beispiel für die Problematik findet sich in der Entscheidung des BGH Klausurerfordernis.[4] Dort hatte die Verwertungsgesellschaft unter bestimmten Umständen eine „Klausur" zur Voraussetzung für die Gewährung von Förderungsleistungen gemacht. Diesen Begriff der Klausur verwendete die Verwertungsgesellschaft schon seit Jahren in anderem Zusammenhang, sie bezeichnete damit eine den Umständen und Möglichkeiten der Beteiligten entsprechende Fachprüfung, die regelmäßig ein Fachgespräch bedeutete. Der Bundesgerichtshof sah sich nicht in der Lage, diesen besonderen Sprachgebrauch, der sowohl Verwaltung als auch Mitgliederversammlung der Verwertungsgesellschaft als „natürlich" erschienen sein muß, zu berücksichtigen. Mochte eine Klausur der Wortbedeutung nach auch nur eine geschlossene Prüfung bezeichnen, so bedeute sie dem Sprachgebrauch nach eine schriftliche Prüfung.

---

1 Einen guten Sinn für diese tatsächlichen Gegebenheiten hat BGH, GRUR 1988, 782, 785 – GEMA-Wertungsverfahren („unterschiedliche Interessen- und Abstimmungsverhältnisse in den Entscheidungsgremien der Betroffenen").

2 Es gilt der von *Medicus*, AcP 188 (1988), 489, 508, treffend formulierte Satz: „Das Zivilrecht kann eben keine Geschenke machen, die nicht doch von jemanden zu bezahlen wären."

3 Dazu *Rawls*, A Theory of Justice, S. 150–161.

4 BGH, GRUR 2002, 332, 334 – Klausurerfordernis.

Das Beispiel verdeutlicht die praktischen Auswirkungen (auch) der Auslegungsregeln. Letztendlich geht es hier wie sonst bei den Wahrnehmungsbedingungen und Verteilungsregeln um die *Kosten der kollektiven Rechtewahrnehmung.*[5] Denn selbstverständlich ließen sich Auslegungszweifel bei den Wahrnehmungsbedingungen und auch bei den oft verhältnismäßig komplexen Verteilungsbedingungen bei entsprechender Anstrengung im Vorfeld jedenfalls erheblich reduzieren. Nur kostet das Geld, das für die Verteilung nicht zur Verfügung steht. Einmal mehr geht es um einen Ausgleich zwischen den Individualinteressen der einzelnen Berechtigten und dem Kollektivinteresse der Gesamtheit aller Berechtigten an einer effizienten und sparsamen Wahrnehmungstätigkeit. Eine Vertragspraxis der Verwertungsgesellschaften, die sämtliche Einzelinteressen berücksichtigen wollte, würde einen Verwaltungsaufwand erfordern, der mit dem „wirtschaftlichen Gebot der Verhältnismäßigkeit“[6] nicht in Einklang zu bringen wäre und die Verteilungssumme unverhältnismäßig kürzen würde. Das entspräche auch nicht dem wohlverstandenen Interesse des einzelnen Rechteinhabers.

Diese Hintergründe sind auch für die weitere Erörterung der Auslegung von Bedeutung. Es zeigt sich hier, daß die Verwertungsgesellschaft zumal bei der Aufstellung der Verteilungsregeln, aber nicht minder bei der Normierung sonstiger Wahrnehmungsbedingungen, in einer Situation ist, die der eines Gesetzgebers nicht unähnlich ist. Das wirkt sich auch auf Maßstab und Methode der Auslegung aus.

II. Maßstab der Auslegung

1. Grundsätze der Vertragsauslegung und Wahrnehmungsvertrag

Ziel der Vertragsauslegung ist nach den aus §§ 133, 157 BGB abzuleitenden Grundsätzen prinzipiell die Ermittlung des übereinstimmend Gemeinten aus der Perspektive des konkreten Erklärungsadressaten (sog. Empfängerhorizont).[7] Für den Wahrnehmungsvertrag ist diese individualisierende Tendenz bei der Auslegung schon deswegen nicht unproblematisch, weil die Verwertungsgesellschaft in dem von ihr betriebenen Massengeschäft erkennbar auf individuelle Umstände keine Rücksicht nehmen kann.[8] Die Ausgangslage des Wahrnehmungsvertrages unterscheidet sich insofern von der normalen Vertragsabschlußsituation. Zwar

---

5 Auch insoweit ist die Entscheidung BGH, GRUR 2002, 332, 334 – Klausurerfordernis, ein gutes Beispiel, beklagt das Gericht doch – wohl zu Unrecht – das Erfordernis einer Klausur sei „zudem unbestimmt, weil sie sämtliche Bedingungen, unter denen die Klausur zu leisten ist, der freien Gestaltung durch die Beklagte überläßt“. An diesem Maßstab dürften selbst Schulgesetze und Prüfungsordnungen leicht scheitern.

6 BGH, GRUR 1988, 782, 784 – GEMA-Wertungsverfahren.

7 Siehe nur *Larenz/Wolf,* Allgemeiner Teil, § 28 Rn. 11, 15–33; Münchener Kommentar-*Mayer-Maly/Busche,* § 133 Rn. 3. Für die Auslegung des Wahrnehmungsvertrags will *Staats,* Aufführungsrecht und kollektive Wahrnehmung, S. 81, diese Regeln ohne weiteres anwenden – insbesondere ohne Rücksicht auf die Besonderheiten des Vertrags.

8 Vgl. auch BGH, GRUR 2002, 961, 962 – Mischtonmeister.

dient auch der Wahrnehmungsvertrag dem Ausgleich verschiedener Interessen. Der grundlegende Unterschied zur Regelsituation beim Vertragsschluss besteht jedoch darin, daß der Interessenausgleich hier nicht im Hinblick auf widerstreitende Interessen der beiden Vertragsparteien zu erfolgen hat. In Ausgleich zu bringen sind vielmehr die Interessen des abschließenden Rechteinhabers einerseits und der übrigen von der Verwertungsgesellschaft vertretenen Gesamtheit aller Berechtigten andererseits, als deren Mittler die Verwertungsgesellschaft fungiert.

Neben dieser besonderen Interessenlage sind die rechtlichen Besonderheiten der einzelnen Bestandteile des Wahrnehmungsvertrags zu berücksichtigen. So drückt sich der kollektivrechtliche Charakter des Wahrnehmungsvertrages i.e.S. bereits darin aus, daß seine Bestimmungen als Standardbedingungen abgefasst sind. Ferner kann eine im Wahrnehmungsvertrag inkorporierte Satzung, da sie für einen wechselnden Mitgliederbestand gilt, als Akt kollektiver Willensbetätigung nicht ohne weiteres nach allgemeinen Grundsätzen ausgelegt werden. Und endlich sind auch die Besonderheiten des regelmäßig umfangreichen Verteilungsplans zu berücksichtigen, der für eine Vielzahl andauernd wechselnder Mitglieder gilt und zudem eine in sich geschlossene, als stimmiges Ganzes konzipierte Regelung enthält.

2. Die Auslegung der einzelnen Regelwerke

a) *Die Auslegung des Wahrnehmungsvertrags i.e.S.*

Die Auslegung des Wahrnehmungsvertrages i.e.S. erfolgt prinzipiell nach den für die Auslegung von Verträgen geltenden allgemeinen Grundsätzen der §§ 133, 157 BGB. Der eigentümliche Charakter des Wahrnehmungsvertrages macht allerdings gewisse Modifikationen dieser Auslegungsregeln erforderlich. Dabei kann man theoretisch unterscheiden zwischen Abwandlungen, die der Ausgestaltung des Wahrnehmungsvertrags als Formularvertrag geschuldet sind (aa)) und solchen Auslegungsvarianten, die speziell auf die Besonderheiten der kollektiven Rechtewahrnehmung zurückzuführen sind (bb)). Beide Besonderheiten hängen freilich inhaltlich zusammen, da die kollektive Rechtewahrnehmung in einem Massengeschäft nur nach standardisierten Bedingungen in Betracht kommt.

aa) Auslegung der Wahrnehmungsbedingungen i.e.S. als AGB

Bei den Bestimmungen des Wahrnehmungsvertrages handelt es sich ganz überwiegend um formularvertraglich festgelegte Allgemeine Geschäftsbedingungen.[9] Sind Allgemeine Geschäftsbedingungen auch grundsätzlich als Vertragsbedingungen nach den allgemeinen Regeln der §§ 133, 157 BGB auszulegen,[10] so ergeben sich

---

9 Siehe bereits oben, § 3 III 2 (S. 23–34). Der Wahrnehmungsvertrag läßt regelmäßig nur wenig Raum für Individualvereinbarungen; zu denken ist insbesondere an die europarechtlich vorgegebene Möglichkeit der Wahl einer sogenannten Spartenlizenzierung; dazu unten, § 10 II 4 b bb (2) (S. 146).

10 S. nur Münchener Kommentar-*Basedow*, § 305 c Rn. 18; Palandt-*Heinrichs*, § 305 c Rz. 15; Wolf/Horn/Lindacher-*Lindacher*, § 5 Rn. 1. Anders Ulmer/Brandner/Hensen-*Ulmer*, § 5 Rn. 8 f., der

doch wegen der intendierten und erkennbaren Standardisierung einige Besonderheiten. Weil der Verwender von Allgemeinen Geschäftsbedingungen damit einen legitimen Rationalisierungs- und Vereinheitlichungszweck verfolgt,[11] sind sie nicht subjektiv, sondern – ähnlich wie Gesetze –[12] objektiv auszulegen; die individuellen Umstände des Einzelfalles sind dabei grundsätzlich[13] nicht zu berücksichtigen.[14]

bb) Die Berücksichtigung des kollektivrechtlichen Gehalts der Rechtewahrnehmung

Eine objektive Auslegung ist aber auch unabhängig von der AGB-Form wegen des intendierten Zwecks der Wahrnehmungsbedingungen als Grundlage der kollektiven Rechtewahrnehmung geboten. Die kollektive Rechtewahrnehmung ist aus Gründen der Kostenvermeidung nämlich gerade darauf gerichtet, nach einer bestimmten Standardisierung zu verfahren, die für individuelle Vereinbarung im Einzelfall grundsätzlich keinen Raum lässt. Die objektive Auslegung entspricht dabei den Interessen sowohl der Verwertungsgesellschaften als auch den Interessen der einzelnen Berechtigten.[15]

b) Die Auslegung der Satzung

Auch die Satzung ist grundsätzlich „nach objektiven Gesichtspunkten aus sich heraus“[16] auszulegen, wobei „Willensäußerungen oder Interessen der Gründer und sonstige Vorgänge aus der Entstehungsgeschichte nicht verwertet werden dürfen“[17]. Auszugehen ist von einem objektiven Satzungsverständnis aus Perspektive eines beliebigen Dritten.[18]

Die objektive Auslegung wird auch hier von manchen mit ihrem normähnlichen Charakter begründet, der gebiete, sie wie ein Gesetz auszulegen.[19] Die wohl herr-

---

allein individuell ausgehandelte Vertragsbestandteile eines Klauselvertrags gemäß §§ 133, 157 BGB auslegen will.

11 Münchener Kommentar-*Basedow*, § 305c Rn. 18, 22–26; Ulmer/Brandner/Hensen-*Ulmer*, § 5 Rn. 15, Einl. Rn. 3.

12 Darauf abstellend noch RGZ 170, 233, 241; RGZ 171, 43, 48; in der Begründung anders, i.E. aber entsprechend BGH, NJW-RR 2000, 1341, 1342 (zu Versicherungsbedingungen; „so auszulegen, wie ein durchschnittlicher Versicherungsnehmer sie bei verständiger Würdigung, aufmerksamer Durchsicht und Berücksichtigung des erkennbaren Sinnzusammenhangs verstehen muß“).

13 Anders nur in atypischen Sonderfällen; Ulmer/Brandner/Hensen-*Ulmer*, § 5 Rn. 15.

14 BGHZ 17, 1, 3; BGHZ 22, 109, 113; BGHZ 77, 116, 118f.; Münchener Kommentar-*Basedow*, § 305c Rn. 22; Ulmer/Brandner/Hensen-*Ulmer*, § 5 Rn. 7 jeweils m.w.N. Anders Staudinger-*Schlosser* (1998), § 5 AGBG Rn. 20, 22; Wolf/Horn/Lindacher-*Lindacher*, § 5 Rn. 6 m.w.N., die freilich weithin zu ähnlichen Ergebnissen kommen, weil (soweit) beim Abschluß zu AGB regelmäßig keine besonderen Begleitumstände vorliegen.

15 S.o. I (S. 43–45).

16 BGHZ 113, 237, 240 m.w.N.

17 BGHZ 47, 172, 180.

18 *Grunewald*, Gesellschaftsrecht, Rn. 16. Etwas anderes soll konsequenterweise dann gelten, wenn die außerhalb der Satzung liegenden Umstände den Beitretenden ausnahmsweise bekannt sind.

19 Münchener Kommentar-*Reuter*, § 25 Rn. 22.

schende Meinung geht demgegenüber von den Auslegungsregeln für Rechtsgeschäfte der §§ 133, 157 BGB aus,[20] modifiziert diese aber entsprechend dem Zweck der Regelung.[21] Bei einem auf wechselnden oder wachsenden Mitgliederbestand angelegten Verein ist die Satzung bestimmungsgemäß von den Gründern verselbständigt und daher objektiv auszulegen.[22] Anderes gilt allerdings dann, wenn besondere, außerhalb des Satzungstextes liegende Umstände den neuen Mitgliedern von vorneherein bekannt waren oder aufgrund langjähriger Vereinsübung nachträglich erkennbar geworden sind.[23]

c) *Die Auslegung des Verteilungsplans*

Entsprechende Erwägungen gebieten auch eine objektive, den Grundsätzen der Gesetzesauslegung folgende Auslegung des Verteilungsplans. In formaler Hinsicht ist bereits darauf zu achten, daß die Grundsätze der Verteilung gem. § 7 S. 3 UrhWG Bestandteil der Satzung sind. Wichtiger sind zwei materielle Erwägungen. Zum einen gelten die Verteilungsregeln ebenso wie die Satzung für eine Vielzahl von wechselnden Berechtigten. Weil diese Regeln einheitlich Anwendung finden sollen – und gem. § 7 S. 1 UrhWG auch müssen –,[24] kommt eine Auslegung nach dem für einzelne Berechtigte etwa unterschiedlichen Empfängerhorizont nicht in Betracht. Zum anderen sind die Verteilungsregeln – insofern dem Gesetz ähnlich – als ein in sich geschlossenes und stimmiges Ganzes (System) konzipiert.[25] Dieser Systemcharakter unterscheidet den Verteilungsplan insbesondere auch vom Vertrag, da für die Verteilungsregeln das dispositive Gesetzesrecht als Rückfallregelung („Reserverechtsordnung") fehlt.

3. Keine Berücksichtigung des Empfängerhorizonts oder der Interessen der Nutzer

Um die Auslegung des Wahrnehmungsvertrags geht es nicht selten im Streit zwischen Berechtigten und den *Nutzern.* Von den Berechtigten wegen Rechtsverletzung in Anspruch genommen, wenden die Nutzer gelegentlich ein, sie hätten die Rechte von der Verwertungsgesellschaft erworben.[26] Oder umgekehrt: Von der Verwertungsgesellschaft in Anspruch genommen, wenden sie ein, die Berechtigten hätten

---

20 Siehe nur BGHZ 47, 172, 179 f.; BGHZ 96, 245, 250; BGHZ 106, 67, 71; BGHZ 113, 237, 240. Aus dem Schrifttum *Grunewald,* ZGR 1995, 68; Münchener Kommentar-*Mayer-Maly/Busche,* § 133 Rn. 34; K. *Schmidt,* Gesellschaftsrecht, S. 88.
21 Soergel-*Hadding,* § 25 Rn. 17, 32; *Grunewald,* ZGR 1995, 68, 82; *dies.,* Gesellschaftsrecht, Rn. 15; *Häuser/van Look* ZIP 1986, 749, 752 f.; *Wiedemann* DNotZ 1977, Sonderheft, 99–111.
22 *Grunewald,* ZGR 1995, 68, 82; BGHZ 47, 172, 179.
23 *Grunewald,* ZGR 1995, 68, 82 f.; K. *Schmidt,* Gesellschaftsrecht, S. 91–93; Soergel-*Hadding,* § 25 Rn. 17, 32; BGHZ 96, 245, 250.
24 Zum Willkürverbot i.e. unten, § 7 III (S. 78–96).
25 Dazu etwa LG Berlin v. 15. 12. 1998 – 16. O. 683/97, Umdruck S. 18 f. – Glockenrequiem.
26 BGHZ 142, 388 – Musical Gala.

ihnen die Rechte eingeräumt.[27] Dann kommt es auf den Umfang der wahrnehmungsvertraglichen Rechtseinräumung an. Je nach Lage berufen sich dann die Nutzer auf die Interessen der Berechtigten oder der Verwertungsgesellschaft.[28]

Das ist Anlaß klarzustellen, daß der Empfängerhorizont der Nutzer oder deren Interesse für die Auslegung des Wahrnehmungsvertrags schlechterdings *keine Rolle* spielen. Sie sind nicht Partei des Wahrnehmungsvertrags und der Wahrnehmungsvertrag wird auch nicht in ihrem Interesse geschlossen.

Allerdings haben die Nutzer durchaus ein berechtigtes Interesse daran, festzustellen, *wer die Rechte hat.* Dieses Interesse hat indes der Gesetzgeber des Urheberrechtswahrnehmungsgesetzes – nach früheren Klagen –[29] durchaus erkannt und deswegen in § 10 UrhWG eine entsprechende Auskunftspflicht vorgesehen. Diese Auskunftspflicht ist der Schlüssel für eine Nutzung von Rechten ohne das Risiko der Rechtsverletzung. Auf Verlangen erhält der Nutzungsinteressent von der Verwertungsgesellschaft die Auskunft, ob diese die Rechte wahrnimmt. Ist die Antwort negativ, kann er versuchen, sie vom Berechtigten selbst zu erlangen, ist sie positiv, so kann er die Rechte von der Verwertungsgesellschaft erhalten. Das Risiko einer fehlerhaften Auskunft liegt dann bei der Verwertungsgesellschaft. Wird der Nutzer, der die Rechte von der Verwertungsgesellschaft erworben hat, vom Berechtigten in Anspruch genommen, so kann er der Verwertungsgesellschaft den Streit verkünden.

III. Methode der Auslegung

Nachdem gezeigt wurde, daß Wahrnehmungsvertrag sowie Satzung und Verteilungsplan grundsätzlich objektiv auszulegen sind, können wir nun auf einzelne Auslegungsmethoden sowie Besonderheiten eingehen, die sich bei der Auslegung dieser Wahrnehmungsbedingungen ergeben. Entsprechend dem bekannten Kanon der Auslegungsmethoden erfolgt die Sinnermittlung abgestuft im Wege der grammatischen, der historischen, der systematischen sowie der teleologischen Auslegung.[30] Bei vorformulierten Vertragsklauseln ist zudem die sog. *contra-proferentem*-Regel des § 305 c Abs. 2 BGB zu beachten.

---

27 S. z.B. BGH, NJW 1988, 1847 – GEMA-Vermutung IV; LG Frankfurt a.M. v. 26. 11. 2003 – 2-06 O. 190/03.

28 S.a. den treffenden Hinweis von *Nordemann,* GRUR 1992, 584 f.

29 S. insbes. *Plugge/Roeber,* Das musikalische Tantiemerecht in Deutschland, S. 41 und öfter.

30 Die Reihenfolge der Erörterung folgt Zweckmäßigkeitserwägungen und soll an dieser Stelle keine Rangfolge begründen. Zum Rang von Methoden der Gesetzesauslegung nur *Canaris,* FS Medicus, S. 25–61; *Neuner,* Die Rechtsfindung contra legem, S. 111–131.

1. Grammatische Auslegung

Jede Auslegung geht vom Wortlaut aus, in der berechtigten Erwartung, daß die gewählten Wortzeichen das Gemeinte ausdrücken. Grundsätzlich hat sich die Wortauslegung am allgemeinen Sprachgebrauch zu orientieren.[31] Nach unseren Vorüberlegungen (oben I S. 43–45) ist nachfolgend besonders zu untersuchen, inwieweit ein Fachsprachgebrauch oder die bei einer Verwertungsgesellschaft üblichen Gepflogenheiten bei der Auslegung zu berücksichtigen sind.

a) Die Auslegung rechtlicher Fachbegriffe

Fachbegriffe verwenden vor allem die Wahrnehmungsverträge bei der Bestimmung der zur Wahrnehmung übertragenen Rechte.[32] Hier muß man – mangels manifester anderer Hinweise – davon ausgehen, daß die Verwertungsgesellschaft mit dem Fachbegriff auf den Fachsprachgebrauch verweist.

So entschied beispielsweise der Bundesgerichtshof im Fall Musical Gala. Den in § 1 lit. a WahrnV-GEMA enthaltenen Begriff der „bühnenmäßigen Aufführung" legte das Gericht dort ebenso aus wie den entsprechenden Begriff der bühnenmäßigen Darbietung in § 19 Abs. 2 UrhG.[33] Das war zum einen deswegen begründet, weil die Verwertungsgesellschaft „Nutzungsrechte, Einwilligungsrechte [und] Vergütungsansprüche, die sich aus dem Urheberrechtsgesetz vom 9. September 1965 ergeben, ... wahrnimmt" (§ 1 Abs. 1 UrhWG). Nach dem (objektiven) Zweck des Wahrnehmungsvertrags spricht daher die Verwendung von Fachtermini des Urheberrechtsgesetzes dafür, daß damit auf die Regelung des Urheberrechtsgesetzes Bezug genommen werden soll. Nichts anderes ergibt sich in diesem Fall freilich auch aus den Interessen von Verwertungsgesellschaft und Berechtigtem, beurteilt nach dem objektiven Empfängerhorizont. Zum anderen ist die Entscheidung aber auch nach dem Grundsatz begründet, daß die von speziellen Verkehrskreisen verwendeten Begriffe nach dem dort üblichen Sondersprachgebrauch auszulegen sind.[34]

b) Berücksichtigung von Gepflogenheiten der Verwertungsgesellschaft

Bei der Auslegung der Wahrnehmungsbedingungen kann zweitens auch ein besonderer, bei der Verwertungsgesellschaft üblicher Sprachgebrauch zu berücksichtigen sein. Das ergibt sich zum einen aus den Grundsätzen über die Auslegung mit Rücksicht auf den Sprachgebrauch der betroffenen Verkehrskreise. Kommt es bei der Auslegung von AGB allgemein auf den Verständnishorizont der angesprochenen

---

31 Jauernig-*Jauernig*, § 133 Rn. 10; Münchener Kommentar-*Basedow*, § 305c Rn. 25; Soergel-*Hefermehl*, § 133 Rn. 24.

32 Gelegentlich wird freilich gerügt, daß nicht die Verwendung rechtlicher Fachtermini zu Auslegungsschwierigkeiten führt, sondern umgekehrt deren Vermeidung; *Dünnwald*, FuR 1974, 554–560.

33 BGHZ 142, 388, 397 – Musical Gala; allgemein Münchener Kommentar-*Basedow*, § 305c Rn. 25.

34 *Larenz/Wolf*, Allgemeiner Teil, § 28 Rn. 50f.; Soergel-*Hefermehl*, § 133 Rn. 14.

Verkehrskreise an, so kann auch eine dort gebräuchliche Fachsprache berücksichtigt werden.[35]

Dasselbe läßt sich aber auch – im Anschluß an die Bankdirektor-Entscheidung des Reichsgerichts von 1927 – begründen.[36] Dort ging es um die Auslegung von Banken-AGB, die (objektiv) unklar formuliert waren, über deren Bedeutung der beklagte Kunde, ein bei der klagenden Bank tätiger Bankdirektor, nicht im Zweifel sein konnte. Weil und soweit die Berechtigten die Wahrnehmungs-, Verteilungs- und Satzungsbestimmungen unmittelbar oder vermittelt über die gemeinsame Vertretung (§ 6 Abs. 2 UrhWG) mitbestimmen und deshalb über einen Sondersprachgebrauch nicht im Zweifel sein können, ist dieser Sondersprachgebrauch auch im Rahmen der Auslegung der Bedingungen zugrundezulegen.

2. Historische Auslegung

Auch die Entstehungsgeschichte einer Vertragsbestimmung kann im Rahmen der Auslegung zu berücksichtigen sein. Dabei ist allerdings ganz unumstritten, daß eine *unbekannte* Entstehungsgeschichte für die Auslegung von AGB stets unbeachtlich ist, und zwar auch dann, wenn es sich um behördlich genehmigte AGB handelt oder solche Klauseln, die im Zusammenwirken der maßgeblich beteiligten Wirtschaftskreise ausgearbeitet wurden.[37] Gleiches gilt für solche Umstände der Entstehung, die der Satzung oder dem Verteilungsplan nicht unmittelbar entnommen werden können.[38] Umgekehrt kann eine *bekannte* Entstehungsgeschichte nach dem dargelegten Grundsatz der Beachtlichkeit von Sonderwissen durchaus für die Auslegung herangezogen werden.[39]

Praktische Bedeutung kann die historische Auslegung insbesondere erlangen, wenn es um die Berücksichtigung der „Materialien" für eine Regelung geht: Den Regelungsvorschlag und seine Begründung in der Tagesordnung sowie ggf. die Protokolle der Mitgliederversammlung. Soweit diese Unterlagen den Berechtigten zur Verfügung stehen[40] und daher zur „bekannten" Entstehungsgeschichte einer Regelung gehören, können sie auch bei der Auslegung von Wahrnehmungsvertrag, Satzung und Verteilungsplan berücksichtigt werden.[41]

---

35 Staudinger-*Schlosser* (1998), § 5 AGBG Rn. 20; Ulmer/Brandner/Hensen-*Ulmer,* § 5 Rn. 23. S. z. B. BGH, NJW 1985, 559 (AVB für den Transport im grenzüberschreitenden Verkehr).

36 RGZ 116, 198, 207. Dazu etwa Wolf/Horn/Lindacher-*Lindacher,* § 5 Rn. 14; Staudinger-*Schlosser* (1998), § 5 AGBG Rn. 20.

37 BGH, NJW-RR 2000, 1341, 1342; Wolf/Horn/Lindacher-*Lindacher,* § 5 Rn. 15; Staudinger-*Schlosser* (1998), § 5 AGBG Rn. 21; Ulmer/Brandner/Hensen-*Ulmer,* § 5 Rn. 22.

38 Für die Satzung *Grunewald,* ZGR 1995, 68, 82 f.

39 Staudinger-*Schlosser* (1998), § 5 AGBG Rn. 21; Ulmer/Brandner/Hensen-*Ulmer,* § 5 Rn. 22.

40 So z. B. gem. § 10 Ziff. 5, § 12 Ziff. 1 GEMA-Satzung, § 5 Abs. 2 VG-Wort-Satzung.

41 Ansätze für eine historische Auslegung etwa bei BGH, GRUR 1988, 782 – GEMA-Wertungsverfahren; KG WuW 1988, 56, 62 – GEMA Wertungsverfahren.

3. Systematische Auslegung

Der systematischen Auslegung wird bei der Vertragsauslegung gelegentlich geringe Bedeutung beigemessen. Es handele sich um eine dem „Laien“ nicht vertraute, spezifisch juristische Auslegungsmethode,[42] die zudem mangels System oder Systematik von Verträgen ohnehin regelmäßig keinen Platz habe. Wenn indes eine Erklärung in einem größeren Zusammenhang steht, so kommt auch eine systematische Auslegung in Betracht.[43] Als Fortsetzung der Wortauslegung findet die systematische Auslegung Anwendung, wenn man von der äußeren Stellung einer Regelung im Kontext auf ihre Bedeutung schließt.[44] Geht es darum, die Prinzipien, die einer Gesamtregelung zugrundeliegen, für die Auslegung fruchtbar zu machen, so ist die systematische Auslegung schon Teil der teleologischen Auslegung (systematisch-teleologische Auslegung).[45]

Die hier untersuchten Regelwerke der Verwertungsgesellschaften sind regelmäßig so gestaltet, daß auch eine systematische Auslegung in Betracht zu ziehen ist. Anders als manche Austauschverträge sind sie auf Dauer angelegt und in Einzelheiten ausgefeilt. Gerade der Verteilungsplan der Verwertungsgesellschaft ist gesetzesähnlich konzipiert und seinem Zweck entsprechend als ein in sich stimmiges geordnetes Ganzes gedacht.

Zutreffend ist daher auch der Verteilungsplan systematisch ausgelegt worden. Ein Beispiel bildet die Entscheidung Glockenrequiem des Landgerichts Berlin.[46] Der Kläger begehrte die Einordnung seines Musikstücks als ein Werk der E-Musik gemäß den Vorschriften des Verteilungsplans. Es handelte sich um ein Werk, dessen Töne durch Anschlagen von zahlreichen Glocken der Dresdner Kirchen erzeugt wurden, die sodann im Wege der elektrotechnischen Übertragung zentral zusammengeführt wurden. Das Gericht hatte die Vorschriften der Abschnitte X–XIII der Ausführungsbestimmungen des Verteilungsplans A der GEMA[47] auszulegen. Es stellte fest, daß die Verwertungsgesellschaft diese Regelungen als ein geordnetes Ganzes konzipiert habe. Für Zweifelsfälle sei in Abschnitt XII der Bestimmungen eine besondere Auffangregelung vorgesehen. Angesichts dieses systematischen Zusammenhangs kam eine Einordnung des „Glockenrequiem“ als Werk der E-Musik gem. Abschnitt X nicht in Betracht.

---

42 Münchener Kommentar-*Basedow,* § 305c Rn. 30; *Schlechtriem* FS Heinrichs, S. 503, 507–510; LG Hamburg NJW-RR 1995, 923.

43 BGH, NJW 1957, 873 f.; Palandt-*Heinrichs,* § 133 Rn. 14.

44 Hk-BGB-*Dörner,* § 133 Rn. 4.

45 Zur entsprechenden Unterscheidung bei der Gesetzesauslegung *Riesenhuber,* System und Prinzipien des Europäischen Vertragsrechts, S. 61 f.

46 LG Berlin, Urt. v. 15. 12. 1998 – 16 O 683/97 – Glockenrequiem.

47 GEMA-Jahrbuch 2003/2004, S. 313–320.

4. Teleologische Auslegung

a) *Allgemein*

Verträge sind nicht zuletzt im Lichte des mit ihnen verfolgten Zwecks auszulegen.[48] Während (auch) der teleologischen Auslegung von Verträgen oft nur geringe Bedeutung beigemessen wird, weil ein einheitlicher, den Parteien gemeinsamer Vertragszweck nicht anzunehmen sei, liegen die Dinge beim Wahrnehmungsvertrag sowie Satzung und Verteilungsplan der Verwertungsgesellschaft wiederum anders, da diese Regelwerke einen gesetzlich klar umrissenen und den Beteiligten bekannten Zweck verfolgen.[49]

Zum Beispiel hat der Bundesgerichtshof die teleologische Auslegung in der Entscheidung Musical Gala fruchtbar gemacht.

> „Dem Berechtigungsvertrag liegt maßgeblich der Zweck zugrunde, der GEMA als Verwertungsgesellschaft zur kollektiven Wahrnehmung Rechte einzuräumen, deren individuelle Wahrnehmung dem einzelnen Urheberberechtigten nicht möglich ist, während Rechte, die der Urheberberechtigte individuell verwerten kann, diesem verbleiben sollen. Eine individuelle Wahrnehmung des Rechts der bühnenmäßigen Aufführung, das herkömmlich meist in der Hand von Bühnenverlagen liegt, bietet sich – unabhängig von der ursprünglichen Bestimmung für die bühnenmäßige Aufführung – bei allen Werken an, die in der Weise „dramatisch musikalischer" Art sind, daß sie als solche ‚in Szene' gesetzt werden können. Dies ist insbesondere dann der Fall, wenn schon im Ablauf der Wiedergabe des Werkes ein geschlossenes, dramatisch angelegtes Geschehen vermittelt wird.
>
> Eine individuelle Rechtswahrnehmung ist jedoch nicht in allen Fällen der bühnenmäßigen Aufführung von Werken sinnvoll. Gerade Musikwerke können in Bühnenaufführungen in verschiedenster Weise so integriert werden, daß sie bei diesen Aufführungen auch selbst als bühnenmäßig aufgeführt anzusehen sind, ohne selbst als dramatisch-musikalische Werke angelegt zu sein (z. B. die Wiedergabe eines Schlagers in einer Art und Weise, in der er integrierender Bestandteil einer Bühnenaufführung ist). Eine individuelle Rechtewahrnehmung ist den Urheberberechtigten in solchen Fällen kaum möglich. Es entspricht daher nicht dem Sinn und Zweck der Rechtseinräumung in § 1 Buchst. a des Berechtigungsvertrags, dieser Bestimmung auch einen Vorbehalt hinsichtlich der Einräumung von Rechten an solchen Werknutzungen zu entnehmen."[50]

Der Entscheidung ist zuzustimmen. Anzumerken ist lediglich, daß eine klare Bestimmung der Rechteeinräumung Vorrang vor Erwägungen darüber haben muß, ob eine individuelle oder kollektive Rechtewahrnehmung „sinnvoll" ist. Diese Entscheidung mag in einigen Fällen „objektiv" aus der Natur der Sache zu beantworten sein, in einem breiten Grenzbereich ist sie aber nur aufgrund einer wertenden

---

48 BGHZ 2, 379, 385; BGHZ 20, 109, 110; BGH, NJW-RR 2001, 1105.
49 S. bereits oben, § 2, besonders unter III (S. 7–10).
50 BGHZ 142, 388, 397f. – Musical Gala; Nachweise weggelassen; zustimmend *Schricker,* EWiR 2000, S. 100 („Die vom BGH getroffene Auslegung des GEMA-Berechtigungsvertrags wird in überzeugender Weise aus dem Zweck der kollektiven Rechtewahrnehmung entwickelt.").

Entscheidung zu beantworten, die in den Grenzen des § 6 Abs. 1 S. 1 UrhWG der Verwertungsgesellschaft zukommt und nicht paternalistisch vom Gericht zu treffen ist.

b) *Dynamisches Vertragsverständnis*

Bei der teleologischen Auslegung von Satzung und Verteilungsplan läßt sich zudem der im Gesellschafts- und Vereinsrecht erörterte Gedanke des „dynamischen Vertragsverständnisses" nutzbar machen.[51] Soweit diese Regelungen ein in die Zukunft gerichtetes Handlungsprogramm enthalten, ist von mehreren möglichen Varianten die Auslegung zu wählen, die eine effiziente Verwirklichung des Vertragsziels gewährleistet.

Praktische Bedeutung kann das etwa für Regelungen des Verteilungsplans haben, die auch (vom Wahrnehmungsvertrag erfaßte) neue Nutzungsformen erfassen sollen. Zum Beispiel kann man an die Einordnung von sogenannten „Simultanaufführungen" – gleichzeitige und gemeinsame Darbietung ursprünglich gesonderter Musikwerke als neues Ganzes – in den Verteilungsplan der GEMA denken.[52] Diese Nutzungsart war unzweifelhaft vom Wahrnehmungsvertrag erfaßt, doch bereitete ihre Einordnung in den Verteilungsplan Schwierigkeiten. Der Verteilungsplan war daher entsprechend seinem Zweck weiterzudenken.

In ähnlicher Weise kann der Gedanke des dynamischen Vertragsverständnisses auch für die Auslegung von Ermessensklauseln fruchtbar gemacht werden, wie sie insbesondere im Bereich der kulturellen Förderung vorkommen.

5. Die Zweifelsregel des § 305 c Abs. 2 BGB: *In dubio contra proferentem*

Kann auch die Auslegung nach allgemeinen Grundsätzen Zweifel am Bedeutungsgehalt einzelner Vertragbestimmungen nicht beseitigen, so ist an eine Anwendung des Auslegungsgrundsatzes *in dubio contra proferentem* (§ 305 c Abs. 2 BGB) zu denken.[53] Hier wie allgemein gilt freilich, daß es vorzugswürdig ist, beanstandenswerte Klauseln inhaltlich zu überprüfen und gegebenenfalls für unwirksam zu erklären, anstatt sie einer Überprüfung als unverständlich zu entziehen.[54]

---

51 *Grunewald,* ZGR 1995, 68, 69; Münchener Kommentar-*Mayer-Maly/Busche,* § 133 Rn. 34.

52 Dazu *Bezzenberger/Riesenhuber,* GRUR 2003, 1005, 1011 f.

53 BGH, GRUR 1986, 62, 65 f. Zu dem Grundsatz etwa *Medicus,* Allgemeiner Teil, Rn. 426–429; *Zimmermann,* The Law of Obligations, S. 639–642; *Riesenhuber,* System und Prinzipien des Europäischen Vertragsrechts, S. 357 f.

54 H.M. BGH NJW 1992, 1097, 1099; BGH NJW 1994, 1798, 1799; OLG Schleswig ZIP 1995, 759, 762; Staudinger-*Schlosser* (1998), § 5 AGBG Rn. 7; Ulmer/Brandner/Hensen-*Ulmer,* § 5 Rn. 31; Wolf/Horn/Lindacher-*Lindacher,* § 5 Rn. 31–33; *Kötz,* Europäisches Vertragsrecht, § 8 IV 2 (S. 215).

a) *Anwendungsbereich der Zweifelsregel*

Die grundsätzliche Anwendbarkeit der Vorschriften über die AGB-Kontrolle auf den Wahrnehmungsvertrag haben wir bereits früher geklärt.[55] Auch die Zweifelsregel des § 305c Abs. 2 BGB findet daher Anwendung. Indes ist auch hier die Bereichsausnahme für das Gesellschaftsrecht zu beachten. Die (materiellen)[56] Satzungsregeln unterliegen allgemein nicht der AGB-Kontrolle,[57] daher greift für sie auch die *contra-proferentem*-Regel nicht ein.

b) *Verhältnis zur Zweckübertragungsregel*

Umstritten ist aber das Verhältnis zwischen der Zweifelsregel des § 305c Abs. 2 BGB und jener des § 31 Abs. 5 UrhG (Zweckübertragungslehre). Überschneidungen können sich ergeben bei der Auslegung der Vorschriften über die Rechtseinräumung. Während der BGH von einem Nebeneinander beider Zweifelsregeln auszugehen scheint,[58] soll die Zweckübertragungslehre nach anderer Meinung als Spezialvorschrift vorgehen.[59] Praktisch dürften beide Meinungen zu demselben Ergebnis führen. Beide Vorschriften „ergreifen Partei", und zwar im Falle des Wahrnehmungsvertrags zugunsten derselben Person, da der von § 31 Abs. 5 UrhG geschützte Urheber zugleich der von § 305c Abs. 2 BGB geschützte Kunde der Verwertungsgesellschaft (als Klauselverwender) ist. Auch die Rechtsfolgen dürften im Ergebnis regelmäßig übereinstimmen, da beide Vorschriften eine restriktive Auslegung der Rechtsübertragungsklauseln verlangen. Eine Diskrepanz kann sich nur dann ergeben, wenn die Beschränkung der Rechtsübertragung nach dem Zweck des Wahrnehmungsvertrags einmal nicht die nach § 305c Abs. 2 BGB für den Urheber günstigere Auslegung ist. Ungeachtet dieser Interessenlage wäre dann in der Tat der spezielleren Zweckübertragungsregel des § 31 Abs. 5 UrhG der Vorzug zu geben.

c) *Die Anwendung der Zweifelsregel*

Sind nach der Auslegung im Wege der allgemeinen Grundsätze noch mindestens zwei vertretbare Auslegungsergebnisse möglich, so geht das nach § 305c Abs. 2 BGB zu Lasten des Verwenders. Es ist die dem Kunden günstigste Deutungsalternative maßgeblich.

Umstritten ist allerdings, welche Auslegungsmethoden erfolglos angewandt worden sein müssen, bevor der *contra-proferentem*-Grundsatz herangezogen werden kann. Die herrschende Meinung sieht die Anwendungsvoraussetzungen der Zwei-

---

55 Oben, § 3 III 2 b aa (S. 23 f.).

56 Im Gegensatz zu den nur formalen Satzungsregeln, zu denen insbesondere die Grundsätze des Verteilungsplans gehören, § 7 S. 3 UrhWG.

57 S. o. § 3 III 2 b cc (S. 30–33).

58 BGH, GRUR 1986, 62, 65 f. – GEMA-Vermutung I (insoweit in BGHZ 95, 274 nicht abgedruckt).

59 Fromm/Nordemann-*Hertin*, §§ 31/32 UrhG Rn. 29; *Schweyer*, Die Zweckübertragungstheorie im Urheberrecht, S. 38 Fn. 59, S. 57 f.; *Staats*, Aufführungsrecht und kollektive Wahrnehmung, S. 82. S. a. BGH, GRUR 1971, 480 – Schwarzwaldfahrt.

felsregel erst erfüllt, wenn die „Ausschöpfung der in Betracht kommenden Auslegungsmethoden" kein eindeutiges Ergebnis erbracht hat.[60] Demzufolge sind nicht nur der Wortlaut, sondern zusätzlich historische, teleologische und systematische Aspekte im Auslegungsprozess zu berücksichtigen. Vereinzelt wird hierin ein Widerspruch zum AGB-rechtlichen Auslegungsgrundsatz gesehen, nach dem die Klauseln nicht subjektiv-individuell, sondern aus der Perspektive eines rechtsunkundigen Durchschnittskunden zu beurteilen sind. Die Zweifelsregel sei daher bereits dann anzuwenden, wenn die Wortauslegung keine eindeutigen Ergebnisse erziele.[61] Ein solches Verständnis vom Erfordernis objektiver Auslegung ist indessen unzutreffend. Wie bereits dargelegt, können AGB durchaus teleologisch und systematisch ausgelegt werden, sofern man nur auf den Verständnishorizont eines durchschnittlichen Vertreters des angesprochenen Verkehrskreises rekurriert.

Die Anwendung der Zweifelsregelung selbst erfolgt in einem mehrstufigen Verfahren.[62] Auf erster Stufe ist zu überprüfen, ob die nach allgemeinen Grundsätzen (oben, 1–4, S. 50–54) ausgelegte Klausel in ihrer *kundenfeindlichsten* Bedeutung der Inhaltskontrolle[63] standhält. Ist dies nicht der Fall, so ist die Klausel ungeachtet ihrer Mehrdeutigkeit als unwirksam anzusehen.[64] Besteht die Klausel hingegen die Inhaltskontrolle, so ist sie nunmehr nach der Zweifelsregelung des § 305c Abs. 2 zu beurteilen. Im Ergebnis kommt man so zur *kundenfreundlichsten* Auslegungsvariante.[65]

---

60 BGH NJW 2002, 2102, 2103; Münchener Kommentar-*Basedow,* § 305c Rn. 29; Wolf/Horn/Lindacher-*Lindacher,* § 5 Rn. 28.

61 So Jauernig-*Jauernig,* § 305c Rn. 5, *Schlechtriem,* FS Heinrichs, S. 503–510.

62 Ulmer/Brandner/Hensen-*Ulmer,* § 5 Rn. 31; Wolf/Horn/Lindacher-*Lindacher,* § 5 Rn. 31–33.

63 Unten, § 8 (S. 100–122).

64 Unten, § 8 III 5 (S. 115 f.).

65 Ulmer/Brandner/Hensen-*Ulmer,* § 5 Rn. 32; Wolf/Horn/Lindacher-*Lindacher,* § 5 Rn. 31.

3. Teil: Die Kontrolle des Wahrnehmungsvertrags

Abschnitt 1 Deutsches Recht

§ 6 Das Urheberrechtsgesetz

Vorgaben für die Kontrolle des Wahrnehmungsvertrags ergeben sich zuerst aus dem Urheberrechtsgesetz selbst. Allerdings installiert das Urheberrechtsgesetz nicht in erster Linie spezielle Beschränkungen der Wahrnehmungstätigkeit. Im Gegenteil haben wir bereits gesehen, daß dort an verschiedener Stelle die Tätigkeit der Verwertungsgesellschaften vorausgesetzt und in Dienst genommen wird.[1] Soweit die Berechtigten auf die Tätigkeit der Verwertungsgesellschaften angewiesen sind, war deswegen im Urheberrechtsgesetz eine besondere Regelung nicht erforderlich, da bereits das Wahrnehmungsgesetz entsprechende Vorschriften enthält, vor allem in § 6 UrhWG über den Wahrnehmungszwang. Zudem hat sich gezeigt, daß das Urheberrechtsgesetz in gewisser Weise anerkennt, daß die Verwertungsgesellschaften zum „Lager" der Berechtigten gehören, wenn es die Vorausabtretung von Rechten an die Verwertungsgesellschaften zuläßt, wo es sie grundsätzlich verbietet.[2] Nicht von ungefähr ist daher umstritten, inwieweit Vorschriften, die dem Schutz des Urhebers vor dem Nutzer als Marktgegenseite dienen, auch im Verhältnis zwischen Urheber und Verwertungsgesellschaft Anwendung finden.[3]

I. Das Verbot der Einräumung von Nutzungsrechten für noch nicht bekannte Nutzungsarten

1. Das Verbot des § 31 Abs. 4 UrhG

„Die Einräumung von Nutzungsrechten für noch nicht bekannte Nutzungsarten sowie Verpflichtungen hierzu sind unwirksam", § 31 Abs. 4 UrhG. Durch diese Vorschrift soll der Urheber davor geschützt werden, über Nutzungsrechte zu verfügen (oder sich dazu zu verpflichten), deren wirtschaftliche, aber auch persönlichkeitsrechtliche Bedeutung er noch nicht abschätzen kann.[4] Da es in der Natur neuer

---

1 Oben, § 3 III 1 (S. 17–20).
2 Oben, § 3 III 1 c (S. 19).
3 Schricker-*Schricker*, Vor §§ 28 ff. Rn. 38.
4 Die Vorschrift hat in jüngerer Zeit v.a. wegen der Entwicklung der digitalen Technik eine Rolle gespielt; dazu *Siebert*, Die Auslegung der Wahrnehmungsverträge unter Berücksichtigung der digitalen Technik (2002), *passim;* ferner *Fitzek*, Die unbekannte Nutzungsart, S. 77–147, 209–234;

Nutzungsarten liegt, daß man über sie nicht informieren kann, kann man die *zeitweilige* Einschränkung der Dispositionsmöglichkeit als einen verhältnismäßigen Eingriff in die Vertragsfreiheit ansehen.[5] Letztlich geht es auch bei dieser – bereits lang etablierten –[6] Regel darum sicherzustellen, daß der Urheber am wirtschaftlichen Erfolg seines Werks teilhat.[7]

Das Verbot erfaßt Verpflichtungen und Verfügungen über Nutzungsrechte für selbständige Nutzungsarten, die in ihrer wirtschaftlichen Bedeutung und Verwertbarkeit noch nicht bekannt sind.[8] Für die Bekanntheit kommt es nach dem Schutzzweck der Regelung und mit Rücksicht auf das Verkehrsinteresse zwar nicht auf die subjektive Bekanntheit für den Urheber an, wohl aber auf die objektive Bekanntheit in den betreffenden Urheber- und Verkehrskreisen.[9]

Die Vorschrift des § 31 Abs. 4 UrhG ist seit 1965 unverändert im Urheberrechtsgesetz enthalten.[10] Im Rahmen des Urhebervertragsgesetzes war erwogen worden, sie um zwei Sätze zu ergänzen. Nach dem sogenannten Professorenentwurf vom 22. 5. 2000[11] sollte ein neuer Satz 2 die Rechtsprechung zur Bestimmung der „Bekanntheit“ einer Nutzungsart kodifizieren. Nach einem neu einzufügenden Satz 3 sollten die Verbote des § 31 Abs. 4 UrhG für Wahrnehmungsverträge nicht gelten.[12] Einer vieldeutig formulierten Begründung zufolge wurde mit diesem Satz 3

Katzenberger, GRUR Int. 2003, 889–900; *Reber,* GRUR 1997, 162–169; *ders,* ZUM 1998, 481–484; *ders.,* GRUR 1998, 792–798.

5 Zum Schutzzweck des § 31 Abs. 4 UrhG besonders eingehend – und mit einer Einordnung der urhebervertraglichen Regelung in das Vertragsrecht allgemein – jetzt *Drewes,* Neue Nutzungsarten im Urheberrecht, S. 47–50, der allerdings zu Unrecht den – wenig fruchtbaren – Gedanken des „Verhandlungsgleichgewichts“ heranzieht (dagegen pointiert *Zöllner,* AcP 196 (1996), 1, 35) und Marktversagen und Informationsdefizit nur als Einzelaspekte dessen begreift. Zum Schutzmechanismus auch *Riesenhuber,* System und Prinzipien des Europäischen Vertragsrechts, S. 492.

6 Die Entwicklung zeichnet nach *Drewes,* Neue Nutzungsarten im Urheberrecht, S. 23–37; s.a. *Donhauser,* Der Begriff der unbekannten Nutzungsart, S. 14 f. Aus der Rechtsprechung RGZ 118, 282, 285 – Musikantenmädel; RGZ 123, 312, 315 f. – Wilhelm Busch; RGZ 134, 198, 201 – Ammre; RGZ 140, 255, 257 – Hampelmann; BGH, GRUR 1960, 197, 199 – Keine Ferien für den lieben Gott; BGH, GRUR 1969, 143, 144 f. – Curt Goetz-Film II; BGH, GRUR 1982, 727, 729 f. – Altverträge.

7 RegE, Begründung zu § 31, BT-Drs. IV/270, S. 56; BGHZ 95, 274, 283 – GEMA-Vermutung I; BGH, ZUM 1997, 128, 130 – Klimbim; vgl. auch BGHZ 17, 266, 278 f., 281 f. – Magnettonträger; BGHZ 11, 135, 143 – Lautsprecherübertragung. *Castendyk,* ZUM 2002, 332, 335; *Drewes,* Neue Nutzungsarten im Urheberrecht, S. 45–52; *Fitzek,* Die unbekannte Nutzungsart, S. 21 f.; *Reber,* GRUR 1997, 162 f.; Schricker-*Schricker,* §§ 31/32 Rn. 26.

8 BGHZ 128, 336, 341 – Videozweitauswertung.

9 Schricker-*Schricker,* §§ 31/32 Rn. 27; *Schack,* Urheber- und Urhebervertragsrecht, Rn. 550.

10 Früher anders, RGZ 134, 198, 201 – Tonfilmrechte. In LUG und KUG gab es keine dem § 31 Abs. 4 UrhG entsprechende Regelung; *Donhauser,* Der Begriff der unbekannten Nutzungsart, S. 18 f.; *Drewes,* Neue Nutzungsarten im Urheberrecht, S. 14–23; *Katzenberger,* GRUR Int. 2003, 889, 892.

11 Abgedruckt bei M. *Schulze,* Materialien zum Urheberrechtsgesetz, Band 3, S. 1312–1351.

12 Unverändert in der Überarbeiteten Fassung vom 17. 8. 2000, abgedruckt bei M. *Schulze,* Materialien zum Urheberrechtsgesetz, Band 3, S. 1352–1392. Dazu *Drewes,* Neue Nutzungsarten im Urheberrecht, S. 69–71. Kritisch *Schack,* ZUM 2001, 453, 456 („völlig verfehlt“).

einer Forderung aus dem Schrifttum Rechnung getragen.[13] In den Regierungsentwurf vom 23. 11. 2001 wurde diese Neuregelung indes nicht übernommen.[14]

2. Anwendbarkeit auf den Wahrnehmungsvertrag

a) *Meinungsstand*

Die Anwendbarkeit des § 31 Abs. 4 UrhG auf Wahrnehmungsverträge ist daher weiterhin umstritten. Wohl überwiegend wird sie im Anschluß an eine Rechtsprechung des Bundesgerichtshofs[15] bejaht. Ähnlich wie bei § 31 Abs. 5 UrhG[16] wird auch hier darauf hingewiesen, der Wortlaut sei uneingeschränkt formuliert. Bei neuen Nutzungsarten könne der Berechtigte zudem ein Interesse an der individuellen Wahrnehmung haben.[17] Nach anderer Ansicht paßt § 31 Abs. 4 UrhG seinem Zweck nach nicht für Wahrnehmungsverträge, da diese gerade dazu dienen, die wirtschaftliche Teilhabe des Urhebers am Erfolg seiner Werke zu sichern.[18] Eine vermittelnde Meinung geht zwar im Grundsatz davon aus, § 31 Abs. 4 UrhG gelte auch für den Wahrnehmungsvertrag. Indes beanspruche die Regelung ihrem Zweck nach keine Geltung für verwertungsgesellschaftenpflichtige Rechte – also solche, die von Gesetzes wegen nur durch Verwertungsgesellschaften wahrgenommen werden können.[19] Die Verwertungsgesellschaften gehen teilweise von einer Übertragbarkeit der Rechte für neue Nutzungsarten aus, jedenfalls soweit die neuen Nutzungsarten den vom Wahrnehmungsvertrag erfaßten bekannten Nutzungsarten entsprechen.[20]

---

13 Begründung zu Nr. 2 (§ 31), abgedruckt bei M. *Schulze*, Materialien zum Urheberrechtsgesetz, Band 3, S. 1336 („Wie dies im Schrifttum gefordert wird, ..."). Eine teleologisch überzeugende Beschränkung schlägt vor *Enquête-Kommission* „Zukunft der Medien in Wirtschaft und Gesellschaft – Deutschlands Weg in die Informationsgesellschaft", Zweiter Zwischenbericht v. 23. 6. 1997, UFITA 135 (1997), 271, 289 f.

14 RegE, BT-Drs. 14/7564, abgedruckt bei M. *Schulze*, Materialien zum Urheberrechtsgesetz, Band 3, S. 1435–1485.

15 BGHZ 95, 274, 282 – GEMA-Vermutung I; BGH, GRUR 1988, 296, 297 f. – GEMA-Vermutung IV; OLG Hamburg, ZUM 2002, 480, 481 – Handy-Klingeltöne. Zustimmend *Leßmann*, Verwertungsgesellschaften nach deutschem und europäischen Kartellrecht, S. 76–79; *Mauhs*, Der Wahrnehmungsvertrag, S. 99 f.; *Rehbinder*, DVBl. 1992, 216, 219. S.a. *Melichar*, ZUM 1999, 12, 15; *Donhauser*, Der Begriff der unbekannten Nutzungsart, S. 55 f.

16 Oben, § 4 II 1 (S. 39).

17 *Mauhs*, Der Wahrnehmungsvertrag, S. 97–104; *Platho*, ZUM 1987, 77, 78; Schricker-*Reinbothe*, § 6 Rn. 5; *Schack*, Urheber- und Urhebervertragsrecht, Rn. 1206.

18 *Lerche*, Anm. zu Schulze BGHZ 334 – GEMA-Vermutung I, S. 18–21; *Nordemann*, GRUR 1992, 584, 586; *Samson*, UFITA 64 (1972), 181, 187; *Schulze*, ZUM 1987, 47, 50; *Schricker*, EWiR 1988, 403, 404. Vgl. auch *Kreile/Becker*, FS Mestmäcker, S. 87, zu den praktischen Folgen.

19 Schricker-*Schricker*, §§ 31/32 Rn. 29; ihm folgend *Rossbach*, Die Vergütungsansprüche im deutschen Urheberrecht, S. 141–143; ähnlich Fromm/Nordemann-*Hertin*, §§ 31/32 Rn. 17 (abstellend auf die Praktikabilität individueller Rechtewahrnehmung); auch insoweit ablehnend *Rehbinder*, DVBl. 1992, 216, 219.

20 S. z. B. § 1 lit. l GEMA-WahrnV; dazu (überwiegend kritisch) OLG Hamburg, ZUM 2002, 480, 483 – Handy-Klingeltöne; *Brugger*, UFITA 51 (1968), 89, 123 f.; *Goldmann*, Die kollektive Wahrnehmung musikalischer Rechte, S. 299 f.; *Platho*, ZUM 1987, 77, 78; *Steden*, Das Monopol der GEMA, S. 88–90. Zu dem mit der Beschränkung auf „entsprechende" Nutzungsarten angesprochenen „Substitutionsgedanken" generell kritisch *Reber*, ZUM 1998, 481–484.

b) Stellungnahme

War die Frage der Anwendbarkeit von § 31 Abs. 4 UrhG auf den Wahrnehmungsvertrag aufgrund des immerhin nicht zwingenden Wortlauts sowie beachtlicher teleologischer Erwägungen bislang offen, so muß man sie doch nunmehr als entschieden ansehen, nachdem der Gesetzgeber die im Professorenentwurf von 2000 enthaltene Ausnahme nicht übernommen hat (oben, 1, S. 58 f.). Diese Ausnahme war schon im Professorenentwurf nicht etwa als nur klarstellend enthalten und es ist auch nicht ersichtlich, daß der Gesetzgeber sie nur als entbehrliche deklaratorische Vorschrift weggelassen hätte. Wenn der Gesetzgeber die Ausnahme zugunsten des Wahrnehmungsvertrags nicht übernommen hat, so muß man davon ausgehen, daß er bewußt davon abgesehen hat, die – ihm bekannte – Rechtsprechung des Bundesgerichtshofs zu korrigieren.

3. Rechtspolitische Bewertung

Umgekehrt läßt das Gesetzgebungsverfahren nicht erkennen, daß der Gesetzgeber sich näher mit der rechtspolitischen Bewertung dieser Rechtsprechung auseinandergesetzt hätte. Auch der Professorenentwurf enthielt nicht mehr als einen dunklen Hinweis auf eine Forderung aus der Literatur. Daher ist auch an dieser Stelle nicht davon auszugehen, daß die rechtspolitische Diskussion praktisch verschlossen oder inhaltlich abgeschlossen wäre.

In ähnlicher Weise wie bei der Zweckübertragungslehre (s.o. § 4, S. 37–43) ist zunächst auch hier nicht zu verkennen, daß das Verbot des § 31 Abs. 4 UrhG einem Zweck dient, den man auch im Verhältnis des Berechtigten zur Verwertungsgesellschaft als legitim anerkennen mag. Wer mögliche Nutzungen nicht kennt, kann nicht sinnvoll darüber entscheiden, ob er ihre kollektive Wahrnehmung wünscht. Zudem hat die Entscheidung über die kollektive Rechtewahrnehmung nicht nur wirtschaftliche, sondern, wie unter Hinweis auf das Beispiel der sogenannten „Handy"-Klingeltöne[21] gesagt wird, auch eine persönlichkeitsrechtliche Bedeutung.

Auf der anderen Seite ist hier besonders deutlich, daß das Verfügungsverbot in mißlicher Weise zu Schutz- bzw. Wahrnehmungslücken führen kann. Die kollektive Wahrnehmung muß auch dann, wenn sie praktisch unvermeidlich ist, der Nutzung hinterherhinken, weil die Verwertungsgesellschaft sie mangels Rechtsübertragung, der individuelle Berechtigte aber aus praktischen Gründen nicht ausüben kann. Der Schutz des Verfügungsverbots verkehrt sich dann in sein Gegenteil, dem Berechtigten wird für die Interimszeit geradezu die Teilhabe am wirtschaftlichen Erfolg von Gesetzes wegen versagt. Das läßt sich, da § 31 Abs. 4 UrhG ein Verfügungsverbot statuiert, auch nicht durch sorgfältige Formulierung des Wahrnehmungsvertrags vermeiden.

---

21 Vgl. OLG Hamburg, ZUM 2002, 480–485 – Handy Klingeltöne.

Während die Zweckübertragungslehre, die in der Sache eine Informationsvorschrift darstellt und einen prozeduralen Schutz gewährleistet, zum Schutz des Urhebers nicht weit genug geht, schießt das Verfügungsverbot des § 31 Abs. 4 UrhG über das Erforderliche hinaus. Auch hier erscheint der Schutz durch eine Inhaltskontrolle, wie sie § 6 Abs. 1 S. 1 UrhWG installiert, vorzugswürdig. Dem Berechtigten wäre es so möglich, Nutzungsrechte auch für unbekannte Nutzungen der Verwertungsgesellschaft zu übertragen. Gleichzeitig könnte aber über die Inhaltskontrolle sichergestellt werden, daß die Rechteübertragung nicht weiter geht, als dies mit Rücksicht auf die Individualinteressen des einzelnen Berechtigten und das Kollektivinteresse aller Berechtigten geboten ist. Auf diese Weise läßt sich insbesondere persönlichkeitsrechtlichen Bedenken gegen die „blinde" Übertragung von Nutzungsrechten für unbekannte Nutzungsarten Rechnung tragen. Gleichzeitig ist aber vor allem sichergestellt, daß einerseits keine Wahrnehmungslücken entstehen, andererseits aber die Interessen an individueller und kollektiver Wahrnehmung angemessen ausgeglichen werden.

Eine andere erwägenswerte Gestaltung kann man dem gemeinschaftsrechtlichen Vorbild entnehmen.[22] Die Kommission hat aus Art. 82 EG ein funktionales Äquivalent zu der Regelung des § 31 Abs. 4 UrhG entwickelt. Nach den GEMA-Entscheidungen von 1971 und 1972 stellen „die Rechte zu Benutzungshandlungen, die durch die technische Entwicklung oder eine Änderung der Gesetzgebung in Zukunft entstehen" eine eigene Nutzungssparte dar.[23] Die Berechtigten haben das Recht, die Rechte dieser Sparte von der Wahrnehmung durch eine (bestimmte) Wahrnehmungsgesellschaft auszunehmen, und zwar anfänglich oder nachträglich.[24] In der Tat spricht viel dafür, ein Sonderkündigungs- bzw. Rückrufrecht an die Stelle des Verbots zu setzen. Der Berechtigte könnte danach der Verwertungsgesellschaft die Nutzungsrechte auch für unbekannte Nutzungsarten im vorhinein übertragen, diese dann aber nach Bekanntwerden wieder an sich ziehen, wenn dies aus besonderen (z. B. persönlichkeitsrechtlichen) Gründen begründet ist. Nachteil der Gestaltung kann freilich sein, daß sie zu einem Hin-und-her führt, wenn die Verwertungsgesellschaft die bekannt gewordene neue Nutzungsart nachträglich in den Katalog der wahrgenommenen Rechte übernimmt.

II. Ausgewählte Verbote und zwingende Inhaltsvorschriften

Das Urheberrechtsgesetz enthält darüber hinaus eine Reihe von Vorschriften, die als Verbote oder zwingende Inhaltsvorschriften für den Wahrnehmungsvertrag von Bedeutung sein können. Auch diese Regelungen kann man im weiteren der Inhaltskontrolle zurechnen. Da sie indes nicht zum Kernbereich der Kontrolle des Wahrnehmungsvertrags gehören, genügen an dieser Stelle einige Hinweise.

---

22 In dieselbe Richtung schon *Lerche,* Anm. zu Schulze, BGHZ 334 – GEMA-Vermutung I, S. 20.
23 Kommission v. 2. 6. 1971, ABl. 1971 L 134/22 – GEMA I; Kommission v. 6. 7. 1972, ABl. 1972 L 166/23 – GEMA II.
24 Näher unten, § 10 II 4 b bb (2) (S. 146).

1. Bearbeitungen, § 23 UrhG

Bearbeitungen oder andere Umgestaltungen des Werkes dürfen nur mit Einwilligung des Urhebers des Originalwerks veröffentlicht oder verwertet werden, § 23 S. 1 UrhG. Wegen des persönlichkeitsrechtlichen Bezugs und soweit die individuelle Wahrnehmung unschwer möglich ist, kommt eine kollektive Wahrnehmung dieses Einwilligungsrechts durch die Verwertungsgesellschaft nicht in Betracht.[25]

Die Vorschrift enthält indes kein dinglich wirkendes Verbot und betrifft den gutgläubigen Empfänger einer Nutzungsrechtsverfügung nicht. Sie macht daher die Übertragung und Wahrnehmung von Bearbeiterrechten nicht unwirksam. Für den Wahrnehmungsvertrag ist das Einwilligungserfordernis des § 23 UrhG aber deswegen von besonderer Bedeutung, weil die Verwertungsgesellschaft in aller Regel dem Originalurheber ebenso wie dem Bearbeiter-Urheber unmittelbar wahrnehmungsvertraglich oder mittelbar über einen Gegenseitigkeitsvertrag mit der zuständigen Verwertungsgesellschaft vertraglich verbunden ist. Daher trifft sie eine besondere Pflicht, die Beachtung des Einwilligungserfordernisses sicherzustellen.[26]

2. Das Änderungsverbot des § 39 UrhG (§ 14 UrhG)

Mit dem Einwilligungserfordernis des § 23 UrhG steht das grundsätzliche Änderungsverbot des § 39 UrhG in Zusammenhang, das das Entstellungsverbot des § 14 UrhG konkretisiert. Nach der Vorschrift des § 39 UrhG darf der Inhaber eines Nutzungsrechts das Werk, dessen Titel oder Urheberbezeichnung (§§ 10 Abs. 1, 13 UrhG) nicht ändern, wenn anderes nicht vereinbart ist. Das bindet die Verwertungsgesellschaften ebenso wie die Nutzer, die von der Verwertungsgesellschaft Rechte erwerben. Eine nach § 39 Abs. 1 UrhG mögliche Änderungsvereinbarung ist in den Wahrnehmungsverträgen teilweise schon vorgesehen.[27] Inwieweit darüber hinaus eine Änderung nach Treu und Glauben (§ 39 Abs. 2 UrhG) zulässig ist, ist umstritten.[28]

---

25 So im Ansatz *Russ,* ZUM 1995, 32, 34. Eine Rechteübertragung im Wahrnehmungsvertrag wäre an § 6 Abs. 1 UrhWG zu messen; näher unten, § 7 II (S. 64–78).

26 Die GEMA z.B. tut das durch die Vorschrift des Abschnitt I Ziff. 7 Ausführungsbestimmungen zum Verteilungsplan A, GEMA-Jahrbuch 2003/2004, S. 302: „Bearbeitungen und Kompositionen, die unter Benutzung fremder geschützter Werke entstanden sind, werden nur dann bei der Verteilung berücksichtigt, wenn der Anmeldung die Zustimmung des Inhabers des Urheberrechts der verwendeten Originalkomposition oder Bearbeitung ... beiliegt."

27 S. z.B. § 1 lit. g aa GEMA-WahrnV; dazu kritisch *Russ,* ZUM 1995, 32, 33. Freilich kann schon die Auslegung streitig sein; vgl. LG Düsseldorf, AfP 1986, 78, 79, sowie näher oben, §§ 4, 5 (S. 37–56).

28 Schricker-*Dietz,* § 39 Rn. 14–24; *v. Have/Eickmeier,* ZUM 1995, 321, 323; einschränkend G. *Schulze,* ZUM 1993, 255–269; *Russ,* ZUM 1995, 32, 33; *Schmieder,* NJW 1990, 1945, 1949 f.

3. Rückrufrechte, §§ 41, 42 UrhG

Das Gesetz sieht in §§ 41, 42 UrhG Rückrufrechte vor, die dem Urheber wegen ihres persönlichkeitsrechtlichen Bezugs[29] auch gegenüber der Verwertungsgesellschaft zustehen.[30] Er kann die Nutzungsrechte wegen Nichtausübung und wegen gewandelter Überzeugung zurückrufen.[31] Die Rückrufrechte sind im voraus nicht verzichtbar (§§ 41 Abs. 4 S. 1, 42 Abs. 2 S. 1 UrhG). Die Ausübung des Rückrufrechts wegen Nichtausübung kann im voraus nicht für mehr als fünf Jahre ausgeschlossen werden, die des Rückrufrechts wegen gewandelter Überzeugung überhaupt nicht (§§ 41 Abs. 4 S. 2, 42 Abs. 2 S. 2 UrhG). Praktische Bedeutung haben die Rückrufrechte im Verhältnis zu den Verwertungsgesellschaften nicht.

§ 7 Das Urheberrechtswahrnehmungsgesetz

I. Einführung: Die Tatbestände der §§ 6, 7 UrhWG

Das Urheberrechtswahrnehmungsgesetz enthält in §§ 6 und 7 zwei Bestimmungen über die Inhaltskontrolle, und es ist ein alter Streit, in welchem Verhältnis sie zu einander stehen.

Nach § 6 Abs. 1 S. 1 UrhWG ist die Verwertungsgesellschaft verpflichtet, die zu ihrem Tätigkeitsbereich gehörenden Rechte und Ansprüche auf Verlangen der Berechtigten zu *angemessenen Bedingungen* wahrzunehmen. Nach Absatz 2 der Vorschrift ist zudem zur angemessenen Wahrung der Belange der Berechtigten, die nicht als Mitglieder aufgenommen werden, eine gemeinsame Vertretung zu bilden.

Nach § 7 S. 1 UrhWG hat die Verwertungsgesellschaft die Einnahmen aus ihrer Tätigkeit nach festen Regeln – das ist die Legaldefinition des Verteilungsplans – aufzuteilen, die ein *willkürliches* Vorgehen bei der Verteilung ausschließen. Der Verteilungsplan, dessen Grundsätze nach Satz 3 der Vorschrift in die Satzung der Verwertungsgesellschaft aufzunehmen sind, soll nach § 7 S. 2 UrhWG dem Grundsatz entsprechen, daß kulturell bedeutende Werke und Leistungen zu fördern sind.

Diese Vorschriften sind nachfolgend zu erörtern. Dabei empfiehlt sich, das Angemessenheitsgebot des § 6 Abs. 1 S. 1 UrhWG (sogleich II) und das Willkürverbot des § 7 S. 1 UrhWG (nachfolgend III) getrennt zu erörtern, ungeachtet der Tatsache, daß manche darin ein und dasselbe sehen. Diese Trennung entspricht der gesetzlichen Anordnung und ist zudem deswegen geboten, weil die These von der einheitlichen Auslegung von Angemessenheitsgebot und Willkürverbot bereits *eine Antwort* auf die zu untersuchende Auslegungsfrage ist. Die gesetzlichen Vorgaben für die Aus-

---

29 *Schack,* Urheber- und Urhebervertragsrecht, Rn. 319.
30 Dazu auch noch *Riesenhuber,* NZA 2004, im Druck.
31 *Mauhs,* Der Wahrnehmungsvertrag, S. 78 f.

gestaltung der gemeinsamen Vertretung in § 6 Abs. 2 UrhWG sind gesetzlich weniger scharf konturiert und stehen auch der Sache nach gesondert; wir erörtern sie daher am Schluß (IV).

II. Das Angemessenheitsgebot des § 6 Abs. 1 S. 1 UrhWG

1. Einführung und Meinungsstand

Der Vorschrift des § 6 Abs. 1 S. 1 UrhWG wird nach ganz überwiegender Meinung eine Inhaltskontrolle des Wahrnehmungsvertrags entnommen. Einzelheiten sind indes umstritten. Während die Kontrolle nach einer Meinung nur die Wahrnehmungsbedingungen für die Berechtigten betrifft, die der Verwertungsgesellschaft nur schuldvertraglich verbunden sind,[1] geht es nach anderer Ansicht auch um die Kontrolle der Wahrnehmungsbedingungen von Mitgliedern der Verwertungsgesellschaft im korporationsrechtlichen Sinn.[2] Streit besteht auch über die Auslegung des Angemessenheitsgebots. Im Anschluß an die Begründung zu § 6 UrhWG definieren manche „angemessene Bedingungen" als die Bedingungen, die die Verwertungsgesellschaft auch ihren Mitgliedern anbietet.[3] Die – wohl herrschende – Gegenmeinung verweist hingegen darauf, daß § 6 Abs. 1 UrhWG ganz allgemein von allen Berechtigten spreche und nicht zwischen Berechtigten und Mitgliedern unterscheide. Sie definiert daher die Angemessenheit inhaltlich als Äquivalenzgrundsatz. Angemessen sind danach Bedingungen für die Wahrnehmung, wenn sie Art und Umfang der übertragenen Rechte entsprechen.[4] Eine ähnlich weitgehende Kontrolle bedeutet es, wenn aufgrund einer „umfassenden Abwägung sämtlicher Interessen der Verwertungsgesellschaft und der Berechtigten" geprüft werden soll, ob die Interessen beider Seiten berücksichtigt wurden und der Verhältnismäßigkeitsgrundsatz und das Gleichbehandlungsgebot beachtet worden sind.[5]

---

1 *Hübner/Stern,* GEMA-Nachrichten 1978 Nr. 108, S. 85, 92 f.; *Mestmäcker/Schulze,* § 6 UrhWG Anm. 2; *Reischl,* GEMA-Nachrichten 1978 Nr. 108, S. 79, 83; *Samson,* UFITA 47 (1966), 1, 128.

2 DPA, Bescheid vom 6. 6. 1977, UFITA 81 (1978), 348, 358; *Goldmann,* Die kollektive Wahrnehmung musikalischer Rechte, S. 187; *Häußer,* FuR 1980, 57, 63 f.; *Mauhs,* Wahrnehmungsvertrag, S. 49–51; *Menzel,* Die Aufsicht über die GEMA, S. 47–49; *Meyer,* Verwertungsgesellschaften und ihre Kontrolle, S. 71 f.; Fromm/Nordemann-*Nordemann,* § 6 UrhWG Rn. 5; Schricker-*Reinbothe,* § 6 UrhWG Rn. 13; *Vogel,* GRUR 1993, 513, 518 f.; *ders.,* FG Schricker, S. 137.

3 *Hübner/Stern,* GEMA-Nachrichten 1978 Nr. 108, S. 85, 92 f.; Loewenheim-*Melichar,* Handbuch des Urheberrechts, § 47 Rn. 12; *Mestmäcker/Schulze,* Urheberrecht, § 6 UrhWG Anm. 2; *Reischl,* GEMA-Nachrichten 1978 Nr. 108, S. 79, 83; *Samson,* UFITA 47 (1966), 1, 128. Ferner *Peinemann,* UFITA 52 (1969), 153, 159.

4 OLG München, ZUM 2002, 747 f. – Verteilungsplan Fotokopiergebühren; *Dünnwald,* FS Kreile, S. 164 f.; *Goldmann,* Die kollektive Wahrnehmung musikalischer Rechte, S. 188 f.; *Menzel,* Die Aufsicht über die GEMA, S. 47–49; *Nordemann,* GRUR Int. 1973, 306, 307 (der jeden Ermessensspielraum der Verwertungsgesellschaft ablehnt!); Fromm/Nordemann-*Nordemann,* § 6 UrhWG Rn. 6; *Reber,* GRUR 2000, 203, 204; Schricker-*Reinbothe,* § 6 UrhWG Rn. 13; *Wirtz,* Die Kontrolle von Verwertungsgesellschaften, S. 58 f.; wohl auch Dreier/*Schulze,* § 6 UrhWG Rn. 15.

5 *Mauhs,* Der Wahrnehmungsvertrag, S. 52 f.; ähnlich *Meyer,* Verwertungsgesellschaften und ihre Kontrolle nach dem UrhWG, S. 78 f.; *Vogel,* GRUR 1993, 513, 519.

Ausgangspunkt für die Erörterung muß der Zweck des § 6 Abs. 1 S. 1 UrhWG sein (2). Es erweist sich, daß der Gesetzgeber hier aus guten Gründen zwischen Mitgliedern und nur vertraglich verbundenen Berechtigten unterschieden hat. Zweitens ist der Gegenstand der Kontrolle abzugrenzen (3). § 6 UrhWG betrifft den Wahrnehmungsvertrag, den der Gesetzgeber aus sachlichen Gründen von dem in § 7 UrhWG behandelten Verteilungsplan unterschieden hat. Auf dieser Grundlage läßt sich der Kontrollmaßstab des § 6 Abs. 1 S. 1 UrhWG erörtern (4). Der Gesetzgeber hat sich die Unterscheidung zwischen vertraglich verbundenen Berechtigten und Mitgliedern im vereinsrechtlichen Sinne für die Zwecke der Kontrolle zunutze gemacht, aber doch zu erkennen gegeben, daß eine Mindestkontrolle für alle Berechtigten gleichermaßen vorgenommen werden soll. Die Rechtsfolge einer Verletzung des Angemessenheitsverbots erörtern wir am Schluß (5).

2. Der Kontrolltatbestand und sein Zweck

§ 6 Abs. 1 S. 1 UrhWG betrifft primär nicht die Inhaltskontrolle des Wahrnehmungsvertrags, sondern den Wahrnehmungszwang. Unter bestimmten, dort näher bezeichneten Voraussetzungen[6] sind Verwertungsgesellschaften verpflichtet, Rechte der Berechtigten wahrzunehmen.[7] Dabei ist der Gesetzgeber davon ausgegangen, daß die Verwertungsgesellschaften regelmäßig als Selbstverwaltungskörperschaften – z.B. in Form eines Vereins oder einer GmbH – organisiert sind, denen die Berechtigten als Mitglieder angehören können.[8] § 6 Abs. 1 UrhWG schreibt aber – anders als noch der Referentenentwurf von 1954 –[9] nicht vor, daß die

---

6 Dazu nur *Meyer*, Verwertungsgesellschaften und ihre Kontrolle nach dem UrhWG, S. 70–76; Schricker-*Reinbothe*, § 6 Rn. 7–12.

7 Aus der jüngeren Rechtsprechung etwa BGH, GRUR 1999, 577 – Sendeunternehmen als Tonträgerhersteller (Aufnahmebegehren des WDR gegenüber der GVL); KG v. 4. 4. 2001 – Kart U 4329/00 – Kinderkomponistin.

8 Notwendig ist das freilich nicht, nach § 1 Abs. 4 UrhWG kann auch eine natürliche Person die Tätigkeit einer Verwertungsgesellschaft (gem. § 1 Abs. 1 UrhWG) ausüben; auf sie finden dann die Vorschriften über Verwertungsgesellschaften entsprechende Anwendung.

9 *§ 7 RefE-UrhWG 1954.* (1) Die Verwertungsgesellschaften sind verpflichtet, alle deutschen Staatsangehörigen und alle Personen mit Wohnsitz im Geltungsbereich dieses Gesetzes, die Inhaber von Rechten oder Ansprüchen der Art sind, für die die Tätigkeit der Verwertungsgesellschaft erlaubt ist, als Mitglieder aufzunehmen, es sei denn, daß ein wichtiger Grund zur Verweigerung der Aufnahme gegeben ist.

(2) Wird die Aufnahme aus wichtigem Grunde verweigert, so ist die Verwertungsgesellschaft gleichwohl verpflichtet, die Rechte des die Aufnahme Nachsuchenden auf Verlangen wahrzunehmen.

§ 7 MinE-UrhWG 1959. Verwertungsgesellschaften sind verpflichtet, die zu ihrem Tätigkeitsbereich gehörenden Nutzungsrechte und Vergütungsansprüche auf Verlangen der Berechtigten wahrzunehmen, wenn diese Deutsche im Sinne des Grundgesetzes sind oder ihren Wohnsitz im Geltungsbereich dieses Gesetzes haben und eine wirksame Wahrnehmung der Rechte oder Ansprüche auf andere Weise nicht möglich ist. Auch soweit die Inhaber der Rechte und Ansprüche nicht Mitglieder der Verwertungsgesellschaft sind, sind sie angemessen an der Verwaltung der Gesellschaft zu beteiligen.

§ 6 RegE-UrhWG 1962. (1) Die Verwertungsgesellschaft ist verpflichtet, die zu ihrem Tätigkeitsbereich gehörenden Rechte und Ansprüche auf Verlangen der Berechtigten zu angemessenen Bedingungen wahrzunehmen, wenn diese Deutsche im Sinne des Grundgesetzes sind oder ihren

Verwertungsgesellschaften die Berechtigten *als Mitglieder* aufzunehmen hätten (Aufnahmezwang), sondern verpflichtet die Verwertungsgesellschaft lediglich dazu, die Rechte der Berechtigten wahrzunehmen. Der wesentliche Grund dafür ist die berechtigte Sorge, daß eine Mehrzahl von „Gelegenheitsurhebern" eine Minderheit von Urhebern, mit deren Verwertung die Verwertungsgesellschaft ihre Einnahmen hauptsächlich einspielt, majorisieren könnte.[10] § 6 Abs. 1 UrhWG enthält daher keine Aussage über die Bedingungen, zu denen die Verwertungsgesellschaft die Rechte ihrer *Mitglieder* wahrnimmt.[11] Die Vorschrift betrifft lediglich Berechtigte, deren Rechte die Verwertungsgesellschaft noch nicht wahrnimmt, weder im Rahmen eines Mitgliedschaftsverhältnisses noch im Rahmen eines Vertragsverhältnisses. Zugunsten solcher außenstehender Berechtigter sieht § 6 Abs. 1 UrhWG die Verpflichtung der Verwertungsgesellschaft vor, die Rechte zu angemessenen Bedingungen wahrzunehmen.

Entgegen der – freilich nur unter dem formalen Hinweis auf den Wortlaut begründeten – Gegenauffassung[12] unterscheidet § 6 UrhWG daher schon in Absatz 1 zwischen vertraglich verbundenen Berechtigten und Mitgliedern im korporationsrechtlichen Sinn. Genau genommen unterscheidet der Gesetzgeber drei Gruppen von Berechtigten, wenn er in bewußter Ablehnung eines *Aufnahme*zwangs einen *Wahrnehmungs*zwang statuiert.

(1) Berechtigte, die Mitglieder im korporationsrechtlichen Sinn sind;

(2) Berechtigte, die der Verwertungsgesellschaft bereits durch Wahrnehmungsvertrag verbunden sind und

(3) außenstehende Berechtigte, die in keiner Vertrags- oder Mitgliedschaftsbeziehung zur Verwertungsgesellschaft stehen.

Allerdings muß das Angemessenheitsgebot aus teleologischen Gründen für zwei dieser drei Gruppen gelten, für die außenstehenden Berechtigten (Gruppe (3)) und für die vertraglich verbundenen Berechtigten (Gruppe (2)). Wenn die Verwertungsgesellschaft gebunden ist, einen Wahrnehmungsvertrag zu angemessenen Bedingungen zu schließen, so endet die damit statuierte Bindung an das Angemessenheitsgebot nicht mit Vertragsschluß. Wäre sie nach Vertragsschluß nicht mehr an

---

Wohnsitz im Geltungsbereich dieses Gesetzes haben und eine wirksame Wahrnehmung der Rechte oder Ansprüche anders nicht möglich ist.
(2) Zur angemessenen Wahrung der Belange der Berechtigten, die nicht als Mitglieder der Verwertungsgesellschaft aufgenommen werden, ist eine gemeinsame Vertretung zu bilden. Die Satzung der Verwertungsgesellschaft muß Bestimmungen über die Wahl der Vertretung durch die Berechtigten sowie über die Befugnisse der Vertretung enthalten.

10 RegE, Begr. zu § 6 UrhWG, BT-Drs. IV/271, S. 15 f. = *Mestmäcker/Schulze*, Anhang A (3), S. 22.

11 Im Ausgangspunkt wie hier Loewenheim-*Melichar*, Handbuch des Urheberrechts, § 47 Rn. 12, der aber die (herrschende) Gegenmeinung als „faktisch" unvermeidlich hinnimmt und aus praktischen Gründen billigt. Anders die h. M.: Schricker-*Reinbothe*, § 6 UrhWG Rn. 13; Wandtke/Bullinger-*Gerlach*, § 6 UrhWG Rn. 16; *Mauhs*, Wahrnehmungsvertrag, S. 49–51; *Menzel*, Die Aufsicht über die GEMA, S. 48 f.; Fromm/Nordemann-*Nordemann*, § 6 UrhWG Rn. 5.

12 Oben, Fn. 2.

das Angemessenheitsgebot gebunden, so könnte sich die Verwertungsgesellschaft im Ergebnis doch durch nachteilige Gestaltung der Wahrnehmungsbedingungen dem Wahrnehmungszwang entziehen.

3. Der Gegenstand der Kontrolle

Gegenstand der Kontrolle sind die „Bedingungen“ der Wahrnehmung. Gemeint sind damit die Bedingungen des Wahrnehmungsvertrags. Diese Bestimmung bedarf aber deswegen näherer Erörterung, weil § 7 S. 2 UrhWG die Verteilungsregeln, die man zwar sprachlich als Teil der Wahrnehmungsbedingungen ansehen kann und die zudem in einigen Wahrnehmungsverträgen durch eine dynamische Verweisung zum Bestandteil des Wahrnehmungsvertrags erklärt werden,[13] einer besonderen Kontrolle unterwirft.

Die Trennung von Wahrnehmungsvertrag und Verteilungsplan entspricht der Tradition der kollektiven Rechtewahrnehmung, die der Gesetzgeber bei Schaffung des Urheberrechtswahrnehmungsgesetzes vorfand. Die seinerzeit bestehenden Verwertungsgesellschaften – GEMA, GVL und VG Wort – unterscheiden herkömmlich zwischen Wahrnehmungsvertrag und Verteilungsplan. Daran hat der Gesetzgeber angeknüpft. Die Unterscheidung von Berechtigungsvertrag und Verteilungsplan bedeutet aber auch keine sachfremde Aufspaltung inhaltlich zusammengehörender Regelungen. Denn der Verteilungsplan bestimmt – entgegen einem verbreiteten Mißverständnis – keineswegs die Gegenleistung für eine vom Berechtigten im Berechtigungsvertrag vorgesehene Leistung. Der Sache nach enthält der Verteilungsplan vielmehr eine Bestimmung über die „Herausgabe des aus der Geschäftsführung Erlangten“ i.S.v. § 667 BGB.[14] Wie sich zeigen wird, ist die gesonderte Beurteilung des Verteilungsplans gem. § 7 S. 1 UrhWG auch sachlich gut begründet.

Wenn daher § 6 Abs. 1 S. 1 UrhWG von angemessenen Bedingungen spricht, so sind damit die Bedingungen gemeint, die im Wahrnehmungsvertrag selbst stehen. Die bloß mittels Inkorporationsklausel zum Bestandteil des Wahrnehmungsvertrags gemachten Regeln des Verteilungsplans hingegen sind hier nach der klaren Systematik des Urheberrechtswahrnehmungsgesetzes nicht gemeint. Sie unterliegen der besonderen Kontrolle des § 7 UrhWG.[15] Im Wahrnehmungsvertrag ist in erster Linie geregelt, welche Rechte der Berechtigte der Verwertungsgesellschaft zur Wahrnehmung überträgt.[16] Und in der Tat deutet auch die Begründung zu § 6 UrhWG darauf hin, daß es bei der Angemessenheitskontrolle des § 6 Abs. 1 S. 1 vor allem um die Prüfung geht, ob der vereinbarte Umfang der Rechtewahrnehmung angemessen ist.[17] Das kommt nicht von ungefähr, denn zum einen ist der (gegenständliche und

---

13 Oben, § 2 III 2 (S. 8).

14 S. oben, § 3 III 2 a bb (S. 21) und noch noch nachfolgend, III 3. a (S. 81 f.).

15 Dazu nachfolgend III (S. 78–96).

16 S.o. § 2 III 3 (S. 8–10).

17 RegE UrhWG, Begründung zu § 6, BT-Drs. IV/271 S. 15 f. = *Mestmäcker/Schulze,* Anhang A (3) S. 22; s. auch noch nachfolgend, 4 b und c (S. 69–73).

zeitliche) Umfang der Rechtseinräumung für den Berechtigten die wichtigste Regelung des Wahrnehmungsvertrags.[18] Zum anderen bedarf es für den Umfang der Rechtseinräumung – anders als für andere Regelungen, die man mit Hilfe des allgemeinen Vertragsrechts beurteilen kann – einer inhaltlich besonderen und daher auch zu Recht speziell geregelten Kontrollvorschrift.[19]

4. Der Kontrollmaßstab

Der anwendbare Kontrollmaßstab ist umstritten (s.o. 1, S. 64 f.). Während manche nur eine Art Willkürkontrolle vornehmen wollen, geht die wohl herrschende Meinung von einem Äquivalenzgrundsatz aus. Für eine Stellungnahme ist in mehreren Schritten vorzugehen. Zunächst ist zu erörtern, daß die Auslegung des Angemessenheitsgebots als Äquivalenzgrundsatz an einer unüberwindlichen konzeptionellen Schwäche leidet (a). Im Grundsatz erweist eine historische und teleologische Auslegung von § 6 Abs. 1 UrhWG, daß das Angemessenheitsgebot als Willkürverbot zu verstehen ist (b). Damit stellt es nur ein formales Kontrollkriterium, das indes durch eine materielle Komponente zu ergänzen ist (c).

a) Konzeptionelle Schwäche der Bestimmung als Äquivalenzgrundsatz

Die These vom Angemessenheitsgebot als Äquivalenzgebot leidet an der konzeptionellen Schwäche, daß eine materielle Äquivalenz im Sinne eines Gleichwerts von Leistung und Gegenleistung beim Wahrnehmungsvertrag von vornherein nicht in Betracht kommt, da der Wahrnehmungsvertrag als Auftrag[20] ein einseitig verpflichtender Vertrag ist.[21] Dann aber ist es nicht nur ein Schönheitsfehler, wenn man versucht, anstelle einer Gleichwertigkeit von Leistung und Gegenleistung abzustellen auf ein Gleichgewicht von übertragenen Rechten und den Ausschüttungen im Rahmen der Verteilung. Richtig ist allerdings, daß *der Verteilungsplan* dem urheberrechtlichen Leistungsprinzip genügen muß: Die Ausschüttungen müssen den mit den Rechten erzielten Einnahmen entsprechen, soweit diese Zuordnung mit zumutbarem Aufwand herzustellen ist.[22] Das ist aber allein eine Frage des Verteilungsplans, mit ihrer Hilfe läßt sich insbesondere die für den Wahrnehmungsvertrag zentrale Frage nicht beantworten, die Wahrnehmung welcher Rechte noch als angemessen zu beurteilen ist.

---

18 Vgl. auch die Bewertung in BGH, NJW 1988, 1847, 1848 – GEMA-Vermutung IV; BGH, NJW 1986, 1244, 1246 – GEMA-Vermutung I.

19 Dazu v.a. noch unten, § 8 III 3 a (S. 108; keine AGB-Kontrolle des Umfangs der Rechteübertragung!).

20 S.o. § 3 III 2 a (S. 20–23).

21 Andeutungsweise ebenso *Goldmann,* Die kollektive Wahrnehmung musikalischer Rechte, S. 188 f.; *Meyer,* Verwertungsgesellschaften und ihre Kontrolle, S. 77; *Rehbinder,* DVBl. 1992, 216, 217. *Insoweit* liegen die Dinge hier grundlegend anders als beim Lizenzvertrag zwischen Verwertungsgesellschaft und Nutzer, dessen Bedingungen ebenfalls „angemessen" sein müssen, § 11 UrhWG.

22 Näher unten, III 4 b bb (3) (a) (S. 88).

Wegen dieses konzeptionellen Defizits kann es nicht gelingen, die Wahrnehmungsbedingungen auf ihre materielle Äquivalenz hin zu überprüfen. Wer vorgibt, dies dennoch zu tun, wendet unvermeidlich einen anderen Beurteilungsmaßstab an, – freilich ohne die herangezogenen Wertungen offenzulegen und zu legitimieren. Will man nicht einer frei-schwebenden, letztlich die Privatautonomie der Beteiligten verletzenden Kontrolle verfallen, muß man dem Wahrnehmungsgesetz einen anderen Beurteilungsmaßstab entnehmen.

b) Das Angemessenheitsgebot als Korrelat zum Wahrnehmungszwang und seine grundsätzliche Bestimmung als Willkürverbot

Um zu ermitteln, welchen Beurteilungsmaßstab das Wahrnehmungsgesetz vorschreibt, muß man das Angemessenheitsgebot in Zusammenhang mit dem Wahrnehmungszwang sehen, in den der Gesetzgeber es gestellt hat (oben, II 2; S. 65–67), und ergründen, warum § 6 Abs. 1 UrhWG das Gebot der angemessenen Bedingungen nur für außenstehende Berechtigte vorsieht und nicht für Mitglieder. Der Gesetzgeber ist davon ausgegangen, daß die Mitglieder durch ihre Mitwirkung an der vereinsinternen Willensbildung selbst ausreichend dafür sorgen können, daß ihre Rechte zu angemessenen Bedingungen wahrgenommen werden. Und weil zu den Mitgliedern in erster Linie diejenigen gehören, die wirtschaftlich stark sind, besteht kein Grund, an deren Durchsetzungskraft zu zweifeln. Für eine Inhaltskontrolle der Wahrnehmungsbedingungen von Mitgliedern sah der Gesetzgeber daher grundsätzlich keinen Anlaß.

Daß für die außenstehenden Berechtigten anderes gilt, liegt auf der Hand. Außenstehende bedürfen allerdings dann keines besonderen Schutzes, wenn die Verwertungsgesellschaft ein Interesse an der Wahrnehmung hat, weil ihre Werke stark nachgefragt werden und daher dazu beitragen können, hohe Inkassi zu erzielen. Von diesem Fall geht indes § 6 Abs. 1 UrhWG nicht aus, denn solche wirtschaftlich starken Außenstehenden bedürfen schon des Schutzes durch den Kontrahierungszwang nicht. Der Kontrahierungszwang und mit ihm das Angemessenheitsgebot gewinnen erst dann Bedeutung, wenn zwar der Außenstehende auf die Wahrnehmung durch die Verwertungsgesellschaft angewiesen ist, diese aber daran kein erhebliches eigenes Interesse hat. Wenn der Außenstehende in dieser Weise auf die Rechtswahrnehmung durch die Verwertungsgesellschaft angewiesen ist, dann reicht es nicht aus, einen Wahrnehmungszwang zu statuieren, denn die Verwertungsgesellschaft könnte ihre überlegene Position ausspielen und dem Außenstehenden ungünstige Wahrnehmungsbedingungen anbieten. Die „Richtigkeitsgewähr“, die wir dem Vertragsmechanismus normalerweise beimessen,[23] wäre in diesem Fall nicht mehr gegeben.

---

23 Die Lehre von der Richtigkeitsgewähr geht zurück auf *Schmidt-Rimpler,* AcP 147 (1941), 130–197, und *ders.,* FS Raiser, 1–26. Heute wird zurückhaltender von einer Richtigkeitschance gesprochen, so kürzlich *Canaris,* Iustitia Distributiva, S. 48–51 (Richtigkeits*chance*); *ders.,* FS Lerche, 873, 883 f.; kritisch *Singer,* Selbstbestimmung und Verkehrsschutz, S. 9–12.

Diese Verbindung von Kontrahierungszwang und Angemessenheitsgebot ist daher auch nicht ungewöhnlich. Sie findet sich beispielsweise auch in §§ 11, 12 UrhWG. Letztlich ist das Gebot der angemessenen Bedingungen das teleologisch notwendige Korrelat des Kontrahierungszwangs: Die Verwertungsgesellschaft darf sich ihrer Bindung nicht dadurch entziehen, daß sie den Berechtigten den Vertragsschluß zu unangemessenen Bedingungen anbietet. Daß umgekehrt der Gesetzgeber nicht in allen Fällen eines Kontrahierungszwangs ein Angemessenheitsgebot vorschreibt, obwohl der Vertragsmechanismus für den auf den Kontrahierungszwang Angewiesenen keine „Richtigkeitsgewähr" bieten kann, hat andere Gründe. Denn in den anderen Fällen des Kontrahierungszwangs sind die Vertragsbedingungen oder zumindest die wichtigste Bedingung, die geschuldete Vergütung, schon durch einen – öfter behördlich kontrollierten – Tarif festgelegt,[24] so daß es keines weiteren Angemessenheitsgebots bedarf.

Bei den Verwertungsgesellschaften hat es also einen guten Sinn, daß das Gesetz eine Angemessenheitskontrolle der Wahrnehmungsbedingungen zwar nicht für die Mitglieder, aber doch für die Außenstehenden vorsieht. Hat man sich diesen Hintergrund vor Augen geführt, so wird auch verständlich, was der Gesetzgeber gemeint hat, als er in der Gesetzesbegründung zur Bestimmung der Angemessenheit Stellung genommen hat. Er hat dabei nämlich keineswegs auf die auf den ersten Blick naheliegende Bestimmung mit Hilfe des materiellen Äquivalenzgrundsatzes rekurriert, wonach die Wahrnehmungsbedingungen Art und Umfang der eingebrachten Rechte entsprechen müssen.[25] Statt dessen hat er gesagt:

> „Als angemessen werden in der Regel die Bedingungen anzusehen sein, die die Verwertungsgesellschaft allgemein auch ihren Mitgliedern auferlegt. Verlangt z.B. die Verwertungsgesellschaft von ihren Mitgliedern eine Gesamtübertragung aller zu ihrem Tätigkeitsbereich gehörenden Rechte und Ansprüche, wie es häufig der Fall ist, weil nur auf diese Weise eine wirtschaftliche Wahrnehmung der Rechte und Ansprüche möglich ist, so kann die Verwertungsgesellschaft auch gegenüber den Wahrnehmungsberechtigten die Wahrnehmung von einer solchen Gesamtübertragung abhängig machen."[26]

Der Grundsatz ist demnach: Die Wahrnehmungsbedingungen sind angemessen i.S.v. § 6 Abs. 1 S. 1 UrhWG, wenn sie den Bedingungen entsprechen, die die Verwertungsgesellschaft allgemein auch ihren Mitgliedern auferlegt.[27] Das ist nun verständlich, ebenso wie die Tatsache, daß der Gesetzgeber zur Angemessenheit nicht mehr gesagt hat. Wenn man davon ausgeht, daß die Wahrnehmungsbedingungen der Mitglieder eine Vermutung der Angemessenheit für sich haben, so kann man die angemessene Behandlung von Außenstehenden zumindest im Grundsatz schon

---

24 So z.B. in den Fällen der §§ 48 BRAO, 10 EnWG, 5 PflVG, 22, 47 PBefG.

25 In diese Richtung v.a. *Nordemann*, GRUR Int. 1973, 306, 307.

26 RegE, Begr. zu § 6 RegE UrhWG, BT Drs. IV/271, S. 15f. = *Mestmäcker/Schulze*, Anhang A (3), S. 22.

27 A.M. *Vogel*, GRUR 1993, 513, 519. Das einzige Argument, auf das er sich stützt, ist, daß § 6 Abs. 1 S. 1 UrhWG anders als Abs. 2 der Vorschrift gar nicht zwischen Mitgliedern und sonstigen Berechtigten unterscheide. Das ist, wie bereits oben, II 2 (S. 65 f.), gezeigt, falsch.

allein dann als gewährleistet ansehen, wenn die Verwertungsgesellschaft den Außenstehenden dieselben Bedingungen anbietet wie ihren Mitgliedern. M.a.W.: Wenn ein Vertragspartner dem anderen, „marktschwächeren" Teil einen Vertrag zu eben den Vertragsbedingungen anbietet, die er mit einem „gleich starken" Partner ausgehandelt hat und für die deshalb eine ausreichende „Richtigkeitsgewähr" spricht, dann besteht grundsätzlich kein Anlaß mehr, diese Vertragsbedingungen zu kontrollieren. Im Einklang mit dem Grundgedanken der staatsfernen Selbstverwaltung kann man daher die Kontrolle von Berechtigungsverträgen in einem ersten Schritt auf die Prüfung beschränken, ob die Wahrnehmungsbedingung für Außenstehende jenen für Mitglieder entsprechen. Ist das der Fall, so besteht kein weiterer Prüfungsanlaß.[28]

Nur wenn eine Ungleichbehandlung vorliegt, muß man in einem zweiten Schritt prüfen, ob die Ungleichbehandlung sachlich gerechtfertigt ist und ob die Wahrnehmungsbedingungen unter Berücksichtigung dieser Ungleichbehandlung noch insgesamt angemessen sind.[29] Bei näherer Betrachtung erweist sich daher das Angemessenheitsgebot des § 6 Abs. 1 UrhWG primär als ein *Willkürverbot*. Allerdings sind die Verwertungsgesellschaften nicht verpflichtet, den Außenstehenden dieselben Bedingungen anzubieten, wie den Mitgliedern. Indes nimmt der Staat die Inhaltskontrolle der Wahrnehmungsbedingungen zurück, wenn die Verwertungsgesellschaften die Außenstehenden auf diese Weise gleichbehandeln.

c) Die subsidiäre Heranziehung eines materiellen Kontrollmaßstabs

Damit bestimmt der Staat die Angemessenheit zuerst nicht selbst inhaltlich, sondern beschränkt sich darauf, die von den Berechtigten, die Mitglieder sind, selbst gesetzten Maßstäbe heranzuziehen. Allerdings kommt man doch nicht umhin, die Angemessenheit materiell näher zu bestimmen. Das folgt nicht so sehr daraus, daß es auch Verwertungsgesellschaften gibt, bei denen die Berechtigten nicht selbst Mitglieder sind, wie z.B. die GVL. Denn auch hier können – und müssen gem. § 6 Abs. 2 UrhWG –[30] die Berechtigten vermittelt durch ihre gemeinsame Vertretung Einfluß auf die Gestaltung der Wahrnehmungsbedingungen haben.[31] Außerdem kann man auch in diesen Fällen noch einen Vergleich mit den Bedingungen anstellen, die die Verwertungsgesellschaft anderen Berechtigten anbietet, deren Rechte sie bereits wahrnimmt. Indes erscheint schon in diesen Fällen die autonome Gestaltung der Wahrnehmungsbedingungen durch die Berechtigten nur als eine verhältnismäßig schwächere Gewähr für deren Angemessenheit. Und endlich kann man auch im Normalfall auf eine materielle Definition der Angemessenheit nicht mehr verzichten, wenn die Verwertungsgesellschaft den Außenstehenden andere Bedingungen anbietet als ihren Mitgliedern.

---

28 In dieselbe Richtung auch Loewenheim-*Melichar*, Handbuch des Urheberrechts, § 47 Rn. 13.
29 Das läßt sich nicht schon pauschal verneinen; *Peinemann*, UFITA 52 (1969), 153, 159 f.
30 S. bereits oben, § 2 III 3 c (S. 10).
31 § 7 Abs. 4 lit. a GVL-Satzung; § 7 Ziff. 7.5.1 GWFF-Satzung.

Daher ist es erforderlich, zu bestimmen, was „angemessene Bedingungen" sind. Hier ist die Gefahr einer „freischwebenden" Inhaltskontrolle allerdings besonders groß,[32] so daß es geboten ist, die Angemessenheit näher zu konturieren.[33] Die Maßstäbe dafür sind dem Urheberrechtswahrnehmungsgesetz und dem – darin vorausgesetzten – Zweck des Wahrnehmungsvertrags sowie dem Zweck des Wahrnehmungszwangs zu entnehmen, den das Angemessenheitsgebot flankiert.[34]

Dabei ist zum einen die Zwangslage des Berechtigten zu berücksichtigen, der sich gerade deshalb auf den Wahrnehmungszwang berufen kann, weil „eine wirksame Wahrnehmung der Rechte oder Ansprüche anders nicht möglich ist" (§ 6 Abs. 1 S. 1 UrhWG). Darin liegt zugleich der wesentliche Zweck des Wahrnehmungsvertrags allgemein, der ja deswegen abgeschlossen wird, weil eine individuelle Rechtswahrnehmung faktisch oder sogar rechtlich nicht möglich ist. Andererseits anerkennt das Wahrnehmungsgesetz, daß die Verwertungsgesellschaften für ein Kollektiv aller Berechtigten tätig sind. Endlich ergibt sich aus dem Treuhandcharakter des Wahrnehmungsvertrags, daß die Verwertungsgesellschaft das – vom BGH sogenannte – wirtschaftliche Gebot der Verhältnismäßigkeit beachten muß.[35] Auch dieses Gebot der wirtschaftlichen Verhältnismäßigkeit ist wiederum im Hinblick auf die kollektive Rechtewahrnehmung auszufüllen.

Diese Grundsätze für die Konkretisierung klingen übrigens schon in der Gesetzesbegründung an, die wir oben[36] bereits zitiert haben. Als Beispiel für eine Frage, die unter dem Angemessenheitsgebot zu überprüfen sein könnte, hat der Gesetzgeber den Umfang der Rechteübertragung gewählt: Ist es angemessen, wenn die Verwertungsgesellschaft von dem Berechtigten eine Gesamtübertragung aller zu ihrem Tätigkeitsbereich gehörenden Rechte und Ansprüche verlangt? Das wird meistens schon deshalb begründet sein, weil die Verwertungsgesellschaft dasselbe auch von ihren Mitgliedern verlangt. Darüber hinaus hat der Gesetzgeber aber angedeutet, daß eine solche Bedingung auch materiell als angemessen zu beurteilen ist, „weil nur auf diese Weise eine wirtschaftliche Wahrnehmung der Rechte und Ansprüche möglich ist".[37] Das Kollektivinteresse an einer wirtschaftlich sinnvollen Rechte-

---

32 *Bing,* Die Verwertung von Urheberrecht (2002), S. 244, 254, hält „Angemessenheit" aus ökonomischer Sicht für nur subjektiv bestimmbar.

33 Unbefriedigend ist es, wenn *Goldmann,* Kollektive Wahrnehmung, S. 188f., einerseits eine umfassende Inhaltskontrolle fordert, andererseits aber annimmt, es fehlten Kriterien zur Bestimmung der Angemessenheit, „da sich die Innenbeziehung nicht an vertraglichen Äquivalenzkriterien messen läßt".

34 In diese Richtung auch *Vogel,* GRUR 1993, 513, 519; *ders.,* FG Schricker, S. 137; wohl auch *Rehbinder,* DVBl. 1992, 216, 218, wenn er bestimmt: „Wahrnehmungsbedingungen sind angemessen i.S. des § 6 Abs. 1 UrhWG, wenn sie den berechtigten Interessen beider Vertragspartner unter Beachtung des Verhältnismäßigkeitsgrundsatzes Rechnung tragen, dem Gleichbehandlungsgebot genügen und nicht gegen das AGBG oder gegen zwingende Vorschriften des UrhG verstoßen."; denn welche Interessen „berechtigt" sind, läßt sich wiederum nicht freischwebend, sondern nur aus dem Wahrnehmungsgesetz bestimmen. Vornehmlich mit praktischen Erwägungen gegen *Rehbinder: Nordemann,* GRUR 1992, 584–589.

35 BGH, GRUR 1988, 782, 783 – GEMA-Wertungsverfahren.

36 II 3 (S. 70, Text zu Fn. 26).

37 RegE, Begr. zu § 6 RegE UrhWG, BT Drs. IV/271, S. 15f. = *Mestmäcker/Schulze,* Anhang A (3), S. 22.

wahrnehmung rechtfertigt diese Bedingung daher auch dann, wenn der einzelne Berechtigte einzelne Rechte lieber selbst wahrnehmen würde. Als ein weiteres Beispiel mag man an die Beurteilung von Fristen für die Anmeldung oder Geltendmachung von Ansprüchen denken. Auch hier mag der einzelne die für ihn daraus resultierenden Obliegenheiten als belastend empfinden, doch sind sie, soweit sie für eine wirtschaftliche Verwaltung erforderlich sind, mit Rücksicht auf das Kollektivinteresse als angemessen zu beurteilen.[38]

Man kommt so zu einem Bewertungsmaßstab, der nicht starr fixiert ist, sondern nur die bei der Bewertung zu berücksichtigenden Erwägungen formuliert. Zudem ergeben sich aus diesem Bewertungsmaßstab keine ins einzelne gehenden Regeln für die Bewertung, sondern nur rahmenhafte Vorgaben. Das ist indes nicht zu beanstanden, sondern entspricht der Grundkonzeption des Wahrnehmungsgesetzes[39] und der Kontrolle des Wahrnehmungsvertrags. Läßt sich auch für einzelne Rechte klar abgrenzen, daß sie kollektiv wahrgenommen werden müssen oder besser individuell wahrgenommen werden, so gibt es doch einen Bereich dazwischen, für den die Abgrenzung einer wertenden Entscheidung bedarf, die man mit vertretbaren Erwägungen so oder anders treffen kann. Versteht man indes, wie der Gesetzgeber des Urheberrechtswahrnehmungsgesetzes, die Verwertungsgesellschaften als staatsferne Selbstverwaltungskörperschaften, so ist verständlich, daß diese Entscheidung nicht dem Staat überlassen ist, sondern der autonomen Bestimmung der Verwertungsgesellschaften. Der Staat überwacht die Entscheidung nur in einem Randbereich, er überprüft nur, ob die Verwertungsgesellschaft den vorgegebenen Rahmen verlassen hat.

d) *Sind Verstöße gegen Verbotsgesetze und Klauselverbote stets unangemessen?*

Abschließend ist auf eine Frage gesondert einzugehen: Sind Bedingungen, die mit Verbotsgesetzen oder den Vorschriften über die AGB-Kontrolle unvereinbar sind, als „unangemessen" i.S.v. § 6 Abs. 1 S. 1 UrhWG anzusehen?[40] Das leuchtet zunächst ein. Da solche Bedingungen nach der Bewertung der Rechtsordnung nichtig sind, können sie schlechterdings nicht als angemessen bezeichnet werden. Indessen ist es aus demselben Grund auch unnötig, andere Kontrollnormen in das Angemessenheitsgebot des § 6 Abs. 1 S. 1 UrhWG hineinzulesen. Sinnvoller erscheint es, die verschiedenen Kontrolltatbestände so weit wie möglich formal abzugrenzen. Ein erster Schritt dafür ist jetzt getan, da sich gezeigt hat, daß der Gesetzgeber die Angemessenheitskontrolle vor allem als Kontrolle über den Umfang der Rechtsübertragung konzipiert hat.[41] Das ist inhaltlich gut begründet, weil es insofern im Vertragsrecht an einem Bewertungsmaßstab fehlt.

---

38 S. nur Fromm/Nordemann-*Nordemann*, § 6 UrhWG Rn. 7.
39 Zu den Grundprinzipien des UrhWG bereits oben, § 3 II 2 (S. 14–17).
40 In diese Richtung geht die Definition der Angemessenheit von *Rehbinder*, DVBl. 1992, 216, 218; wohl zustimmend *Goldmann*, Die kollektive Wahrnehmung musikalischer Rechte, S. 188.
41 S.o. II 3 (S. 67 f.).

5. Verstoßfolgen: Staatsaufsicht und Vertragsrecht

Die Vorschrift des § 6 UrhWG enthält zwar einen Gebotstatbestand, bestimmt aber keine Rechtsfolgen. Eine Sanktion für die Pflichtverletzung ist dem Wahrnehmungsgesetz indes schon selbst zu entnehmen, sie kann aufsichtsrechtliche Konsequenzen haben (§§ 18–20 UrhWG) (a). Wenig erörtert ist die Frage, ob § 6 UrhWG auch eine Vorschrift des Privatrechts ist, auf die sich der einzelne gegenüber der Verwertungsgesellschaft berufen könnte (b).

a) *Aufsichtsrechtliche Folgen*

aa) Der Wahrnehmungszwang als Teil des Aufsichtsrechts

Sicher ist die Vorschrift des § 6 UrhWG Bestandteil des Aufsichtsrechts. Nach § 18 Abs. 1 UrhWG ist das Patentamt – heute das Deutsche Patent- und Markenamt (DPMA) – Aufsichtsbehörde über die Verwertungsgesellschaften. In dieser Funktion ist das DPMA für Erteilung und Widerruf der Erlaubnis zum Geschäftsbetrieb zuständig (§ 18 Abs. 3 UrhWG). Es hat „darauf zu achten, daß die Verwertungsgesellschaft den ihr nach diesem Gesetz obliegenden Verpflichtungen ordnungsgemäß nachkommt" (§ 19 Abs. 1 UrhWG). Zu diesen gesetzlichen Pflichten gehören auch jene aus §§ 6 und 7 UrhWG.[42]

bb) Die Aufsichtsmittel des Deutschen Patent- und Markenamtes

Zum Zwecke der Aufsicht kann das DPMA von den Verwertungsgesellschaften Auskunft verlangen, es ist berechtigt, an den Versammlungen der Organe der Verwertungsgesellschaften teilzunehmen (§ 19 Abs. 2 und 3 UrhWG). Pflichtverletzungen kann das DPMA – nach dem nicht sehr differenzierten[43] Instrumentarium des Gesetzes – (nur) durch Abmahnung (vgl. § 4 Abs. 1 Nr. 2 UrhWG) und äußerstenfalls durch Widerruf der Erlaubnis zum Geschäftsbetrieb ahnden.[44] Ein unmittelbarer Eingriff, z.B. durch Änderung der Wahrnehmungsbedingungen kraft Hoheitsakts, ist demnach nicht vorgesehen.[45] Da das DPMA indes mit dem Widerruf der Erlaubnis ein scharfes Schwert in der Hand hat, ist für eine ausreichende Bewehrung gesorgt. Praktisch kann das Amt sehr erfolgreich mittelbar auf die Tätigkeit der Verwertungsgesellschaften einwirken. Die Beschränkung auf solche mittelbare Einwir-

---

42 *Löhr,* Die Aufsicht über Verwertungsgesellschaften, S. 36; *Meyer,* Verwertungsgesellschaften und ihre Kontrolle, S. 70; Schricker-*Reinbothe,* § 19 UrhWG Rn. 1 (allerdings unter Ausnahme des Fördergebots nach § 7 S. 2 UrhWG).

43 Rechtspolitisch wird das oft kritisiert, s. etwa *Häußer,* FS Roeber, S. 129 f.; *Löhr,* Die Aufsicht über Verwertungsgesellschaften, S. 71 f.

44 *Arnold/Rehbinder,* UFITA 118 (1992), 203, 208–212; *Löhr,* Die Aufsicht über Verwertungsgesellschaften, S. 37 f.; Loewenheim-*Melichar,* Handbuch des Urheberrechts, § 50 Rn. 16 f.; *Melichar,* Die Wahrnehmung von Urheberrechten durch Verwertungsgesellschaften, S. 53 f.; weitergehend *Menzel,* Die Aufsicht über die GEMA, S. 69–75.

45 *Arnold/Rehbinder,* UFITA 118 (1992), 203, 212; *Melichar,* Die Wahrnehmung von Urheberrechten durch Verwertungsgesellschaften, S. 53; Schricker-*Reinbothe,* § 19 UrhWG Rn. 2; *Reischl,* GEMA-Nachrichten 1978 Nr. 108, 79, 80.

kungen fügt sich zudem besonders gut in die Konzeption des Wahrnehmungsgesetzes ein, nach dem die Verwertungsgesellschaften als staatsferne Selbstverwaltungskörperschaften ihre Tätigkeit tunlichst selbst ordnen sollen.[46]

cc) Anspruch auf ermessensfehlerfreie Entscheidung

Umstritten ist, ob diese aufsichtsrechtliche Bewehrung auch im Individualinteresse normiert und einzelnen – hier: Berechtigten – daher ein subjektives öffentliches Recht auf ermessensfehlerfreie Entscheidung zuzubilligen ist[47] oder der Individualschutz lediglich ein sogenannter Rechtsreflex (besser: Schutzreflex) ist, der die Berechtigten nur faktisch begünstigt, ohne ihnen einen klagbaren Anspruch zu gewähren[48]. Das Deutsche Patentamt hat einen Anspruch auf ermessensfehlerfreie Entscheidung verneint und die Beschwerden einzelner nur als Anregungen behandelt.[49] Nach der Gegenmeinung sind die vom Patentamt überwachten Vorschriften auch individualschützend und besteht daher ein Anspruch des einzelnen auf ermessensfehlerfreie Entscheidung.[50]

Für die Beantwortung der Frage kommt es nach der von Rechtsprechung und Literatur herangezogenen Schutznormtheorie darauf an, ob die betreffende Norm jedenfalls auch den Schutz der Individualinteressen des einzelnen bezweckt.[51] Das ist durch Auslegung zu ermitteln,[52] wobei nicht auf die Aufsichtsnormen abzustellen ist, sondern auf die Normen, deren Einhaltung die Aufsicht überwachen soll. Bei der Auslegung sind die herkömmlichen Auslegungsmethoden ebenso zu berücksichtigen wie die Wertungen der Grundrechte und der Verfassung. Während man allein aus der tatsächlichen Betroffenheit eines einzelnen noch nicht auf ein subjektives öffentliches Recht schließen kann,[53] soll doch eine Vermutung bestehen, daß eine aus einem objektiven Recht resultierende Begünstigung ein subjektives Recht des Begünstigten begründet.[54]

Aus der umfangreichen Kasuistik zur Schutznormtheorie[55] sind für die Auslegung der Aufsicht nach dem Wahrnehmungsgesetz vor allem die Entscheidungen zu den

---

46 In dieselbe Richtung auch Loewenheim-*Melichar,* Handbuch des Urheberrechts, § 50 Rn. 18.
47 Dazu *Wolff/Bachof/Stober,* Verwaltungsrecht I, § 43 Rn. 56a i.V.m. § 31 Rn. 54.
48 *Kopp/Schenke,* VwGO, § 42 Rn. 87 („Reflexrechte"); *Wolff/Bachof/Stober,* Verwaltungsrecht I, § 43 Rn. 9.
49 DPA, Bescheid v. 28.6.1978, GEMA-Nachrichten 1978 Nr. 108, S. 74, 76f.; ebenso *Häußer,* FuR 1980, 57, 69; *Mestmäcker/Schulze,* § 18 UrhWG Anm. 2; und jüngst Loewenheim-*Melichar,* Handbuch des Urheberrechts, § 50 Rn. 21f.
50 *Arnold/Rehbinder,* UFITA 118 (1992), 203, 213f.; *Fritsch,* GRUR 1984, 22–27; *Meyer,* Verwertungsgesellschaften und ihre Kontrolle, S. 129f.; Schricker-*Reinbothe,* § 18 UrhWG Rn. 2; *Ruzicka,* FS Roeber, 355–361; *Vogel,* GRUR 1993, 513, 530 (aber rechtspolitisch kritisch wegen der Kontrolle durch Verwaltungsgerichte).
51 BVerfGE 1, 83; BVerwGE 27, 297, 307; BVerwGE 52, 122, 128. Aus dem Schrifttum *Kopp/Schenke,* VwGO, § 42 Rn. 83; *Wolff/Bachof/Stober,* Verwaltungsrecht I, § 43 Rn. 12.
52 *Kopp/Schenke,* VwGO, § 42 Rn. 83; *Wolff/Bachof/Stober,* Verwaltungsrecht I, § 43 Rn. 16.
53 *Kopp/Schenke,* VwGO, § 42 Rn. 83, 119; *Wolff/Bachof/Stober,* Verwaltungsrecht I, § 43 Rn. 12. Anders *Henke,* Das subjektive öffentliche Recht, S. 62–71.
54 *Wolff/Bachof/Stober,* Verwaltungsrecht I, § 43 Rn. 10.
55 Vgl. nur die Rechsprechungsnachweise bei *Kopp/Schenke,* VwGO, § 42 Rn. 115f.

ähnlich gelagerten Fällen der Standes- und Bankenaufsicht von Interesse. Das anwaltliche Standesrecht und die Aufsicht durch die Anwaltskammer ist nach Ansicht des Bundesverwaltungsgerichts allein im öffentlichen Interesse eingerichtet und hat einen bloßen Schutzreflex für die betroffenen Bürger.[56] Der Bankenaufsicht hat die Rechtsprechung hingegen im Gefolge der „Herstatt-Pleite“ in zwei Entscheidungen einen Individualschutz beigemessen.[57] Die Bankaufsicht diene nicht allein dem staatlichen Interesse an einem geordneten Kreditwesen, sondern auch dem Schutz derjenigen Gläubiger, die sich nicht anderweitig angemessen vor Verlusten schützen könnten.[58] Teilweise wird – ungeachtet eines entgegenstehenden Gesetzeswortlauts – auch der Versicherungsaufsicht ein subjektives öffentliches Recht der Versicherungsnehmer entnommen.[59]

Auch die Aufsicht nach §§ 18–20 UrhWG über die Wahrung des Angemessenheitsgebots ist als individualschützend zugunsten der Berechtigten anzusehen. Darauf deutet schon der „individualrechtlich“ formulierte Wortlaut der Vorschrift hin, der die einzelnen Geschützten näher abgrenzt. Zudem dient der Wahrnehmungszwang seinem Zweck nach dem Schutz des einzelnen, der zur Wahrung seiner Vermögensinteressen auf die Rechtewahrnehmung durch die Verwertungsgesellschaft angewiesen ist.[60] Auch die Gesetzesbegründung zum Wahrnehmungszwang weist auf diese individualschützende Tendenz der Vorschrift hin.[61] Den Berechtigten ist daher auch ein subjektiv-öffentliches Recht auf ermessensfehlerfreie Entscheidung zuzubilligen.

b) Vertragsrechtliche Folgen

Erstaunlicherweise ist die andere Frage, ob § 6 Abs. 1 S. 1 UrhWG eine Norm des Privatrechts ist, weniger erörtert,[62] und zwar sogar dann, wenn (zu Recht!) die „individualrechtliche Konzeption“ des Wahrnehmungsgesetzes hervorgehoben wird.[63] Der Grund dafür mag freilich darin liegen, daß § 6 Abs. 1 S. 1 UrhWG schon seinem Wortlaut nach als privatrechtliche Norm erscheint. Rechtsprechung und Literatur gehen daher regelmäßig ohne weiteres davon aus, daß es sich dabei auch um Vertragsrecht handele. Dem ist in der Tat zuzustimmen.

aa) Der Wahrnehmungszwang als privatrechtliche Bindung

Für den hier erörterten Wahrnehmungszwang deutet schon der Wortlaut darauf hin, daß hier nicht nur Aufsichtsrecht, sondern Vertragsrecht gesetzt werden sollte,

56 BVerwG, NJW 1996, 2066 f.
57 BGHZ 74, 144; BGHZ 75, 120.
58 BGHZ 74, 144, 149.
59 *Schenke,* FS Lorenz, S. 473–514.
60 *Fritsch,* GRUR 1984, 22, 24 f. Vgl. auch die Begründung von BGH, NJW 1979, 1354 (bestätigt in BGH, NJW 1979, 1879) zu einer entsprechenden bankaufsichtsrechtlichen Problematik.
61 RegE, Begr. zu § 6, BT-Drs. IV/271, S. 15 f. = *Mestmäcker/Schulze,* Anhang A (3), S. 21 f.
62 Die Möglichkeit der Durchsetzung ihrer Rechte vor den ordentlichen Gerichten erörtert Reinbothe-*Schricker,* § 18 Rn. 2 a. E. nur für die *Nutzer,* nicht für die hier betroffenen Berechtigten.
63 *Ruzicka,* FS Roeber, S. 355–361.

ist danach doch „die Verwertungsgesellschaft verpflichtet, ... Rechte und Ansprüche auf Verlangen der Berechtigten ... wahrzunehmen". Hinzu kommt die individuelle Schutzrichtung der Vorschrift. Ein effektiver Schutz der Berechtigten ist weit besser gewährleistet, wenn diese selbst ihre Rechte gerichtlich geltend machen können. Endlich paßt diese Annahme auch mit den Grundprinzipien der kollektiven Rechtewahrnehmung nach dem UrhWG besser zusammen, beruht das Gesetz mit seiner Konzeption einer staatsfernen Selbstverwaltung[64] doch wesentlich auf den Prinzipien der Selbstbestimmung und Selbstverantwortung.

bb) Einzelne Folgen der „Unangemessenheit"

Schwierigkeiten kann indes die Bestimmung der Rechtsfolgen im Einzelfall bereiten. Unproblematisch ist nur der Fall, daß jemand Wahrnehmung durch eine Verwertungsgesellschaft begehrt und ihm diese insgesamt verweigert wird. Der Berechtigte kann dann gerichtlich die Verurteilung der Verwertungsgesellschaft zur Annahme seines Angebots auf Abschluß eines Wahrnehmungsvertrags begehren. Die Erklärung gilt dann gem. § 894 ZPO mit Rechtskraft des Urteils als abgegeben und der Vertrag ist perfekt.

Was indes gilt, wenn der Berechtigte rügt, einzelne Bedingungen des abzuschließenden oder abgeschlossenen Wahrnehmungsvertrags seien unangemessen? Z.B. mag der Berechtigte als unangemessen beanstanden, daß nach dem Wahrnehmungsvertrag einzelne Rechte nicht kollektiv wahrgenommen werden. Oder er beanstandet, daß hinsichtlich bestimmter Nutzungen ein Rückrufrecht nicht bestehe. Hier muß man unterscheiden.

Es wird Fälle geben, in denen die Bedingungen des Wahrnehmungsvertrags unangemessen sind und nur *eine* angemessene Lösung (i.S. einer *one-right-answer-thesis*) in Betracht kommt, z.B. die Herausnahme eines bestimmten Rechts aus dem Wahrnehmungsvertrag. Ist ein Wahrnehmungsvertrag noch nicht zustandegekommen, so kann der Berechtigte in diesem Fall auf Abschluß des *so* modifizierten Wahrnehmungsvertrags klagen. Besteht der Vertrag bereits und ist die Angemessenheit nur durch Ausschluß einer bestimmten Klausel herzustellen, so kommt als Rechtsfolge sinnvollerweise nur die Nichtigkeit der unangemessenen Bedingung in Betracht, die der Berechtigte ggf. gerichtlich feststellen lassen kann. Sie folgt aus § 6 UrhWG i.V.m. § 134 BGB. Erfordert die Herstellung der – ohne weiteren Spielraum bestimmten – Angemessenheit eine bestimmte Anpassung des Vertrags, so kann der Berechtigte Abschluß eines Änderungsvertrags zu den bestimmten Bedingungen beanspruchen.

In vielen Fällen wird indes die Angemessenheit nicht eine bestimmte Regelung verlangen, sondern *mehrere Möglichkeiten* offen lassen: Das Angemessenheitsgebot macht keine definitiven, sondern nur rahmenhafte Vorgaben. Beispielsweise mag man daran denken, daß die kollektive Wahrnehmung (unangemessene Rechtsüber-

---

64 S.o. § 3 II 2 (S. 14–17).

tragung) oder Nichtwahrnehmung (unangemessene Auslassung) eines Rechts als unangemessen zu bewerten ist, daß aber sowohl die völlige Ausnahme des Rechts als auch eine kollektiv-individuelle Lösung (z.B. mit Rückrufrecht) im Rahmen des Angemessenen liegt. Dann würde es der Achtung der vom Gesetzgeber gewahrten Autonomie der Verwertungsgesellschaften am besten entsprechen, wenn das Gericht die Verwertungsgesellschaft nach verwaltungsprozessualem Muster nur zur Bescheidung unter Beachtung der Rechtsauffassung des Gerichts verurteilen könnte. Indes gibt es im Zivilprozeßrecht keine Bescheidungsklage, nicht zuletzt deshalb, weil hier die Bescheidung nicht vollstreckungsfähig bestimmt ist. Und auch materiell-rechtlich ist, wie § 315 Abs. 3 BGB ausweist, im Zivilrecht die Möglichkeit einer zweiten (nachholenden) Leistungsbestimmung nicht vorgesehen.

In diesen Fällen kann daher der Berechtigte die Verwertungsgesellschaft auf die Wahrnehmung zu *von ihm näher bestimmten* Bedingungen verklagen. Halten sich diese Bestimmungen im Rahmen des Angemessenen (§ 6 Abs. 1 S. 1 UrhWG), so wird die Verwertungsgesellschaft dazu verurteilt, unabhängig davon, ob sie in Ausübung ihrer Autonomie eine andere Lösung gewählt hätte. Das Urteil versperrt der Verwertungsgesellschaft indes nicht, die Wahrnehmungsbedingungen alsbald (natürlich nur:) im Rahmen des Angemessenen wieder zu ändern und so ihre Autonomie gleichsam wieder herzustellen.

III. Das Willkürverbot des § 7 S. 1 UrhWG

1. Einführung und Meinungsstand

Seit langem umstritten ist auch die Auslegung von § 7 S. 1 UrhWG, der die Inhaltskontrolle des Verteilungsplans betrifft.[65] Hat sich der Gesetzgeber etwas dabei gedacht, daß er dort nur ein *Verbot* normiert und als Prüfungsmaßstab nur die *Willkür* gesetzt hat, während § 6 Abs. 1 S. 1 UrhWG ein *Gebot* enthält und als Prüfungsmaßstab die *Angemessenheit* vorsieht? Die wohl nach wie vor herrschende Auffassung, die wir hier als Differenzierungsthese bezeichnen, bejaht das. Nach anderer Meinung, die wir als Einheitsthese bezeichnen, bedeuten Angemessenheitsgebot und Willkürverbot hingegen dasselbe – beide sollen als Angemessenheitsgebot auszulegen sein.

a) Die Differenzierungsthese

Nach der Differenzierungsthese sind die beiden Vorschriften über die Inhaltskontrolle auf der Tatbestandsebene abzugrenzen. § 6 Abs. 1 UrhWG betrifft den Berechtigungsvertrag, § 7 S. 1 UrhWG hingegen den Verteilungsplan. Folglich haben die beiden Kontrollmaßstäbe nichts mit einander zu tun. Die Unterscheidung sei nicht

---

65 Der Professorenentwurf hatte eine Änderung vorgeschlagen, wonach der überwiegende Teil der Einnahmen dem Urheber bzw. Leistungsschutzberechtigten oder Künstler zufließen; Art. 3 Professorenentwurf, abgedruckt bei M. *Schulze,* Materialien zum Urheberrechtsgesetz, Band 3, S. 1319; kritisch *Schack,* ZUM 2001, 453, 464.

nur formal, sondern auch sachlich begründet. Denn es komme schon praktisch nicht in Betracht, daß das Deutsche Patent- und Markenamt die Verteilungspläne mit ihrer Vielzahl von Einzelregelungen, die sich zu einem komplexen Regelungsganzen zusammenfügen, im einzelnen auf ihre Angemessenheit überprüfe. Das Willkürverbot des § 7 S. 1 UrhWG sei eine – in dem Kontrollmaßstab weniger intensive – lex specialis zu § 6 Abs. 1 UrhWG.[66]

b) Die Einheitsthese Nordemanns

Dieser Differenzierungsthese hat *Nordemann* eine Einheitsthese entgegengestellt.[67] Allerdings räumt er ein, daß die Tatbestände der §§ 6 und 7 UrhWG sprachlich unterschiedliche Kontrollmaßstäbe bestimmen, ist doch einerseits von Angemessenheit, andererseits von Willkür die Rede. Es handele sich aber nur um einen vermeintlichen Konflikt, der leicht zu beheben sei. In der Sache bedeuteten die Vorschriften der §§ 6 Abs. 1 S. 1, 7 S. 1 UrhWG für Verteilungspläne dasselbe. Das Angemessenheitsgebot bedeute, daß die Bedingungen des Berechtigungsvertrags Art und Umfang der Rechte entsprechen müssen, die der Berechtigte der Verwertungsgesellschaft überträgt; das ist eine Art objektiver oder materieller Äquivalenzgrundsatz.[68] Das Willkürverbot

> „konkretisiert ... das Angemessenheitsgebot des § 6 für den Bereich der Verteilungspläne. Die Zweifel Häußers ... an der Übereinstimmung der §§ 6 und 7, die er aus der unterschiedlichen Wortwahl (‚angemessen' bzw. ‚willkürlich') herleitet, lassen sich leicht ausräumen: Die Verpflichtung der Verwertungsgesellschaft aus § 6, eine den eingebrachten Rechten und Ansprüchen entsprechende Gegenleistung zu erbringen ..., läßt sich nur über die Verteilungspläne erfüllen (und kontrollieren); also müssen auch und gerade die Verteilungspläne schon dem Angemessenheitsgebot des § 6 entsprechen, was die Annahme eines abweichenden Regelungsgehalts in § 7 S. 1 ausschließt. Zudem wird durch die Kurzformel des Willkürverbots nur der Grundsatz der Gleichbehandlung gekennzeichnet."[69]

---

66 So – mit Unterschieden im einzelnen – Schricker-*Reinbothe,* § 7 UrhWG Rn. 5; Loewenheim-*Melichar,* Handbuch des Urheberrechts, § 47 Rn. 32; *Melichar,* Urheberrecht in Theorie und Praxis, S. 83 f.; *Menzel,* Die Aufsicht über die GEMA, S. 52; *Mestmäcker/Schulze,* § 6 UrhWG Anm. 2; *Meyer,* Verwertungsgesellschaften und ihre Kontrolle, S: 96 f.; E. *Ulmer,* Zur Rechtsstellung der Musikverlage in der GEMA, GEMA-Nachrichten 1978 Nr. 108, S. 99, 106; DPA, Bescheid v. 28. 6. 1978 GEMA-Nachrichten 1978 Nr. 108, S. 74, 78 (allerdings mit dem einschränkenden Zusatz, die Grenze zwischen Unangemessenheit und Willkür sei fließend).

67 *Nordemann,* GRUR Int. 1973, 306, 308; Fromm/*Nordemann,* § 6 UrhWG Rn. 6, § 7 UrhWG Rn. 2. Ihm folgend *Mauhs,* Der Wahrnehmungsvertrag, S. 57; *Reber,* GRUR 2000, 203, 208; Dreier/*Schulze,* § 7 UrhWG Rn. 5; *Vogel,* GRUR 1993, 513, 521; *ders.,* FG Schricker, S. 139; und wohl auch *Dünnwald,* FS Kreile, S. 164 f. Aus der Rechtsprechung etwa BVerfGE 79, 1, 17 f.; OLG München, ZUM 2002, 747 f. (je ohne nähere Erörterung). I. E. ebenso *Augenstein,* Rechtliche Grundlagen der Verteilung, 2. Kap. A VII (mit verfassungsrechtlicher Begründung).

68 Deutlich *Nordemann,* GRUR Int. 1973, 306, 307. Zur Unterscheidung von objektiver/materieller und subjektiver/formeller Äquivalenz nur *Canaris,* AcP 200 (2000), 273, 283.

69 Fromm/*Nordemann,* § 7 UrhWG Rn. 2 sowie § 6 UrhWG Rn. 5; ebenso schon *Nordemann,* GRUR Int. 1973, 306, 308.

c) *Stellungnahmen aus der Rechtsprechung*

Die Rechtsprechung läßt, soweit ersichtlich, keine einheitliche Linie erkennen. So hat der Bundesgerichtshof in seiner für das Recht der Verwertungsgesellschaften grundlegenden Entscheidung „GEMA-Wertungsverfahren" ausgeführt:

> „Unerheblich ist dabei, daß die Verwertungsgesellschaft in ihrem Verhalten gegenüber den Berechtigten auch ohne Berücksichtigung des GWB nicht völlig frei ist, sondern nach § 6 UrhWG zu einer Wahrnehmung zu angemessenen Bedingungen und nach § 7 UrhWG zu einer Verteilung der Erträge nach festen Regeln, die ein willkürliches Vorgehen ausschließen, verpflichtet ist."[70]

Damit scheint das Gericht der Differenzierungsthese zu folgen. Indes ist die zitierte Urteilspassage nicht tragend, so daß man darin keine Festlegung des BGH sehen kann.

Festgelegt zu haben scheint sich indes das Bundesverfassungsgericht, das, soweit ersichtlich, bislang zweimal zu §§ 6 Abs. 1, 7 S. 1 UrhWG Stellung genommen hat. In beiden Entscheidungen folgt es unzweideutig der Einheitsthese *Nordemanns,* auf den sich das Gericht ausdrücklich bezieht. In seiner Entscheidung zur gesetzlichen Vergütungspflicht für Vervielfältigung vom 11. 10. 1988 führt das Gericht aus:

> „Frei von Willkür im Sinne dieser Vorschrift ist eine Verteilungsregelung, die, wie § 6 Abs. 1 UrhWG bestimmt, ‚angemessen' ist."

Und in jüngerer Zeit hat das Bundesverfassungsgericht diese Auffassung noch einmal wiederholt.[71]

2. Der Kontrolltatbestand und sein Zweck

„Um zu gewährleisten, daß die Einnahmen aus der Wahrnehmung der anvertrauten Rechte und Ansprüche gerecht verteilt werden, verpflichtet der Entwurf die Verwertungsgesellschaft zur Aufstellung eines festen Verteilungsplans, der ein willkürliches Vorgehen bei der Verteilung ausschließt (Satz 1)."[72] Birgt die Treuhandstellung der Verwertungsgesellschaft besondere Gefahren für die Berechtigten,[73] so ist gerade im Bereich der Verteilung der Einnahmen eine Kontrolle erforderlich. Die Verteilung der Einnahmen der Verwertungsgesellschaft ist aber regelmäßig nicht wie in einem individualrechtliche Zweipersonenverhältnis „eins zu eins" unter bloßem Abzug des Wahrnehmungsaufwands möglich. Schon ganz allgemein muß in weiten Bereichen – z.B. den gesetzlichen Vergütungsansprüchen der §§ 54, 54a UrhG – eine *wertende Zuordnung* erfolgen. Das gilt umso mehr im Bereich der kul-

70 BGH, GRUR 1988, 782, 784 – GEMA Wertungsverfahren.
71 BVerfG, Nichtannahmebeschluß v. 10. 12. 1996, ZUM 1997, 555.
72 RegE, Begr. zu § 7, BT-Drs. IV/271, S. 16 = *Mestmäcker/Schulze,* Anhang A (3), S. 22.
73 RegE, Allgemeine Begründung zu A II 1, BT-Drs. IV/270, S. 10 = *Mestmäcker/Schulze,* Anhang A (3), S. 11.

turellen Förderung, die der Gesetzgeber den Verwertungsgesellschaften in § 7 S. 2 UrhWG eigens aufgegeben hat.

Das Ziel des Individualschutzes konfligiert aber mit einem anderen Ziel des Wahrnehmungsgesetzes, nämlich der Konzeption der Verwertungsgesellschaften als staatsferne Selbstverwaltungsorganisationen. Der Gesetzgeber von 1965 fand die Verwertungsgesellschaften, die sich im gesellschaftlichen Bereich gebildet hatten, als solche Selbstverwaltungsorganisationen vor und wollte es aus guten Gründen auch dabei belassen.[74] Die bei der Verteilung erforderlichen Wertungen sind ungleich besser legitimiert, wenn sie von den Betroffenen selbst getroffen werden.

Die Regelung des § 7 UrhWG ist Ausgleich dieser widerstreitenden Prinzipien. Der Gesetzgeber hat dabei die Autonomie der Verwertungsgesellschaften weitgehend gewahrt und sie zuerst durch zwei formale Mechanismen gebunden. Die Verteilung muß in der Form von festen Regeln, eines Plans, erfolgen, so daß sie vorhersehbar und überprüfbar ist. Und die Grundsätze dieses Plans müssen Bestandteil der Satzung sein – und werden dadurch der formalen Kontrolle des Satzungsänderungsverfahrens unterworfen. Die inhaltliche Kontrolle ist auf das Willkürverbot beschränkt.

3. Der Gegenstand der Kontrolle

a) *Der Verteilungsplan*

Der Gegenstand der Kontrolle ist nach unseren Vorüberlegungen[75] schon eingegrenzt. Der Gesetzgeber hat in §§ 6 und 7 UrhWG nach Wortlaut und äußerer Systematik deutlich zwischen der Kontrolle des Wahrnehmungsvertrags und der Kontrolle des Verteilungsplans unterschieden. Gegenstand der Kontrolle nach § 7 UrhWG ist nur der Verteilungsplan. Bereits unsere frühere Erörterung hat gezeigt, daß diese Unterscheidung durchaus sachlich begründet ist. Denn entgegen einem verbreiteten Mißverständnis – auf dem auch die Einheitsthese fußt – ist die Ausschüttung des Verteilungsanteils keineswegs Gegenleistung für die Übertragung der Nutzungsrechte zur Wahrnehmung, sondern eine pauschalierte Auskehrung des aus der Geschäftsführung Erlangten i.S.v. § 667 BGB. Ist auch – selbstverständlich – die Verteilung von den übertragenen Rechten (genauer freilich: deren Bonität!) nicht unabhängig,[76] so läßt sich dieses Element der Rechtewahrnehmung doch sinnvoll vom Wahrnehmungsvertrag trennen. Und weil die Verteilung im Rahmen einer kollektiven Rechtewahrnehmung unvermeidlich kollektive Elemente aufweist,[77] ist diese Separation von dem mit dem einzelnen Urheber ge-

---

74 S. oben, § 3 II (S. 13–17). Zur Entstehungsgeschichte und dem Gesetzeszweck auch noch unten, 4 b aa (S. 86 f.).
75 Oben, II.3 (S. 67 f.).
76 Dazu näher unten, 4 b bb (3) (a) (S. 88) – Leistungsprinzip.
77 Dazu näher unten, 4 b bb (3) (d) (S. 90–92) – Prinzip der kollektiven Rechtewahrnehmung.

schlossenen Wahrnehmungsvertrag keineswegs kapriziös oder willkürlich, sondern folgt sie aus der Natur der Sache[78].

b) Die in der Satzung festgelegten Grundsätze der Verteilung

Formal von dem Verteilungsplan getrennt, sind „die Grundsätze des Verteilungsplans" allerdings auch in die Satzung aufzunehmen. Der Gesetzgeber wollte die Verteilung auf diese Weise besonders transparent machen und sicherstellen, daß die Grundsätze der Verteilung nur nach dem strengen Verfahren der Satzungsänderung verändert werden können. Diese Zwecksetzung macht deutlich, daß die „Grundsätze der Verteilung" nicht deswegen der Willkürkontrolle entzogen sein können, weil sie in der Satzung festgelegt sind. Gegenstand der Kontrolle sind daher die Verteilungsregeln auch, soweit sie in der Satzung niedergelegt sind.

c) Die Regeln über die kulturelle Förderung

Nach § 7 S. 2 UrhWG soll der Verteilungsplan dem Grundsatz Rechnung tragen, daß kulturell bedeutende Werke und Leistungen zu fördern sind. Die Verwertungsgesellschaften tragen dem teils durch Einzelregeln innerhalb des Verteilungsplans Rechnung,[79] teils ist die kulturelle Förderung besonders geregelt.[80] Auch soweit die Verwertungsgesellschaft Geld zu Zwecken der kulturellen Förderung ausgibt, handelt es sich um eine „Aufteilung der Einnahmen aus ihrer Tätigkeit". Auch insoweit beansprucht daher das Willkürverbot des § 7 S. 1 UrhWG Geltung. Allerdings erfordert die kulturelle Förderung mehr als die Verteilung allgemein eine Bewertung. Das ist, wie näher zu erörtern ist, bei der Konkretisierung des Willkürverbots zu berücksichtigen.[81]

4. Der Kontrollmaßstab

a) Vorfrage: Ist die Entscheidung über den Kontrollmaßstab des § 7 S. 1 UrhWG noch offen?

Bevor wir uns der Frage widmen, welchen Kontrollmaßstab § 7 S. 1 UrhWG für die Verteilungspläne der Verwertungsgesellschaften normiert, ist der Vorfrage nachzugehen, ob hier sinnvoll überhaupt Streit bestehen kann. Drei Gründe könnten dagegen sprechen. Erstens könnte die Lösung des Streits darin liegen, daß § 7 S. 1 UrhWG überhaupt keinen inhaltlichen Kontrollmaßstab vorgibt. Zweitens bedeuten vielleicht Angemessenheitsgebot und Willkürverbot schon sprachlich dasselbe. Und drittens wäre eine Fortführung des Streits sinnlos, wenn das Bundesver-

---

78 Zum andauernden Streit um die Natur der Sache nur *Bydlinski,* Juristische Methodenlehre und Rechtsbegriff, S. 459–461; *Neuner,* Die Rechtsfindung contra legem, S. 77–81.
79 Förderungselemente enthält z. B. die Bewertung der E-Musik in Abschnitt X Ausführungsbestimmungen zum Verteilungsplan A der GEMA; GEMA-Jahrbuch 2003/2004, S. 313–315.
80 Auch formal gesonderte Förderungsregeln enthalten z. B. die „Geschäftsordnungen" für die Wertungsverfahren der GEMA; GEMA-Jahrbuch 2003/2004, S. 357–376.
81 S. unten, 4 b cc (S. 93 f.).

fassungsgericht die Frage mit Bindungswirkung für die einfachen Gerichte, vielleicht sogar für den Gesetzgeber entschieden hat. All das ist indes nicht der Fall.

aa) Enthält § 7 S. 1 UrhWG überhaupt einen inhaltlichen Kontrollmaßstab?

Wer § 7 S. 1 UrhWG unbefangen liest, fragt sich, ob die Vorschrift überhaupt einen inhaltlichen Kontrollmaßstab enthält. „Die Verwertungsgesellschaft hat die Einnahmen aus ihrer Tätigkeit nach festen Regeln (Verteilungsplan) aufzuteilen, die ein willkürliches Vorgehen ausschließen." Einen Maßstab für die Inhaltskontrolle enthält die Vorschrift nur dann, wenn der zweite Halbsatz eine Qualifizierung, nicht nur eine Erläuterung des ersten ist. Sprachlich liegt es aber viel näher, § 7 S. 1 so zu lesen: „Die Verwertungsgesellschaft hat die Einnahmen aus ihrer Tätigkeit nach festen Regeln (Verteilungsplan) aufzuteilen, weil solche festen Regeln ein willkürliches Vorgehen ausschließen." [82] Daß das nicht gemeint ist, ergibt sich indes aus der Entstehungsgeschichte der Vorschrift. Im Referentenentwurf[83] hatte die entsprechende Vorschrift (§ 9 RefE) noch gelautet:

> „Die Verwertungsgesellschaften haben die ihnen aus ihrer Tätigkeit zufließenden Einnahmen nach festen Regeln (Verteilungsplan) aufzuteilen, die ein willkürliches Vorgehen bei der Verteilung ausschließen und dem Grundsatz entsprechen, daß kulturell hochwertige Werke und Leistungen zu fördern sind. Der Verteilungsplan ist Bestandteil der Satzung der Verwertungsgesellschaften."

Damit war klar, daß der zweite Halbsatz nicht nur formale, sondern auch inhaltliche Vorgaben für die Ausgestaltung des Verteilungsplans enthalten sollte. Durch die Ausgliederung des Gebots der kulturellen Förderung in einen eigenen Satz 2 ist diese Klarheit zwar verlorengegangen. Die Gesetzgebungsgeschichte läßt aber nicht erkennen, daß der Gesetzgeber damit die Bedeutung des Willkürverbots als Kontrollmaßstab ändern wollte.

bb) Identität von Angemessenheitsgebot und Willkürverbot?

Die Einheitsthese[84] deutet darauf hin, daß der Streit zwischen der Einheits- und der Differenzierungsthese nur ein Streit um Worte sein könnte: Bezeichnen nicht Angemessenheitsgebot und Willkürverbot letztlich dasselbe? Einer solchen nivellierenden Auslegung ist indes entgegenzutreten.

Im deutschen Recht sind die Begriffe der Angemessenheit und der Willkür ebenso wie ihre korrespondierenden Begriffe der Unangemessenheit und der Gleichheit scharf konturierte Fachbegriffe. Willkürlich ist eine Regelung, die wesentlich Gleiches ungleich oder wesentlich Ungleiches gleich behandelt, ohne daß dafür ein

---

82 In diese Richtung in der Tat *Mestmäcker/Schulze,* § 7 UrhWG Anm. 1 („Willkür soll durch ‚feste Regeln' ausgeschlossen werden ... Angesichts des Wortlauts und des Zusammenhangs von Satz 1 und 2 ist fraglich, ob die Vorschrift auch eine inhaltliche Überprüfung des Verteilungsplans anhand des Willkürverbots gestattet. Die festen Regeln sollen als solche ein ‚willkürliches Vorgehen' ausschließen.").

83 *Mestmäcker/Schulze,* Anhang A (1), S. 3.

84 Oben, 1 b (S. 79).

irgendwie einleuchtender Grund gegeben ist.[85] Es handelt sich dabei um einen gleichsam „negativen“ Kontrollmaßstab, der das betroffene Handeln zwar nicht völlig unkontrolliert läßt, die Kontrolle aber auf ein äußerstes Maß zurücknimmt. Das kontrollierte Handeln muß begründet sein, aber nur dahin, daß sich immerhin unter irgendeinem Blickwinkel ein Sachgrund dafür finden läßt. Angemessenheit, auf der anderen Seite, ist ein positiver Maßstab. Hier wird nicht nur irgendeine Begründung dafür verlangt, daß ein Gegenstand *so* behandelt wird. Die Behandlung muß vielmehr dem Gegenstand entsprechen, d.h. sie muß ihm in seinen rechtlich wesentlichen Eigenschaften gerecht werden.[86]

Willkürverbot und Angemessenheitsgebot sind demnach verschiedene Kontrollmaßstäbe. Richtig ist nur, daß eine Regelung – hier z.B.: des Verteilungsplans – die gegen das Willkürverbot verstößt, nicht angemessen sein kann, denn da sie aus *keinem sachlichen Grund gerechtfertigt* ist, kann sie erst recht nicht den rechtlich wesentlichen Eigenschaften des Gegenstandes gerecht sein. Falsch ist hingegen die Umkehrung, daß eine willkürfreie Regelung notwendig auch angemessen sei. Der Streit zwischen Einheits- und Differenzierungsthese besteht daher in der Sache, er kann praktisch ganz erhebliche Auswirkungen haben.

cc) Bindungswirkung der verfassungsgerichtlichen Entscheidungen?

Wichtiger als diese beiden Vorfragen ist die verfassungsrechtliche. Hat nicht das Bundesverfassungsgericht bereits das abschließende Wort zu dem Theorienstreit gesprochen?

(1) In seiner Entscheidung zur Vergütungspflicht von Vervielfältigungen erörtert das BVerfG die Zulässigkeit einer Verfassungsbeschwerde, die sich gegen die gesetzliche Vergütungsregelung in der Anlage zu § 54 Abs. 1 UrhG i.d.F. v. 24. 6. 1985 (vgl. jetzt §§ 54 Abs. 1, 54d UrhG) richtete.[87] Die Beschwerdeführerin rügte, daß diese Regelung gegen den allgemeinen Gleichheitsgrundsatz des Art. 3 Abs. 1 GG verstoße. Sie sei durch die gesetzliche Regelung deswegen unmittelbar in ihren Rechten verletzt, weil sie als Leistungsschutzberechtigte über die Verwertungsgesellschaften unmittelbar am Vergütungsaufkommen des § 54 Abs. 1 UrhG teilhabe. Die Beschwerdeführerin ging m.a.W. davon aus, daß die Verwertungsgesellschaft keine andere Möglichkeit hätte, als die gesetzliche Vergütungsregelung „1 : 1“ in den Verteilungsplan zu übernehmen; deswegen wirke die gesetzliche Regelung ungeachtet der Zwischenschaltung der Verwertungsgesellschaft doch im Rechtssinne „unmittelbar“ gegen sie.

---

85 Schricker-*Reinbothe,* § 7 Rn.3.
86 Der Einwand liegt nahe, daß gerade in der vorliegenden Untersuchung begründet wird, das Angemessenheitsgebot des § 6 Abs. 1 S. 1 UrhWG sei als ein Willkürverbot zu verstehen (oben, II 4b, S. 69–71). Dabei würde indes übersehen, daß die Willkürprüfung nur der erste Schritt in einer zweistufigen Prüfung darstellt (s.o. II 4c, S. 71–73). Zudem dient die Willkürprüfung nur der Feststellung der Angemessenheit, die nur eben durch den Vergleich mit den als angemessen vermuteten Bedingungen der Mitglieder ermittelt wird.
87 BVerfGE 79, 1, 4f. und 9.

Das Bundesverfassungsgericht hat die Verfassungsbeschwerde als unzulässig zurückgewiesen, weil die Regelung die Beschwerdeführerin nicht unmittelbar in eigenen Rechten betreffe; die Verfassungsbeschwerde lasse nicht einmal die Möglichkeit eines Verfassungsverstoßes erkennen. *Das* hat das BVerfG damit begründet, daß die Verwertungsgesellschaften bei der Verteilung der Vergütungen gem. § 54 Abs. 1 UrhG einen Spielraum haben, da diese Vergütungen „schlechterdings nicht einem einzelnen Werk oder Urheber zuzuordnen" seien.[88] Diese Begründung galt *sogar dann,* wenn man die Einheitsthese zugrunde legte und damit den Verteilungsplan der strengeren Angemessenheitskontrolle unterzog. Die Begründung gilt demnach *erst recht,* wenn man die Differenzierungsthese zugrundelegt, nach der der Verteilungsplan nur der weniger intensiven Kontrolle am Maßstab des Willkürverbots unterliegt. Mit dem Meinungsstreit zwischen der Einheitsthese und der Differenzierungsthese brauchte sich das Gericht daher nicht auseinanderzusetzen – und das hat es auch nicht getan.

Eine rechtliche Bindungswirkung kommt der Entscheidung demnach nicht zu. Die Bindung nach § 31 Abs. 1 BVerfGG kommt nicht in Betracht, denn diese erstreckt sich nur auf die tragenden Grundsätze, die sich aus dem Tenor und den tragenden Gründen der Entscheidung ergeben.[89] Nach ständiger Rechtsprechung des BVerwG kommt bei der Ermittlung, was das BVerfG als maßgeblich ansehen will, den Leitsätzen der Entscheidung, die das Gericht selbst formuliert und veröffentlicht, große Bedeutung zu.[90] Die Aussage von BVerfGE 79, 1, 17f. zur Einheitsthese spiegelt sich aber weder in den Leitsätzen noch im Tenor wieder. Sie gehört, da es auf sie für die Entscheidung nicht ankommt, aber auch der Sache nach nicht zu den tragenden Gründen der Entscheidung. Bei der Aussage zur Einheitsthese handelt es sich aber zweitens auch nicht um eine verfassungskonforme Auslegung. Es geht dem BVerfG nicht darum, eine von mehreren möglichen Auslegungen des § 7 S. 1 UrhWG als allein mit der Verfassung vereinbar zu bestimmen. Vielmehr zieht das Gericht lediglich die für die Beschwerdeführerin günstigste Auslegung des UrhWG heran, um zu zeigen, daß selbst dann, wenn man diese zugrunde legt, die Verfassungsbeschwerde unzulässig ist. Eine rechtliche Bindungswirkung kommt daher der Entscheidung des BVerfG in BVerfGE 79, 1, 17f. nicht zu. Und da sich das Gericht mit dem Meinungsstreit zur Auslegung der §§ 6, 7 UrhWG nicht näher auseinandergesetzt hat, kommt ihr auch keine fachliche Autorität (*persuasive authority*) zu.

(2) Nichts anderes gilt für die zweite Entscheidung des BVerfG, die das Thema der Inhaltskontrolle von Verteilungsplänen berührt. In dem Nichtannahmebeschluß vom 10.12.1996 ging es um die Zulässigkeit pauschalierender Regeln in Verteilungsplänen. Unter Verweis auf BVerfGE 79, 1, 17 wiederholt das Gericht, die Regeln des Verteilungsplans müßten zu einer angemessenen Verteilung führen. In der weiteren Erörterung kommt es indes auf diese einfach-rechtliche Frage nicht mehr an. Das Gericht prüft nur *unter Art. 3 Abs. 1, 14 Abs. 1 GG,* ob sich für die vom

---

88 BVerfGE 79, 1, 17f.
89 *Benda/Klein,* Verfassungsprozeßrecht, Rn. 1319; BVerfGE 78, 320, 328.
90 BVerwGE 73, 263, 267f.

Oberlandesgericht Hamburg für zulässig erachtete Pauschalierung ein sachlicher Grund finden läßt, und bejaht das. Wiederum nimmt das Gericht zu dem Streit zwischen Einheits- und Differenzierungsthese überhaupt nicht Stellung; für seine Entscheidung ist dieser Streit irrelevant.

b) *Stellungnahme zur Auslegung des § 7 S. 1 UrhWG*

aa) Selbständige Bestimmung der Willkürfreiheit nach der Differenzierungsthese

Damit kommen wir zurück zu unserem eigentlichen Untersuchungsgegenstand, der Auslegung von § 7 S. 1 UrhWG. Nach unseren Vorüberlegungen ist der Streit zwischen der Differenzierungs- und der Einheitsthese nach wie vor offen. Die besseren Gründe sprechen schon nach Wortlaut und äußerer Systematik des Urheberrechtswahrnehmungsgesetzes für die Differenzierungsthese. Nach dem klaren Wortlaut des § 7 S. 1 UrhWG unterliegt der Verteilungsplan eben nur dem Willkürverbot. Insbesondere haben schon unsere Vorüberlegungen ergeben, daß Willkürverbot und Angemessenheitsgebot sprachlich nicht gleichgesetzt werden können.[91] Nach der äußeren Systematik von §§ 6, 7 UrhWG geht das Willkürverbot dem Angemessenheitsgebot als *lex specialis* vor. Da eine willkürliche Regelung stets unangemessen ist, wäre es auch ganz sinnlos, das Willkürverbot in § 7 UrhWG noch eigens zu normieren, wenn der Verteilungsplan schon dem Angemessenheitsgebot unterläge.

Endlich machen auch die Gesetzesmaterialien deutlich, daß der Gesetzgeber sich bewußt für eine auf das Willkürverbot beschränkte Inhaltskontrolle des Verteilungsplans beschränkt hat. In der Begründung dazu heißt es:

> „Was die staatliche Einflußnahme auf die Verwertungsgesellschaften anlangt, so begrenzt sie der Entwurf auf das unbedingt Notwendige und ist bemüht, weitergehende Eingriffe in die Tätigkeit der Verwertungsgesellschaften zu vermeiden. Die staatliche Einflußnahme beschränkt sich demgemäß
>
> a) auf die Zulassung der Verwertungsgesellschaften (...)
>
> b) auf eine allgemeine Aufsicht und Überwachung der Tätigkeit der Verwertungsgesellschaften, der eine Auskunftspflicht der Verwertungsgesellschaften entspricht. (...)
>
> Eine weitergehende Einflußnahme des Staates könnte sich praktisch nur auf zwei Maßnahmen beziehen, einmal auf die staatliche Festsetzung oder Genehmigung der Tarife der Verwertungsgesellschaften, zum anderen auf die Verteilung der Einnahmen. Ein so weitgehender Einfluß auf die Tätigkeit der Verwertungsgesellschaften kann im Rahmen einer ministeriellen Aufsicht, wie sie der Entwurf vorschlägt, nicht ausgeübt werden. Das würde die Einschaltung eines besonderen Verwaltungsapparates erforderlich machen. Daß solche Maßnahmen möglich sind, zeigen ausländische Vorbilder wie die Regelung in der Schweiz und in den Niederlanden.
>
> Der Entwurf geht diesen Weg nicht. Er sieht hinsichtlich der Gebühren der Verwertungsgesellschaften die Möglichkeit der Anrufung einer Schiedsstelle ... vor (...).

---

91 Oben, 4 a bb (S. 83 f.).

Was die Verteilung der Einnahmen der Verwertungsgesellschaft anlangt, so erscheint es ausreichend, dafür im Gesetz allgemeine Richtlinien vorzuschreiben. Die Regelung der Einzelheiten bleibt der Satzung und der Beschlußfassung der Organe der Verwertungsgesellschaften vorbehalten.“[92]

bb) Konkretisierung des Maßstabs der Willkürfreiheit

Damit ist zu spezifizieren, was das Willkürverbot für die Kontrolle des Verteilungsplans bedeutet.

(1) Willkürfreiheit als Gleichbehandlung aller Berechtigten

Hier können wir zunächst an unsere Überlegungen zur Konkretisierung des Angemessenheitsgebots anknüpfen. Wie wir gesehen haben, hat der Gesetzgeber die Angemessenheitskontrolle in § 6 Abs. 1 UrhWG aus einem spezifischen Grund vorgeschrieben: Es handelt sich um eine folgerichtige Ergänzung des Kontrahierungszwangs. Und diesem Zweck – und zugleich auch der grundsätzlichen Anlage des Wahrnehmungsrechts – entsprechend kann der Gesetzgeber die Inhaltskontrolle nach § 6 Abs. 1 UrhWG im Grundsatz auf ein „Willkürverbot“ reduzieren: In der Regel sind die Bedingungen angemessen, zu denen die Verwertungsgesellschaft auch die Rechte ihrer Mitglieder wahrnimmt. Was § 6 Abs. 1 UrhWG auf diese Weise für den Berechtigungsvertrag bestimmt, bedarf aber für den Verteilungsplan gar keiner Regelung. Denn der Verteilungsplan, das sind ja die „festen Regeln“, nach denen die Verwertungsgesellschaft ihre Einnahmen verteilt. Mit *„ihren Einnahmen“* sind aber *alle* Einnahmen der Verwertungsgesellschaft gemeint, also solche aus der Verwertung der Rechte der Mitglieder wie der sonstigen Berechtigten. Geht man davon aus, daß die Gleichbehandlung von sonstigen Berechtigten und Mitgliedern ausreicht, um die sonstigen Berechtigten zu schützen, so war im Hinblick auf den Verteilungsplan folglich nur ein Willkürverbot vorzuschreiben, das eine sachlich nicht begründete Ungleichbehandlung ausschließt. Einer weitergehenden Angemessenheitskontrolle bedurfte es von vornherein nicht, weil der Verteilungsplan Mitglieder wie sonstige Berechtigte gleichermaßen betrifft.

(2) Willkürfreiheit als sachlich noch zu rechtfertigende Regelung

Ebenso wie beim Angemessenheitsgebot des § 6 Abs. 1 S. 1 UrhWG wird man aber auch hier nicht darauf verzichten können, die Willkürfreiheit in Form einer äußersten Grenze materiell zu bestimmen. Dafür können verschiedene Gründe einen Anlaß bieten. Zum einen kann es ja durchaus vorkommen, daß der Verteilungsplan unterschiedliche Regelungen für Mitglieder und sonstige Berechtigte vorsieht. Zum anderen kann die formal gleiche Behandlung aller Mitglieder sich im Einzelfall besonders positiv oder negativ für eine Gruppe von Berechtigten auswirken; (sogenannte mittelbare Diskriminierung). Für solche Fälle ist die Willkürfreiheit als

---

92 RefE, Begr., unter A VI 4, abgedruckt bei und zitiert nach *Mestmäcker/Schulze,* Anhang A (1), S. 17 f.

materielle Bindung zu bestimmen, die eine Rechtfertigung der Regelung aus einem legitimen Regelungszweck verlangt. Willkürlich ist danach eine Regelung, die jeder sachlichen Rechtfertigung entbehrt.

(3) Prinzipien des Wahrnehmungsrechts als Grundlage der sachlichen Rechtfertigung

Die damit erforderlichen inhaltlichen Leitlinien ergeben sich aus dem Wahrnehmungsgesetz und dem Urheberrechtsgesetz, denen *vier Prinzipien* für die Verteilung entnommen werden können.

(a) Das Leistungsprinzip

An erster Stelle steht das *Leistungsprinzip,* nach dem jedem Berechtigten ein Anteil an den Einnahmen gebührt, der den Einnahmen entspricht, die die Verwertungsgesellschaft aus der Verwertung seiner Rechte erzielt hat. Das Leistungsprinzip ergibt sich schon aus dem Urheberrechtsgesetz, es liegt der dort statuierten Monopolisierung der wirtschaftlichen Verwertung der eigenen Schöpfung zugrunde.[93] Aber auch das Wahrnehmungsgesetz läßt erkennen, daß die Verwertungsgesellschaften das Leistungsprinzip zu berücksichtigen haben. Deswegen, weil die Verwertungsgesellschaften gebunden sind, eine den individuellen Leistungen entsprechende Verteilung zu bewirken, haben sie gegen die Veranstalter einen gesetzlichen Anspruch auf Überlassung einer Aufstellung über die benutzten Werke (§ 13a Abs. 2 S. 1 UrhWG).[94]

Nichts anderes als eine Bestätigung des Leistungsprinzips enthält auch § 54h Abs. 2 UrhG, wonach jedem Berechtigten ein „angemessener Anteil" an den Vergütungen für Bild- und Tonaufzeichnungen sowie Ablichtungen zusteht. Die Vorschrift enthält, wie wir bereits früher gesehen haben,[95] inhaltliche Bezugnahme auf § 7 S. 1 UrhWG.

(b) Das Prinzip der kulturellen Förderung

Das zweite Prinzip ist das *Prinzip der kulturellen Förderung,* das der Verteilungsplan gem. § 7 S. 2 UrhWG berücksichtigen soll. Dieses Prinzip ist § 7 S. 2 UrhWG unmittelbar zu entnehmen. Es wird in der Sache damit begründet, daß die kulturelle Förderung (und die soziale Sicherung) eine staatliche Aufgabe sei, die Verwertungsgesellschaften daher als Träger staatsentlastender Aufgaben anzusehen seien.[96] Der

93 BGHZ 17, 266, 278f., 281f. – Magnettonträger; BGHZ 11, 135, 143 – Lautsprecherübertragung. Zur Begründung aus dem Ausschließlichkeitsprinzip *Hauptmann,* Die Vergesellschaftung des Urheberrechts, S. 15–40, und, zur Bindung der Verwertungsgesellschaften an das Leistungsprinzip, S. 44 (sehr weitgehend). Nur (zu Unrecht) schwächer formuliert Dreier/*Schulze,* § 6 UrhWG Rn. 15, wenn er aus dem UrhG ableitet, der Urheber sei „angemessen am wirtschaftlichen Nutzen zu beteiligen, der aus seinem Werk gezogen wird"; damit soll aber wohl ebenfalls das Leistungsprinzip bezeichnet werden.
94 RegE, Begr. zu § 16, BT-Drs. IV/271, S. 19 = *Mestmäcker/Schulze,* Anhang A (3), S. 27.
95 Dazu bereits oben, § 3 III 1 b (S. 18f.).
96 *Becker,* FS Kreile, S. 27–51; *Kreile/Becker,* in: Handbuch der Musikwirtschaft, S. 602–605. S.a.

materielle Gedanke wird auch in der Sozialbindung des Urheberrechts gesehen.[97] In der Tat ist dem ungeachtet der individualistischen Konzeption des Urheberrechts zuzustimmen. Es verhält sich hier nicht anders als bei gewissen vertragsrechtlichen Bindungen, die *Canaris* treffend mit dem Begriff der Sozialpflichtigkeit der Privatautonomie gekennzeichnet hat.[98] Wenngleich die Individualzuordnung des Urheberrechts deswegen nicht im Kern in Frage gestellt werden darf, so ist es doch gerechtfertigt, wenn der Gesetzgeber mit der privatwirtschaftlichen und staatsfernen Organisation der Rechtewahrnehmung den Trägern dieser Organisation auch die Wahrnehmung von kulturellen Förderungsaufgaben (in Gestalt einer Soll-Bindung) überträgt.[99] Freilich erfordert die Kulturförderung durch die Verwertungsgesellschaften, die ja keineswegs sachgesetzlich unvermeidlich ist, ihre ergänzende Legitimation durch die Selbstbestimmung der Berechtigten.[100]

(c) Das Solidarprinzip

Ein drittes Prinzip ist das *Solidarprinzip,* das in der Bindung der Verwertungsgesellschaften zum Ausdruck kommt, Vorsorge- und Unterstützungseinrichtungen für ihre Berechtigten einzurichten (§ 8 UrhWG). Auch dieses Prinzip ist als gegenläufiges Prinzip zum Leistungsgrundsatz bereits unmittelbar dem Gesetz zu entnehmen. Für seine Legitimation und seine Anwendung gilt Entsprechendes wie soeben zum Prinzip der kulturellen Förderung ausgeführt. Es gründet in der Sozialpflichtigkeit des Urheberrechts[101] und findet seine Rechtfertigung darin, daß der Gesetzgeber die Rechtewahrnehmung auf private und staatsferne Organisationen übertragen hat.

Die Verwertungsgesellschaften werden allerdings bei der Verwirklichung des Solidargedankens berücksichtigen müssen, inwieweit die solidarische Tragung sozialer Risiken durch die in der Verwertungsgesellschaft zusammengeschlossenen Berech-

---

Kreile, FS Lerche, S. 251–266; *Mestmäcker,* in: Geistiges Eigentum und Kultur im Spannungsfeld, S. 60–64.

97 *Melichar,* in: Josef Kohler und der Schutz des geistigen Eigentums in Europa, S. 105–111. Gegen den von *Melichar* a.a.O. verwendeten *Begriff* der „horizontalen Sozialbindung" (zumal im Zusammenhang mit der Kulturförderung) freilich *Leinemann,* Die Sozialbindung des „Geistigen Eigentums", S. 90f., der indes die Kulturförderung durch die Verwertungsgesellschaften für verfassungsrechtlich unbedenklich hält. S.a. *Augenstein,* Rechtliche Grundlagen des Verteilungsplans, 4. Kap. C.

98 *Canaris,* Die Bedeutung der iustitia distributiva im deutschen Vertragsrecht, S. 119f., 127; *ders.,* Grundrechte und Privatrecht, S. 60; ferner *Riesenhuber,* System und Prinzipien des Europäischen Vertragsrechts, S. 242. Eine „soziale Verantwortung der Verwertungsgesellschaften" hebt jetzt hervor *Kommission,* Mitteilung v. 16. 4. 2004, KOM (2004) 261 endg. zu 3.1.2. (S. 16).

99 Zu diesem Gedanken von Nutzen und korrespondierenden Lasten *Canaris,* Die Bedeutung der iustitia distributiva im deutschen Vertragsrecht, S. 119f.

100 *Fiscor,* ZUM 2003, 3, 9f.; *Melichar,* in: Josef Kohler und der Schutz des geistigen Eigentums in Europa, S. 107. Zu weitgehend verlangt indes *Augenstein,* Rechtliche Grundlagen des Verteilungsplans, 2. Kap. A VII 3, einen individuellen Einfluß der Berechtigten; damit wäre jede auf dem Mehrheitsprinzip beruhende Entscheidungsfindung ausgeschlossen, sobald es um grundrechtsgeschützte Positionen (Eigentum) geht.

101 S.a. *Kommission,* Mitteilung v. 16. 4. 2004, KOM (2004) 261 endg. zu 3.1.2. (S. 16).

tigten im Rahmen des Gesamtsystems der sozialen Sicherheit (heute noch) geboten ist. Insofern haben sich die Dinge seit Erlaß des Wahrnehmungsgesetzes von 1965 erheblich verändert, vor allem durch die mit Gesetz vom 27. 7. 1981 eingeführte Künstlersozialversicherung[102].[103] Allerdings wird man mit Rücksicht auf den fortbestehenden § 8 UrhWG das Solidarprinzip nicht schon als rechtfertigendes Verteilungsprinzip ausschließen können. Insbesondere läßt sich die soziale Sicherung auch nicht pauschal als verfassungswidrige Verletzung des grundrechtlich geschützten Eigentums geißeln.[104]

(d) Das Prinzip der kollektiven Rechtewahrnehmung

Und endlich darf – und muß zumeist – der Verteilungsplan das *Prinzip der kollektiven Wahrnehmung* berücksichtigen, das gewisse Pauschalierungen und Standardisierungen ermöglicht oder sogar gebietet.[105] Dieses Prinzip liegt dem Wahrnehmungsgesetz unausgesprochen zugrunde, es liegt aber auch in der Natur verschiedener Vergütungsansprüche des Urheberrechtsgesetzes, die von der individuellen Nutzung unabhängig sind.[106] Es kann, wie vor allem die BGH-Entscheidung GEMA-Wertungsverfahren deutlich macht, insbesondere Einschränkungen des Leistungsprinzips rechtfertigen. Dort hatte der Bundesgerichtshof im Hinblick auf die Kontrolle des Verteilungsplans insbesondere auf zweierlei hingewiesen. Zum einen hat er die mit der kollektiven Rechtewahrnehmung unvermeidlichen Pauschalierungen und Vereinfachungen bei der Verteilung hervorgehoben:

> „Aber auch sonst gestattet die gebündelte Wahrnehmung der Urheberrechte durch Verwertungsgesellschaften, deren Notwendigkeit der Gesetzgeber anerkannt und teilweise als zwingend für die Geltendmachung urheberrechtlicher Vergütungsansprüche zugrunde gelegt hat ..., meist keine vollständig am Ausmaß der jeweiligen Werknutzung orientierte Ausschüttung der Erträge; vielmehr müssen die Berechtigten im Interesse eines möglichst geringen Verwaltungsaufwandes Schätzungen, Pauschalierungen und sonstige Vereinfachungen in der Berechnung hinnehmen, die sich aus dem wirtschaftlichen Gebot der Verhältnismäßigkeit ergeben, selbst wenn sie in Einzelfällen zu Benachteiligungen führen können.“[107]

---

102 Dazu nur *Schack,* Urheber- und Urhebervertragsrecht, Rn. 12 und 1224.

103 Von einem fortbestehenden Bedürfnis nach sozialer Sicherung geht z. B. aus *Leinemann,* Die Sozialbindung des „Geistigen Eigentums“, S. 89.

104 So aber *Schack,* Urheber- und Urhebervertragsrecht, Rn. 1224; kritisch auch *Hauptmann,* Die Vergesellschaftung des Urheberrechts, *passim; ders.,* UFITA 126 (1994), 149–177. Angesichts der klaren gesetzlichen Vorgaben in § 8 UrhWG verfehlt auch *Leßmann,* Verwertungsgesellschaften nach deutschem und europäischen Kartellrecht, S. 88–90 (Bewertung *sub specie* §§ 19, 20 GWB). Dagegen differenziert *Leinemann,* Die Sozialbindung des „Geistigen Eigentums“, S. 82–89.

105 Grundlegend BGH, GRUR 1988, 782, 783 – GEMA-Wertungsverfahren; fortgeführt von BGH, NJW 2002, 1713, 1715, 1716 – Klausurerfordernis; OLG München, ZUM 2002, 747, 748; BVerfG, ZUM 1997, 555. Bereits bei § 6 Abs. 1 UrhWG berücksichtigt das Prinzip der kollektiven Rechtewahrnehmung BGH, GRUR 2002, 961, 962 – Mischtonmeister. Anders Wandtke/Bullinger-*Gerlach,* § 7 UrhWG Rn. 2, der Pauschalierungen mit dem Solidargedanken begründen möchte; das ist indes abzulehnen, da sonst Transferleistungen besonders verschleiert würden und so nicht mehr legitimierbar wären.

106 Vgl. nochmals BVerfGE 79, 1, 18.

107 BGH, GRUR 1988, 782, 783 – GEMA-Wertungsverfahren.

Zum zweiten hat er darauf hingewiesen, daß die vom Gesetzgeber vorausgesetzte privatrechtliche Organisation der Verwertungsgesellschaften dazu führen kann, daß die Verteilungsregeln Regelungsdisparitäten ergeben können, die zumindest übergangsweise hingenommen werden können, ohne daß ein Verstoß gegen das Willkürverbot vorliegt.

> „Dabei muß der Betroffenen ein hinreichender Beobachtungs- und Beurteilungsspielraum zur notwendigen Bewertung und Abwägung der Interessen der von einem Ausschluß betroffenen Berechtigten wie auch der Komponisten, die durch unverhältnismäßige Ausschüttungen an andere benachteiligt werden, zugebilligt werden. Denn die Verteilungspläne der Betroffenen bestehen aus einem umfangreichen Regelwerk, das aufgrund sachlich begründeter Unterschiede der verschiedenen Sparten und Berufsgruppen in vielfältiger Hinsicht Unterschiede aufweist. Dabei muß davon ausgegangen werden, daß sich vor allem bei den nur für einzelne Sparten oder Berufsgruppen geltenden Bestimmungen wegen der unterschiedlichen Interessen- und Abstimmungsverhältnisse in den Entscheidungsgremien der Betroffenen auch unterschiedliche Regelungen ergeben können, ohne daß darin bereits notwendig auch ein Verstoß gegen das Diskriminierungsverbot liegt.“ [108]

Der Bundesgerichtshof hat diese Besonderheiten der kollektiven Rechtewahrnehmung freilich nicht – wie vielleicht naheliegend erschiene – im Rahmen der Rechtsfolgenbestimmung berücksichtigt, sondern auf der Ebene des Tatbestands. Bereits in der Entscheidung UFA-Musikverlage maß der Gerichtshof eine Differenzierung nicht an einem formalen Gleichbehandlungsgrundsatz, sondern berücksichtigte die tatsächlichen Umstände, die nur für einen Bereich einen Regelungsanlaß gegeben hatten, nicht aber für einen anderen.[109] Mit dieser Begründung aus den Besonderheiten der kollektiven Rechtewahrnehmung durch staatsferne Selbstverwaltungskörperschaften sah der Bundesgerichtshof zu Recht auch eine zeitweilige Ungleichbehandlung als gerechtfertigt an.[110] In der Entscheidung GEMA-Wertungsverfahren fährt das Gericht fort:

> „Ebenso kann es nicht als sachlich nicht gerechtfertigte Ungleichbehandlung beanstandet werden, daß die Betroffene [Verwertungsgesellschaft] im Hinblick auf die konkrete Befürchtung eines Mißbrauchs in der Sparte E zunächst nur die Geschäftsordnung für das Wertungsverfahren in dieser Sparte geändert hat, ohne im selben Jahr – bevor noch Erfahrungen mit der Neuregelung gesammelt werden konnten – bereits auch die Bestimmungen für die Sparte U zu ändern; denn nach den vom KG getroffenen Feststellungen bestand bei der Unterhaltungsmusik zunächst noch keine konkrete Befürchtung, daß die bestehende Regelung zu einer unverhältnismäßigen Ausschüttung an einzelne Berechtigte führen würde. Für einen begrenzten Zeitraum bis zur Anpassung der anderen Geschäftsordnungen kann die Ungleichbehandlung in einem solchen Fall hingenommen werden.“ [111]

---

108 BGH, GRUR 1988, 782, 785 – GEMA-Wertungsverfahren.

109 BGHZ 55, 381, 389 f. – UFA-Musikverlage; der amtliche Leitsatz b zu der Entscheidung lautet: „Eine Vereinssatzung verstößt nicht ohne weiteres gegen das Verbot der Ungleichbehandlung der Mitglieder, wenn sie nicht sogleich alle denkbaren gleichwertigen Fälle erfaßt, die im Verein auftreten können; es kann genügen, daß der Verein die Satzung später anpaßt, sobald er erkennt, daß weitere Fälle in derselben Weise regelungsbedürftig sind.“

110 *Stockmann,* in: Die Verwertungsgesellschaften im Europäischen Binnenmarkt, S. 36 f.

111 BGH, GRUR 1988, 782, 785 – GEMA-Wertungsverfahren (Nachweise weggelassen).

Betrafen die Entscheidungen auch nicht das Willkürverbot des § 7 S. 1 UrhWG, sondern im Fall UFA-Musikverlage den vereinsrechtlichen Gleichbehandlungsgrundsatz, im Fall GEMA-Wertungsverfahren das kartellrechtliche Diskriminierungsverbot des heutigen § 20 Abs. 1 GWB, so sind sie doch auch in unserem Zusammenhang anwendbar. Zumal die Entscheidung GEMA-Wertungsverfahren ist – in dem hier interessierenden Punkt – nicht spezifisch kartellrechtlich, sondern spezifisch wahrnehmungsrechtlich begründet. In der Sache wahrt das Gericht durch die Zuerkennung eines Beobachtungs- und Beurteilungsspielraums sowie einer Karenzzeit für die Herstellung der Gleichbehandlung die Autonomie der Verwertungsgesellschaften, die ihnen nach dem Wahrnehmungsgesetz gerade im Bereich der Verteilung zukommen soll.[112]

(4) Weitere Konkretisierung des Prüfungsmodells

Was bedeutet das nun konkret für die Ausgestaltung des Verteilungsplans? Wenn man entsprechend allgemeinen Grundsätzen davon ausgeht, daß das Willkürverbot fordert, eine Regelung müsse noch irgendwie sachlich gerechtfertigt sein, so heißt das konkret für den Verteilungsplan, daß seine Regelungen sachlich aus einem der genannten vier Prinzipien gerechtfertigt sein müssen. Damit ist aber wohlgemerkt nicht positiv vorgegeben, wie der Verteilungsplan im einzelnen auszugestalten ist. Hier wie allgemein lassen sich aus Prinzipien konkrete Regeln regelmäßig nicht unmittelbar, sondern nur rahmenhaft ableiten.[113] Anders formuliert ergibt sich aus den genannten Prinzipien nur ein äußerster Rahmen für die Gestaltung des Verteilungsplans. Ganz im Einklang mit dem ausdrücklichen Willen des Gesetzgebers, der die Verwertungsgesellschaften als staatsferne Selbstverwaltungskörperschaften statuiert hat,[114] ist es Sache der Verwertungsgesellschaften, diesen Rahmen auszufüllen. Das heißt selbstverständlich nicht, daß die Beschränkung der Kontrolle auf die Willkürfreiheit die Verwertungsgesellschaften völlig unkontrolliert ließe. Beispielsweise wird man, dem überragenden Leistungsprinzip entsprechend, fordern müssen, daß der Verteilungsplan berücksichtigt, ob die Berechtigten der Verwertungsgesellschaft ihre Rechte vollständig oder nur eingeschränkt überlassen haben.[115] Ebenso wird man grundsätzlich fordern müssen, daß der Verteilungsplan die individuellen Nutzungen soweit wie möglich berücksichtigt.[116] Wo hingegen eine Differenzierung nach einzelnen Nutzungsvorgängen nicht möglich ist, bleibt den Verwertungsgesellschaften aufgrund des Prinzips der kollektiven Wahrnehmung ein weiter Spielraum, anhand welcher Maßstäbe die Verteilung zu erfolgen hat.

Führt uns das nun nicht doch zu einer Bestimmung der Willkürfreiheit als eine Angemessenheit i.S. des materiellen Äquivalenzprinzips, wie es *Nordemann* formuliert

---

112 Zu den Prinzipien des Urheberrechtswahrnehmungsgesetzes bereits oben, § 3 II 2 (S. 14–17).
113 S. nur *Riesenhuber,* System und Prinzipien des Europäischen Vertragsrechts, S. 12–19.
114 S.o., § 3 II 2 (S. 14–17).
115 So z.B. ausdrücklich § 2 Abs. 5 GVL-Satzung.
116 Nachdrücklich *Hauptmann,* Die Vergesellschaftung des Urheberrechts, S. 15–40 und *passim.*

hat?[117] Das ist zu verneinen. Denn das so formulierte Äquivalenzprinzip berücksichtigt einseitig nur das erste – freilich durchaus zentrale – Prinzip für die Gestaltung des Verteilungsplans, das Leistungsprinzip. Und es suggeriert zweitens eine positive Bindung der Verwertungsgesellschaften, nicht, wie es dem Willkürverbot entspricht, eine nur negative Bindung.

cc) Die kulturelle Förderung durch Verwertungsgesellschaften insbesondere

Eine besonders umstrittene Frage ist, wie weit der Verteilungsplan Regelungen über die kulturelle Förderung vorsehen darf. Hierfür lassen sich den genannten Prinzipien einige gesetzliche Leitlinien entnehmen.

Das betrifft zunächst das „Ob" der Förderung. Insoweit hat das Wahrnehmungsgesetz in § 7 S. 2 eine Soll-Bindung vorgeschrieben,[118] die nach dem allgemeinen juristischen Sprachgebrauch bedeutet, das eine kulturelle Förderung vorzusehen ist, wenn nicht besondere Umstände etwas anderes gebieten.[119] Nicht das Bestehen von Förderungsregelungen, sondern deren Fehlen bedarf demnach der Begründung.

Inhaltlich muß die Förderung indes mit Rücksicht auf das fundamentale Leistungsprinzip beschränkt sein. So wird man die – schon bei Erlaß des Urheberrechtswahrnehmungsgesetzes von 1965 – übliche Verwendung von fünf oder zehn Prozent der Einnahmen für die Förderung für gerechtfertigt halten dürfen,[120] eine weit darüber hinausgehende Verwendung der Einnahmen für Förderungszwecke dürfte indes mit dem Leistungsprinzip unvereinbar sein.

Andererseits ist den Verwertungsgesellschaften für die Bestimmung der Art und Weise der Förderung ein weiter Spielraum einzuräumen.[121] Das ist aus zwei Gründen geboten. Erstens erfordert die kulturelle Förderung mehr als die primär am Leistungsprinzip orientierte Verteilung allgemein eine wertende Entscheidung, die als solche nicht ersetzt und nur beschränkt auf ihre „Richtigkeit" hin überprüft werden kann. Und zweitens ist auch hier zu berücksichtigen, daß der Gesetzgeber die Verwertungsgesellschaften als staatsferne Selbstverwaltungskörperschaften ausgestaltet und ihnen in dieser Funktion die für die kulturelle Förderung wesentliche Bewertungsentscheidung übertragen hat. Die kulturelle Förderung hat er den Verwertungsgesellschaften gerade deswegen aufgegeben, weil die Selbstbestimmung der Förderungsgrundsätze aufgrund der eigenen Betroffenheit der Berechtigten und aufgrund ihrer Vertrautheit mit den betreffenden Sachgebieten eine starke Legitimation für sich hat. Allerdings sind die Verwertungsgesellschaften auch hier selbstverständlich nicht völlig frei. Zutreffend hat der Bundesgerichtshof

---

117 Dazu oben, 1 b (S. 79).

118 RegE, Begr. zu § 7, BT-Drs. IV/271, S. 16 (wegen verfassungsrechtlicher Bedenken keine zwingende Vorschrift).

119 Wandtke/Bullinger-*Gerlach*, § 7 UrhWG Rn. 6; Schricker-*Reinbothe*, § 7 Rn. 10; *Lerche*, GEMA-Jahrbuch 1997/98, S. 108–111; *Wolff/Bachof/Stober*, Verwaltungsrecht I, § 31 Rn. 34.

120 Eingehende Würdigung bei *Lerche*, GEMA-Jahrbuch 1997/98, S. 80–127.

121 Ebenso Schricker-*Reinbothe*, § 7 Rn. 10; Fromm/Nordemann-*Nordemann*, § 7 Rn. 3.

entschieden, daß die Förderung gegenüber der Gesamtheit der Mitglieder gerechtfertigt sein muß. Im Hinblick darauf hat er es in dem von ihm zu beurteilenden Fall für selbstverständlich gerechtfertigt erachtet, daß die Verwertungsgesellschaft überprüft, ob der Berechtigte, der eine Teilnahme an der kulturellen Förderung begehrt – es handelte sich um ein Kind, das behauptete, schon im Alter von 2 Jahren Werke der E-Musik komponiert zu haben –, in der Lage ist, wirtschaftlich verwertbare Werke zu schaffen.

dd) Die „Gerechtigkeitsfrage"

Gelegentlich wird gegen die Beschränkung der Kontrolle der Verteilung auf eine Willkürkontrolle eingewandt, sie führe zu einem „Wertungswiderspruch zwischen dem Schutzzweck des Gesetzes und den an eine gerechte Verteilung zu stellenden Anforderungen".[122] Besonders deutlich wird das Anliegen, für Gerechtigkeit zu sorgen, wenn angenommen wird, es gebe ohne einen Ermessensspielraum nur eine richtige Antwort auf die Frage nach den angemessenen (Wahrnehmungs- und) Verteilungsbedingungen.[123] Veranlaßt sind diese Erwägungen wohl nicht zuletzt dadurch, daß die Begründung zu § 7 UrhWG und den Entwürfen für die Regelung darauf hinwies, die Vorschrift diene einer „gerechten" Verteilung.[124] Wenn der Gesetzgeber von Gerechtigkeit sprach und gleichzeitig eine bloße Willkürkontrolle installierte, so stand ihm ganz offenbar nicht ein materialer Gerechtigkeitsbegriff vor Augen. Welche Verteilung bei einer in vielen Fällen unvermeidlichen *wertenden* Zuordnung „gerecht" ist, zumal welche kulturelle Förderung, wollte der Gesetzgeber aus guten Gründen nicht selbst bestimmen, sondern der Bestimmung der Betroffenen überlassen. Gerechtigkeit bei der Verteilung läßt sich entgegen dem Optimismus der Kritiker nicht absolut bestimmen und von einem Staatsapparat dekretieren.[125] Insofern liegen die Dinge hier nicht wesentlich anders als beim Vertrag: welche Vereinbarung „gerecht" ist, läßt sich nicht sagen.[126] Unschwer möglich ist allein, evidente Ungerechtigkeit zu beanstanden: willkürliche Verteilung.

Die Beschränkung der Kontrolle nach § 7 S. 1 UrhWG auf eine Willkürkontrolle erweist sich demnach keineswegs als eine Absage an die Gerechtigkeit, sondern als eine weise Selbstbeschränkung des Gesetzgebers. Die Regelung ist Ausdruck des gesetzgeberischen Grundmodells der kollektiven Rechtewahrnehmung als staatsferne Selbstverwaltung.[127]

---

122 *Vogel,* GRUR 1993, 513, 521; *ders.,* FG Schricker, S. 139. S.a. DPA, ZUM 1989, 506, 508.
123 So wohl *Nordemann,* GRUR Int. 1973, 306, 307 f.
124 RegE, Begründung zu § 7, BT-Drs. IV/271, S. 16 = *Mestmäcker/Schulze,* Anhang A (3) S. 22.
125 S.a. *Lerche,* GEMA-Jahrbuch 1997/98, S. 80, 100 f.
126 S. vor allem *Flume,* Rechtsgeschäft, § 1, 6 a (S. 8). S.a. *Riesenhuber,* System und Prinzipien des Europäischen Vertragsrechts, S. 564–569.
127 Dazu bereits oben, § 3 II 2 (S. 14–17).

5. Verstoßfolgen: Staatsaufsicht und Vertragsrecht

Wie schon zuvor für das Angemessenheitsgebot stellt sich auch hier die Frage, welche Rechtsfolgen eine Pflichtverletzung hat. Die Antwort ist bereits durch die oben (II 5, S. 74–78) dargelegten Grundsätze vorgezeichnet.

a) Aufsichtsrechtliche Folgen

Ebenso wie das Angemessenheitsgebot des § 6 Abs. 1 S. 1 UrhWG unterliegt auch das Willkürverbot des § 7 S. 1 UrhWG der Kontrolle durch das DPMA.[128] Das Amt hat die bereits dargestellten Aufsichtsmittel der Abmahnung und der Entziehung der Erlaubnis.[129] Und auch im Hinblick auf das Willkürverbot, das – wenn nicht zentral, so doch mindestens: – auch im Interesse der Berechtigten normiert wurde,[130] ist den einzelnen Berechtigten ein subjektiv-öffentliches Recht auf ermessensfehlerfreie Entscheidung des DPMA zuzuerkennen.[131]

b) Vertragsrechtliche Folgen

Problematischer – und wiederum wenig diskutiert – ist auch hier die Frage, ob das Willkürverbot des § 7 S. 1 UrhWG Bestandteil des Vertragsrechts ist und damit von einzelnen durchgesetzt werden kann, und wenn ja, wie.

aa) Das Willkürverbot als privatrechtliche Bindung

Auch hier ist die Grundentscheidung leicht zu treffen. Die „individualrechtliche Konzeption" des Urheberrechtswahrnehmungsgesetzes und die Schutzrichtung des § 7 S. 1 UrhWG sprechen dafür, die Vorschrift auch dem Vertragsrecht zuzurechnen, zumal dadurch eine effektive Bewehrung sichergestellt ist. Hinzukommt, daß es schwer fallen würde, ein so fundamentales Gebot wie das Willkürverbot im Rahmen der – dem § 667 BGB zuzurechnenden – Verteilung in einem privatrechtlichen Streit unberücksichtigt zu lassen.

bb) Einzelne Folgen der Willkür

Schwieriger ist wiederum die Frage, welche Rechtsfolge eine willkürliche Verteilungsregelung hat.[132] Hier kommt die oben erörterte Problematik, den Verwer-

---

128 *Löhr,* Die Aufsicht über Verwertungsgesellschaften, S. 36; *Meyer,* Verwertungsgesellschaften und ihre Kontrolle, S. 70; Schricker-*Reinbothe,* § 19 Rn. 1. S.a. oben, II 5 a aa (S. 74).
129 S.o. II 5 a bb (S. 74f.).
130 RegE, Begr. zu § 7, BT-Drs. IV/271, S. 16 = *Mestmäcker/Schulze,* Anhang A (3), S. 22 („Um zu gewährleisten, daß die Einnahmen aus der Wahrnehmung der anvertrauten Rechte und Ansprüche gerecht verteilt werden, verpflichtet der Entwurf die Verwertungsgesellschaften zur Aufstellung eines festen Verteilungsplans ...").
131 S. nur *Meyer,* Verwertungsgesellschaften und ihre Kontrolle, S. 129f.; Schricker-*Reinbothe,* § 18 Rn. 2. Zu den Grundsätzen bereits oben, II 5 a cc (S. 75 f.).
132 S. bereits oben, II 5 b bb (S. 77f.), zu den Rechtsfolgen unangemessener Wahrnehmungsbedingungen.

tungsgesellschaften den Kern ihres Autonomiebereichs zu erhalten, nochmal verschärft zum Tragen. Denn regelmäßig sind die einzelnen Verteilungsregeln Bestandteil eines Regelungsganzen mit der Folge, daß die isolierte Kassation einzelner Regeln die Willkürlichkeit in vielen Fällen nicht beseitigen, sondern unter Umständen geradezu verschärfen würde. Das ist auch dann nicht zu vermeiden, wenn die verpönte Regelung eine frühere ersetzt, die dann wiederaufleben könnte, denn die frühere Regelung wird sich zumeist in ein zwischenzeitlich verändertes System der Verteilung nicht mehr bruchlos einfügen.[133]

Hier kommen, je nach Sachlage und prozessualer Gestaltung, unterschiedliche Folgen in Betracht. In der Sache sind wiederum die beiden Fälle zu bedenken, daß entweder nur *eine Regelung richtig* ist oder – im Regelfall – eine Vielzahl von willkürfreien Gestaltungsmöglichkeiten verbleiben. Eine willkürliche Regelung kann schlechterdings nicht wirksam bleiben, sowenig wie eine sittenwidrige. Sie ist daher als nichtig anzusehen, § 7 S. 1 UrhWG ist insoweit ein Verbotsgesetz i.S.v. § 134 BGB. Die Berechtigten können die Nichtigkeit im Klageweg feststellen lassen. Darüber hinaus können sie aber – ähnlich wie bei § 315 Abs. 3 BGB – auch hier unmittelbar auf die Leistung klagen, die sich bei *einer* willkürfreien Gestaltung ergeben würde. In der Sache ist das eine verdeckte Gestaltungsklage, bei der das Gericht die willkürliche Regelung – wenn nicht allein die Kassation ausreicht – durch *eine mögliche* willkürfreie Gestaltung ersetzt. Diese Gestaltung wird dann wegen der Bindung der Verwertungsgesellschaft an die Gleichbehandlung ihrer Berechtigten ungeachtet der bloßen *inter-partes*-Wirkung faktisch wie eine Neuregelung wirken. Ebenso wie bei der gerichtlichen Ersetzung unangemessener Wahrnehmungsbedingungen[134] kann die Verwertungsgesellschaft ihre Autonomie auch hier nur durch eine (unter Beachtung der Rechtsauffassung des Gerichts willkürfreie) Neuregelung wiederherstellen.

Das Willkürverdikt hat demnach *einschneidende Folgen* und bedeutet den nach der Entziehung der Erlaubnis für den Geschäftsbetrieb schärfsten Eingriff in die Autonomie der Verwertungsgesellschaft, die der Gesetzgeber des Urheberrechtswahrnehmungsgesetzes gerade achten wollte. Im Zivilrechtsstreit wird so punktuell das möglich, was dem Deutschen Patent- und Markenamt (aus guten Gründen) versagt wird, nämlich der gestalterische Eingriff in die Verteilung. Der Bundesgerichtshof hat indes, wie wir gesehen haben, die Autonomie der Verwertungsgesellschaften auf andere Weise gesichert. Bereits auf der Ebene des *Tatbestands,* nämlich bei der Bestimmung der Willkür, beachtet das Gericht diese Autonomie, und zwar vor allem dadurch, daß es mit Rücksicht auf das Prinzip der kollektiven Rechtewahrnehmung auch eine temporäre Ungleichbehandlung als noch sachlich gerechtfertigt hinnimmt.[135]

---

133 S. z. B. den Fall von KG v. 29. 8. 2000 – 5 U 4352/99.
134 Oben, II 5 b bb (S. 77 f.).
135 Oben, 4 b bb (3) (d) (S. 91 f.).

IV. Das Angemessenheitsgebot des § 6 Abs. 2 S. 1 UrhWG

Soweit Verwertungsgesellschaft nicht alle Berechtigten zu Mitgliedern im korporationsrechtlichen Sinne macht, ist sie gebunden, „zur angemessenen Wahrung der Belange der Berechtigten, die nicht als Mitglieder der Verwertungsgesellschaft aufgenommen werden, ... eine gemeinsame Vertretung zu bilden", § 6 Abs. 2 S. 1 UrhWG. Auch diese Vorschrift gehört daher in unseren Zusammenhang, denn auch hier geht es um die Kontrolle des Wahrnehmungsvertrags. Da die gemeinsame Vertretung gerade für die Nicht-Mitglieder einzurichten ist, geht es um die vertragsrechtlich begründeten mitgliedschaftsähnlichen Rechte. Und ungeachtet des Freiraums, den das Wahrnehmungsgesetz den Verwertungsgesellschaften ausweislich § 6 Abs. 2 S. 2 UrhWG bei der Gestaltung der gemeinsamen Vertretung einräumt, ergibt sich doch aus § 6 Abs. 2 S. 1 UrhWG eine Bindung. Die Verwertungsgesellschaften müssen nicht nur eine gemeinsame Vertretung einrichten, sondern diese muß auch so ausgestaltet sein, daß die Belange der Berechtigten angemessen gewahrt sind. Deshalb kann man auch diesen Kontrollmaßstab als Angemessenheitsgebot bezeichnen.[136]

1. Grundsatz: Weiter Ermessensspielraum der Verwertungsgesellschaften

Der wichtigste Grundsatz, den man der gesetzlichen Regelung entnehmen kann, ist, daß der Gesetzgeber die Verwertungsgesellschaften bei der Ausgestaltung der gemeinsamen Vertretung primär formal binden wollte, nämlich dadurch, daß sie die Bestimmungen über die gemeinsame Vertretung in die Satzung aufnehmen muß, § 6 Abs. 2 S. 2 UrhWG. Als einzige konkrete inhaltliche Vorgaben nennt das Gesetz die Wahl der Vertretung[137] und die Einräumung von Befugnissen. *Welche* Befugnisse einzuräumen sind, gibt das Gesetz indes nicht vor. „Bei der Ausgestaltung der Vertretung verbleibt der Verwertungsgesellschaft ein weiter Ermessenspielraum."[138] Nur beispielhaft hat der Gesetzgeber die Wahl von stimmberechtigten Delegierten zur Mitgliederversammlung, wie sie von der GEMA praktiziert wurde (und wird), als mögliche Form der Vertretung hervorgehoben.[139]

Ungeachtet dessen folgt aus dem Zweck der Vorschrift und der Verweisung auf die „angemessene Wahrung der Belange" eine weitergehende inhaltliche Vorgabe. Zu Recht wird verlangt, „daß durch die gemeinsame Vertretung ... ein echter Einfluß

---

136 DPA, Bescheid v. 6. 6. 1977, UFITA 81 (1978), 348, 358, möchte die Mitwirkungsrechte (auch der Mitglieder) an dem Angemessenheitsgebot des § 6 Abs. 1 S. 1 UrhWG messen; für Verwertungsgesellschaften in GmbH-Form wohl ebenso *Dünnwald,* FS Kreile, S. 163 f.; indes wird damit die nicht nur formale, sondern auch sachliche Spezialität der Regelung in Absatz 2 mißachtet.

137 Dazu noch *Dördelmann,* FS Hertin, S. 46–48.

138 RegE, Begr. zu § 6, BT-Drs. IV/271, S. 16. Wandtke/Bullinger-*Gerlach,* § 6 UrhWG Rn. 18; Schricker-*Reinbothe,* § 6 UrhWG Rn. 15; *Menzel,* Die Aufsicht über die GEMA, S. 59.

139 RegE, Begr. zu § 6, BT-Drs. IV/271, S. 16.

auch der Nichtmitglieder auf die Willensbildung und auf die Entscheidungsprozesse in personeller und sachlicher Hinsicht in der Gesellschaft erreicht wird".[140] Allein eine solche mitgliedschaftsrechtliche Konturierung kann für die Auslegung von § 6 Abs. 2 UrhWG weiterhelfen. Untauglich bleibt hingegen erst recht hier der Versuch, das Angemessenheitsgebot mit Hilfe eines materiellen Äquivalenzprinzips zu konkretisieren und zu verlangen, daß Leistung und Gegenleistung einander entsprechen müßten.[141] Hier so wenig wie sonst gibt es beim Wahrnehmungsvertrag als unvollkommen zweiseitigem Vertrag Leistung und Gegenleistung, deren Gleichwertigkeit man verlangen könnte. Vor allem aber wäre es in der Sache ganz ungereimt, wollte man hier – wie bei der Verteilung wohl gemeint – die mitgliedschaftsähnlichen Rechte der Berechtigten vom Marktwert ihrer Rechte abhängig machen. Eine weitere Konkretisierung als sie mit der Formel vom „echten Einfluß auf die Willensbildung und Entscheidungsprozesse" gegeben ist, läßt sich mit dem Äquivalenzprinzip nicht erreichen.

2. Einzelne Gegenstände und Befugnisse

Nähere Konkretisierung darf man indes von einer Analyse der in Frage kommenden Gegenstände der Mitverwaltung und der mitgliedschaftlichen Befugnisse erwarten.[142]

a) *Gegenstände der Mitverwaltung*

Zu den Gegenständen der Mitverwaltungsbefugnisse der gemeinsamen Vertretung muß man im Grundsatz die Befugnisse rechnen, die mit der Mitgliedschaft verbunden sind. Allerdings kann man nach dem Zweck der Vertretung für die einzelnen Gegenstände unterscheiden.

Die Mitverwaltungsbefugnisse müssen sich vor allem auf die Bedingungen des Wahrnehmungsvertrags und des Verteilungsplans beziehen.[143] Sie enthalten die zentralen Bestimmungen für die Rechtewahrnehmung, die auch den Nicht-Mitgliedern nicht ohne die Möglichkeit des Einflusses vorgesetzt werden sollen. Anders liegen die Dinge im Hinblick auf die Satzung. Die Organisation der Verwertungsgesellschaft – einschließlich der gesetzlich kontrollierten mitgliedschaftsähnlichen Befugnisse der gemeinsamen Vertretung – ist primär Sache der Mitglieder: darin be-

---

140 Schricker-*Reinbothe,* § 6 UrhWG Rn. 15; Wandtke/Bullinger-*Gerlach,* § 6 UrhWG Rn. 18; *Haertel,* UFITA 50 (1967), 7, 16f.; *Häußer,* FuR 1980, 57, 65f.; Fromm/Nordemann-*Nordemann,* § 6 UrhWG Rn. 10; *Menzel,* Die Aufsicht über die GEMA, S. 59f.

141 So aber offenbar Schricker-*Reinbothe,* § 6 UrhWG Rn. 15 i.V.m. Rn. 13, wenn er sagt, „für den Begriff der ‚angemessenen Wahrung' der Belange können wegen des engen Sinnzusammenhangs ähnliche Maßstäbe herangezogen werden" wie für den Begriff der angemessenen Bedingungen in § 6 Abs. 1 S. 1 UrhWG.

142 Zur Konkretisierung der Anforderungen des § 6 Abs. 2 UrhWG im Hinblick auf den Beirat der Verwertungsgesellschaften in GmbH-Form kürzlich *Dördelmann,* FS Hertin, S. 45–51.

143 Ähnlich *Dördelmann,* FS Hertin, S. 48–50.

steht der Kern der Unterscheidung zwischen Mitgliedern und Nicht-Mitgliedern. Mag man insoweit auch einen völligen Ausschluß der gemeinsamen Vertretung nicht für gerechtfertigt halten, so können deren Befugnisse doch eingeschränkt sein.

b) *Mitverwaltungsrechte*

Soll ein Einfluß auf die Willensbildung und Entscheidungsprozesse gewährleistet sein, so muß die Vertretung dementsprechende mitgliedschaftsähnliche Rechte haben.[144] Eine bestimmte Organisationsform wird damit freilich nicht vorgeschrieben. Insbesondere verlangt das Angemessenheitsgebot nicht, daß die gemeinsame Vertretung „Organstatus" hat,[145] denn gerade in dieser Hinsicht läßt das Wahrnehmungsgesetz den Verwertungsgesellschaften den „weiten Ermessensspielraum".[146]

Zu den zu gewährenden mitgliedschaftsähnlichen Rechten darf man die im folgenden genannten Rechte rechnen. Zu beachten ist freilich, daß die hier idealtypisch aufgeführten Rechte je nach Organisationsform von Verwertungsgesellschaft (Verein, GmbH) und Vertretung (Delegierte in der Mitgliederversammlung, Beirat) unterschiedlich verwirklicht werden können.

aa) Information

Als selbstverständliche Voraussetzung für die Mitentscheidungskompetenz muß die Vertretung der Nichtmitglieder Informationsrechte haben. Das Informationsinteresse hat der Gesetzgeber freilich zum Teil schon durch die Publizitätsvorschriften des § 9 Abs. 6 UrhWG befriedigt. Danach hat die Verwertungsgesellschaft wie eine Kapitalgesellschaft Jahresabschluß – d.h. Jahresbilanz, Gewinn- und Verlustrechnung und Anhang, § 9 Abs. 1 UrhWG – im Bundesanzeiger zu veröffentlichen. Anzugeben ist zudem der Bestätigungsvermerk der Abschlußprüfer, auf seine Versagung ist in einem gesonderten Vermerk hinzuweisen. Ergänzend muß die gemeinsame Vertretung über die Gegenstände der angestrebten Beschlußfassung in der Mitgliederversammlung bzw. den entsprechenden Gremien der Verwertungsgesellschaft unterrichtet werden.

bb) Teilnahmerecht

Zweitens muß die Vertretung der Nichtmitglieder ein Recht zur Teilnahme an den Sitzungen der Organe bzw. Gremien haben, die die Grundentscheidungen über die Gegenstände der Mitverwaltung treffen. Bei den als Verein organisierten Verwertungsgesellschaften ist das die Mitgliederversammlung, zu der man der gemeinsamen Vertretung einen Zugang eröffnen muß.

---

144 Wohl a.M. *Dünnwald,* FS Kreile, S. 163 f.
145 Insoweit zutr. *Dünnwald,* FS Kreile, S. 163.
146 S. soeben, 1 (S. 97 f.).

cc) Rederecht

Zu den mitgliedschaftlichen Möglichkeiten der Einflußnahme, die auch der gemeinsamen Vertretung zu gewähren ist, gehört weiterhin das Rederecht (freilich im Rahmen der allgemeinen Schranken und im Verhältnis zur Einflußnahme allgemein). Wer in einem „vereinsdemokratischen" Willensbildungsprozeß keine Möglichkeit hat, durch Argumente einzuwirken und zu werben, ist praktisch von der Einflußnahme ausgeschlossen.

dd) Antragsrecht

Zur Einflußnahme wird man viertens auch das Antragsrecht rechnen müssen. Ohne ein Antragsrecht wäre der gemeinsamen Vertretung die Möglichkeit einer aktiven Gestaltung genommen.

ee) Stimmrecht

Und endlich muß die gemeinsame Vertretung ein Stimmrecht haben. Das Stimmgewicht, das ihr dabei zukommen muß, ist freilich nicht fest vorgegeben. Vorgegeben ist nur, daß die gemeinsame Vertretung nicht ein Stimmgewicht haben muß, daß der Anzahl der von ihr vertretenen Köpfe entspricht. Die gemeinsame Vertretung ist der Ausgleich dafür, daß die Berechtigten kein Recht auf Aufnahme in der Verwertungsgesellschaft haben. Einen Aufnahmezwang hat der Gesetzgeber indes bewußt nicht statuiert, da er vermeiden wollte, daß eine Mehrzahl von Gelegenheitsurhebern die Minderheit der wirtschaftlich „tragenden" Urheber majorisieren kann. Dementsprechend darf man eine Gewichtung der Stimmrechte nach wirtschaftlichen Maßstäben für zulässig halten. Zudem darf die Verwertungsgesellschaft bei der Bemessung des Stimmgewichts der gemeinsamen Vertretung die *tatsächlichen Umstände* berücksichtigen. Wenn – wie üblich – nur ein kleiner Teil der Mitglieder an der Mitgliederversammlung teilnimmt, so kann die Verwertungsgesellschaft das Stimmgewicht der gemeinsamen Vertretung im Verhältnis zu dieser tatsächlichen Teilnehmerzahl bemessen.[147]

§ 8 Vertragsrecht und AGB-Kontrolle

I. Einführung: Einbeziehungs- und Inhaltskontrolle

Neben der speziell-wahrnehmungsrechtlichen Kontrolle des Berechtigungsvertrags steht die Kontrolle nach dem allgemeinen Vertragsrecht. Dabei können wir die allgemeinen Kontrollmaßstäbe der §§ 134, 138 BGB außer acht lassen: Selbstverständlich dürfen die Bestimmungen des Berechtigungsvertrags nicht gegen Gesetz oder

---

147 *Dördelmann,* FS Hertin, S. 39f.; *Menzel,* Die Aufsicht über die GEMA, S. 59f.; *Nordemann,* GRUR 1992, 584, 586–589; *Vogel,* GRUR 1993, 513, 520; a.M. *Rehbinder,* DVBl. 1992, 216, 220–222; s.a. *Arnold/Rehbinder,* UFITA 118 (1992), 203, 208f.

die guten Sitten verstoßen; praktische Bedeutung hat das bislang nicht. Zahlreiche Fragen wirft indes die Kontrolle des Wahrnehmungsvertrags nach den Vorschriften über Allgemeine Geschäftsbedingungen auf. Das Gesetz unterscheidet insoweit zwischen der Einbeziehungskontrolle, die sich insbesondere aus §§ 305 Abs. 2 und 3 und § 305c Abs. 1 BGB ergibt, und der Inhaltskontrolle, die §§ 307–309 BGB näher regeln. Wegen des Sachzusammenhangs erörtern wir nachfolgend nicht nur die – in der vorliegenden Untersuchung im Vordergrund stehende – Inhaltskontrolle (dazu nachfolgend III), sondern auch die Einbeziehungskontrolle (sogleich II).

Die Anwendbarkeit der AGB-Kontrolle, § 310 BGB, haben wir bereits einleitend im Zusammenhang mit den Rechtsquellen des Wahrnehmungsrechts näher untersucht (oben, § 3 III 2b aa, S. 23f.). Dort hat sich erwiesen, daß die Berechtigten beim Abschluß des Wahrnehmungsvertrags Unternehmer i.S.v. § 14 BGB sind mit der Folge, daß die Einbeziehungskontrolle des § 305 Abs. 2 und 3 BGB entfällt und nur die nach § 310 Abs. 1 S. 1 BGB beschränkte Inhaltskontrolle stattfindet.

II. Einbeziehungskontrolle

1. Einführung

Als Einbeziehungskontrolle bezeichnet man die Vorschriften aus dem Recht der Allgemeinen Geschäftsbedingungen, nach denen zu beurteilen ist, ob AGB überhaupt Vertragsinhalt werden. Das richtet sich *specialiter* nach § 305 Abs. 2 und 3 BGB sowie § 305c Abs. 1, im übrigen nach den allgemeinen Vorschriften über den Vertragsschluß.

Rechtspolitisch ist diese Form der Kontrolle von Allgemeinen Geschäftsbedingungen umstritten.[1] Da es zur Definition der Allgemeinen Geschäftsbedingungen gehört, daß sie unverhandelbar „gestellt" werden und da man über AGB in effizienter Weise nicht verhandeln kann, kann es von vornherein nicht darum gehen, dem anderen Vertragsteil eine Verhandlungsmöglichkeit zu eröffnen. Gleichwohl hat es auch hier einen guten Sinn, die rechtsgeschäftliche Zustimmung zu den Bedingungen zu sichern. Auch wenn sich der Gegner des Verwenders darauf verlassen kann, daß ihn die Rechtsordnung mit einer Inhaltskontrolle vor unangemessenen AGB schützt, so ist doch ihm die Entscheidung zu überlassen, ob er überhaupt zu AGB abschließt.

---

1 S. nur *Kötz*, Europäisches Vertragsrecht, § 8 IV 2 (S. 213–218).

2. Allgemeine Einbeziehungsregeln

a) *Die Unanwendbarkeit von § 305 Abs. 2 und 3 BGB*

Die besondere Einbeziehungskontrolle des § 305 Abs. 2 und 3 BGB greift allerdings nach unseren Vorüberlegungen nicht Platz. Da die Berechtigten beim Abschluß des Wahrnehmungsvertrags Unternehmer i.S.v. § 14 BGB sind,[2] finden die Vorschriften von § 305 Abs. 2 und 3 BGB gem. § 310 Abs. 1 S. 1 BGB keine Anwendung.

Die deutschen Verwertungsgesellschaften erfüllen beim Abschluß des Wahrnehmungsvertrags, soweit erkennbar, die Anforderungen von § 305 Abs. 2 und 3 BGB aber ohnehin stets.[3] Die Bedingungen des praktisch stets schriftlich geschlossenen Wahrnehmungsvertrags liegen dem Berechtigten vor. Die darin enthaltene Einbeziehungsklausel macht hinreichend deutlich auf Satzung und Verteilungsplan aufmerksam. Zudem erhält der Berechtigte üblicherweise ein Druckexemplar dieser Regelwerke ausgehändigt.[4] Nicht zuletzt sind die Regelwerke von den Verwertungsgesellschaften regelmäßig im Internet zur Verfügung gestellt[5] oder sogar in Buchform publiziert[6].

b) *Die Einbeziehung nach den allgemeinen Vorschriften über den Vertragsschluß*

Unabhängig von dieser Wahrnehmungspraxis ergibt sich ein Mindestschutz der Berechtigten bereits aus dem allgemeinen Vertragsrecht. Denn schon nach allgemeinen Grundsätzen müssen die Berechtigten die Allgemeinen Geschäftsbedingungen vereinbaren.[7] Die Parteien müssen sich – ausdrücklich oder konkludent – auf die Einbeziehung der AGB einigen. Allerdings reicht diese Einigung auch dann, wenn die AGB dem Verwendungsgegner nicht vorgelegt werden und er sie auch nicht kennt. Für die konkludente Einbeziehung reicht es aus, wenn der Verwender auf seine AGB verweist und der andere Teil ihrer Einbeziehung nicht widerspricht.

c) *Die Nichteinbeziehung von überraschenden Klauseln, § 305c Abs. 1 BGB*

Zur Einbeziehungskontrolle ist auch die Vorschrift des § 305c Abs. 1 BGB zu rechnen, nach der überraschende Klauseln nicht Vertragsbestandteil werden. „Bestimmungen in Allgemeinen Geschäftsbedingungen, die nach den Umständen, insbesondere nach dem äußeren Erscheinungsbild des Vertrags, so ungewöhnlich sind, daß der Vertragspartner des Verwenders mit ihnen nicht zu rechnen braucht, werden nicht Vertragsbestandteil". Die Vorschrift sichert – so wie die Einbeziehungs-

---

2 Oben, § 3 III 2 b bb (S. 24–29).
3 S. schon oben, § 3 III 2 b bb (4) (S. 28 f.).
4 Vgl. § 6 lit. a Abs. 4 GEMA-WahrnV.
5 Nachweise bei Riesenhuber, ZUM 2004, 417–426.
6 *Kreile* (Hrsg.), GEMA-Jahrbuch 2003/2004 (2003). Das Jahrbuch ist für jedermann erschwinglich zu erwerben, für Mitglieder zum Vorzugspreis; es ist zudem kostenlos im Internet abrufbar.
7 S. nur BGHZ 117, 190, 194; Palandt-*Heinrichs*, § 305 Rn. 50–52; Wolf/Horn/Lindacher-*Horn*, § 24 AGBG Rn. 10–12; s. bereits oben, § 3 III 2 b bb (4) (S. 28 f.).

regeln allgemein – die wirtschaftliche Selbstbestimmung.[8] Der Verwendungsgegner soll zumindest die Chance haben, die Klauseln auch zur Kenntnis zu nehmen. Das aber droht vereitelt zu werden, wenn eine Klausel überraschend ist.

Der Tatbestand setzt voraus, daß (1) eine Klausel objektiv ungewöhnlich ist und (2) der Vertragspartner mit ihr deswegen nach wertender Betrachtung nicht zu rechnen brauchte („Übertölpelung", „Überrumpelung").[9] Für die Beurteilung der Ungewöhnlichkeit kommt es auf die Gesamtumstände und das Leitbild des Vertrags an.[10] Bei der – normativen – Bestimmung, ob der Verwendungsgegner mit einer Klausel zu rechnen brauchte, ist auf den Durchschnittskunden abzustellen.[11] Angewendet auf den Wahrnehmungsvertrag bedeutet das zuerst, daß als Maßstab für die Ungewöhnlichkeit die Praxis der Verwertungsgesellschaften heranzuziehen ist. Sie ist seit langem etabliert und auch der Gesetzgeber des Urheberrechtswahrnehmungsgesetzes hat sie vorgefunden und im Grundsatz gutgeheißen. Die Inhalte der Wahrnehmungsverträge sind – abgesehen von der nach dem jeweiligen Tätigkeitsbereich unterschiedlichen Rechteübertragung – weithin einheitlich[12] und können daher als ein Beurteilungsrahmen herangezogen werden. Ob der Verwendungsgegner mit einer bestimmten Klausel rechnen mußte, ist am Maßstab des durchschnittlichen Berechtigten zu ermitteln. Hierbei muß man auch berücksichtigen, daß der Abschluß des Wahrnehmungsvertrags für ihn zu seiner „unternehmerischen" Tätigkeit gehört und daher eine gewisse Sorgfalt erwartet werden kann.

In der Praxis kommen überraschende Klauseln bislang, soweit ersichtlich, nicht vor. Das dürfte seinen Grund nicht zuletzt darin haben, daß die Wahrnehmungs- und Verteilungsbedingungen regelmäßig von den Berechtigten selbst als Mitglieder der Verwertungsgesellschaft gestaltet oder über die gemeinsame Vertretung (§ 6 Abs. 2 UrhWG) mitgestaltet werden. Das OLG München hat aber in einem Urteil vom 15. 10. 1998 doch einmal die Frage aufgeworfen, ob eine Vertragsbedingung als überraschend i.S.v. § 305 c Abs. 1 BGB anzusehen ist.[13] Der Kläger beanstandete dort eine Klausel, nach der die Berechtigten ihre Werke innerhalb einer bestimmten Frist anmelden mußten, um an der Verteilung teilzunehmen.[14] Das Gericht erwägt u.a., ob die Bestimmung überraschend und daher nicht Bestandteil des Wahrnehmungsvertrags geworden sei. Dazu führt es aus:

> „Aus der Natur des Verhältnisses zwischen dem Urheberschutzberechtigten und der Wahrnehmungsgesellschaft ist bekannt, daß für die regelmäßig erfolgenden Anmeldungen seit langem eine gleiche Frist besteht und einzuhalten ist. Auf sie werden die

---

8 *Drexl,* Die wirtschaftliche Selbstbestimmung des Verbrauchers, S. 335 f.
9 Palandt-*Heinrichs,* § 305 c Rn. 3 f.
10 BGHZ 121, 113.
11 BGHZ 101, 33; BGH, NJW 1985, 850, 851; BGH, NJW 1995, 2637, 2638.
12 Vgl. schon oben, § 2 III 3 (S. 8–10). S. ferner insbesondere die Arbeit von *Mauhs,* Der Wahrnehmungsvertrag (1990).
13 OLG München, ZUM 1998, 1031, 1032.
14 In dem Fall ging es um die Bestimmung des § 13 Nr. 2 Verteilungspläne-Wissenschaft der VG Wort. Eine ähnliche Vorschrift enthält z.B. § 5 Abs. 2 Allgemeine Grundsätze Verteilungsplan A der GEMA.

> Berechtigten auch im Regelfall jeweils hingewiesen. Es handelt sich mithin nicht um eine überraschende Klausel." [15]

Dem ist im Ergebnis in der Tat zuzustimmen.[16] Ausschlußklauseln, wie sie das Gericht erörtert, sind in Verteilungsplänen gang und gäbe. Das spiegelt sich nicht zuletzt in der Tatsache, daß die Standardkommentierungen zum Wahrnehmungsgesetz solche Klauseln regelmäßig erörtern.[17] Ausschlußklauseln sind aber nicht erst aufgrund einer allgemeinen Übung nicht ungewöhnlich, sondern wegen ihrer inneren Begründung. Daß nämlich Berechtigungsverträge oder Verteilungspläne solche Ausschlußklauseln enthalten, ergibt sich aus dem – allen Berechtigten selbstverständlichen – Zweck der kollektiven Wahrnehmung, der es gebietet, die Einnahmen zügig an die Berechtigten auszuschütten. Das aber erfordert, rasch nach Abschluß eines Geschäftsjahres festzustellen, welche Berechtigten an den Einnahmen beteiligt sind.[18] Weil der rasche Umsatz der Einnahmen der Zweck des Wahrnehmungsvertrags und daher eine Pflicht der Verwertungsgesellschaften ist und weil das alle Berechtigten wissen, kann man Ausschlußklauseln in Wahrnehmungsvertrag und Verteilungsplan nicht als überraschend i.S.v. § 305c Abs. 1 BGB ansehen.[19]

d) *Die Einbeziehung von Verteilungsplan und Satzung insbesondere*

Wir haben bereits darauf hingewiesen, daß der Wahrnehmungsvertrag üblicherweise Verteilungsplan und Satzung der Verwertungsgesellschaft zum Vertragsbestandteil macht und daß der Berechtigte bei Vertragsschluß nach einer verbreiteten Praxis auch Ausfertigungen dieser Regelwerke ausgehändigt erhält (soeben, a, S. 102). Das muß allerdings nicht immer der Fall sein. Enthält der Wahrnehmungsvertrag keine explizite Einbeziehung von Satzung und Verteilungsplan,[20] so ist zu erwägen, ob diese Regelwerke auch durch *schlüssiges Verhalten* vereinbart werden oder nach den Grundsätzen über die Einbeziehung *branchenüblicher AGB* in den Vertrag einbezogen werden können.

aa) Konkludente Einbeziehung von Verteilungsplan und Satzung

Im Unternehmensverkehr können AGB auch dadurch Vertragsbestandteil werden, daß der Verwender vor Vertragsschluß für den anderen Teil erkennbar auf seine

---

15 OLG München, ZUM 1998, 1031, 1032.

16 Nicht überzeugend ist freilich die Begründung mit dem Hinweis auf die faktisch erfolgenden regelmäßigen Hinweise. Diese Hinweise haben mit der Durchführung der Klausel zu tun, nicht mit ihrer vom Gericht zu beurteilenden Wirksamkeit.

17 S. nur Schricker-*Reinbothe,* § 7 UrhWG Rn. 6; Fromm/Nordemann-*Nordemann,* § 6 UrhWG Rn. 7; Wandtke/Bullinger-*Gerlach,* § 7 UrhWG Rn. 5; *Häußer,* FuR 1980, 57, 68 f.; *Mauhs,* Der Wahrnehmungsvertrag, S. 153–156; *Vogel,* GRUR 1993, 513, 526 (*de lege ferenda* für eine gesetzliche Regelung).

18 S. nur OLG München, ZUM 1993, 1031, 1032; LG Berlin v. 15. 12. 1998 – 16.O.683/97, S. 22, 23 – Glockenrequiem; LG Berlin v. 18. 9. 2001 – 16.O.814/00, Umdruck S. 8; LG Berlin v. 11. 9. 2001 – 16.O.152/01, Umdruck S. 4–6.

19 Eine weitere, im Einzelfall zu prüfende Frage ist freilich, ob die Ausschlußklausel auch inhaltlich nicht zu beanstanden ist; dazu noch unten, III 4 (S. 112–114).

20 Dazu oben, § 2 III 2 (S. 8) und soeben, a (S. 102).

AGB verweist und der andere Teil ihrer Geltung nicht widerspricht.[21] Gefordert wird dabei allerdings eine klare und unzweideutige Verweisung auf das Regelwerk, die dem anderen Teil die Möglichkeit gibt, die Allgemeinen Geschäftsbedingungen zur Kenntnis zu nehmen.[22]

Nach diesen Grundsätzen können Verteilungsplan und Satzung auch dann Bestandteil des Wahrnehmungsvertrags werden, wenn die Verwertungsgesellschaft sie dem Berechtigten im Einzelfall nicht aushändigt. Unverzichtbar ist danach der Hinweis auf die Regelwerke. Die Möglichkeit der Kenntnisnahme kann man allerdings bereits dann bejahen, wenn Verteilungsplan und Satzung im Internet abrufbar oder zu einem vertretbaren Preis in einer im Buchhandel erhältlichen Druckversion zu beziehen sind.[23]

bb) Einbeziehung aufgrund Branchenüblichkeit

Man wird aber noch einen Schritt weiter gehen und die Einbeziehung von Satzung und Verteilungsplan auch ohne weiteres entsprechend den Grundsätzen der Branchenüblichkeit zulassen müssen. Nach diesen Grundsätzen werden AGB im Rechtsverkehr zwischen Unternehmen[24] auch ohne besonderen Hinweis Vertragsinhalt, sofern es um branchenübliche Bedingungen für typischerweise zur Branche gehörende Geschäfte mit einer aus Sicht des Verwenders branchenkundigen Person geht.[25] Branchenüblichkeit bedeutet die tatsächlich bestehende, allgemein durchgeführte Übung einer Branche, bestimmte AGB zu verwenden. Dogmatisch kann man das mit der Auslegung des Vertrags nach §§ 133, 157 BGB erklären: Weil Banken ganz generell bestimmte AGB verwenden und weil Unternehmer dies wissen müssen, entspricht es der bei der Auslegung zu berücksichtigenden Verkehrssitte anzunehmen, daß die Banken die AGB – im Unternehmensverkehr – auch ohne besonderen Hinweis einbeziehen wollten.

Bei den Verwertungsgesellschaften ist es nicht nur so, daß sie durchgehend die Bestimmung von Satzung und Verteilungsplan zum Vertragsinhalt machen wollen. Sie können von Rechts wegen gar nicht anders. Denn der Verteilungsplan regelt zwar nicht die „Gegenleistung“, sondern die Herausgabe des Erlangten (§ 667 BGB) im Rahmen einer – nach urheberrechtlichen, kulturellen und sozialen Kriterien – wertenden Verteilung. Gleichzeitig enthält er die einzigen Regeln, nach denen die Verwertungsgesellschaft Ausschüttungen vornehmen *darf.* Aufgrund ihrer Bindung, die Einnahmen nach festen Regeln auszuschütten (§ 7 S. 1 UrhWG), könnte

---

21 BGHZ 117, 194; BGH, NJW 1991, 570, 571 (Speditionsvertrag); s.a. oben, b (S. 102).
22 BGHZ 102, 304; BGH, NJW 1991, 570, 571 (Speditionsvertrag).
23 Münchener Kommentar-*Basedow,* § 305 Rn. 64.
24 Weiter noch RG DR 1941, 1210–1213 m. Anm. v. *Kersting* (freilich unter Bezugnahme auf die an „jeden erwachsenen Volksgenossen ... bei der Ausfüllung und Unterzeichnung von Vordrucken“ zu stellenden „mannigfaltigen und erheblichen Anforderungen“).
25 AGB-Banken: BGH, NJW 1971, 2126, 2127; BGH, WM 1973, 635, 636; OLG Hamm, WM 1984, 1600, 1602. Flughafenunternehmen: OLG Karlsruhe, VersR 1971, 158, 159. ADSp: BGHZ 96, 138; BGH, NJW 1985, 2411, 2412; BGH, NJW-RR 1996, 1313.

sie, selbst wenn sie wollte, nicht für einzelne Berechtigte anderes vereinbaren. Und da von Rechts wegen die Grundsätze des Verteilungsplans in die Satzung der Verwertungsgesellschaft aufzunehmen sind (§ 7 S. 3 UrhWG), muß die Verwertungsgesellschaft nicht nur den Verteilungsplan, sondern regelmäßig auch die Satzung selbst zum Bestandteil des Berechtigungsvertrags machen.

Auch ohne besonderen Einbeziehungshinweis werden daher Verteilungsplan und Satzung der Verwertungsgesellschaft Bestandteil des Wahrnehmungsvertrags nach den Grundsätzen der Branchenüblichkeit.

cc) Einbeziehung nachträglicher Änderungen: Verweisung auf die Inhaltskontrolle

Mit den voranstehenden Überlegungen ist schon eine weitere Problematik angedeutet, die wir später wieder aufgreifen müssen: Ist die von den Verwertungsgesellschaften geübte Praxis zu beanstanden, in ihre Wahrnehmungsverträge klauselmäßig Verteilungsplan und Satzung auch insoweit einzubeziehen, als diese künftig geändert werden? Entgegen einer verbreiteten Auffassung, die prüft, ob die Einbeziehungsklauseln den Vorgaben der Einbeziehungskontrolle des § 305 Abs. 2 und 3 BGB entsprechen,[26] stellt sich hier ein Problem der Inhaltskontrolle von AGB-Klauseln: Sind solche Einbeziehungsklauseln nach § 307 BGB wirksam? Wenn man diese Frage bejaht, ist es eine Frage der Anwendung der Einbeziehungsregel im Einzelfall, ob die darin vereinbarten Vorschriften eingehalten wurden. Der zweiten Frage, die nur die Subsumtion betrifft, gehen wir hier nicht weiter nach. Die Bewertung von Einbeziehungsklauseln ist im Rahmen der Inhaltskontrolle zu erörtern.[27]

III. Inhaltskontrolle

1. Einführung und Meinungsstand

Die grundsätzliche Anwendbarkeit der Vorschriften auf den Wahrnehmungsvertrag ist heute geklärt. Wir haben diese Frage schon oben, § 3 III 2 b aa (S. 23 f.), im Zusammenhang mit den Rechtsquellen des Wahrnehmungsrechts erörtert. Dort haben wir auch bereits geklärt, daß der Wahrnehmungsvertrag der gem. § 310 Abs. 1 S. 1 BGB eingeschränkten Kontrolle unterliegt, da die Berechtigten beim Abschluß des Wahrnehmungsvertrags Unternehmer sind.

Entsprechend dem Plan der Untersuchung und der bei der Erörterung der Kontrolle nach dem Wahrnehmungsgesetz verwandten Gliederung (oben, § 7 II und III, S. 64–96) erörtern wir auch hier zunächst den Kontrolltatbestand und seinen Zweck (2) und den Gegenstand der Kontrolle (3), bevor wir den Kontrollmaßstab (4) und

---

26 So etwa *Hoeren*, AfP 2001, 8–10.
27 Nachfolgend, III 6 a (S. 116–122).

die Verstoßfolgen (5) untersuchen. Einige Einzelfragen der Klauselkontrolle, die in der Praxis hervorgetreten sind, werden abschließend gesondert erörtert (6).

2. Der Kontrolltatbestand und sein Zweck

§ 307 BGB unterwirft Allgemeine Geschäftsbedingungen einer für das Vertragsrecht an sich untypischen Inhaltskontrolle. Das liegt keineswegs daran, daß Allgemeine Geschäftsbedingungen an sich für gefährlich oder verwerflich angesehen würden. Im Gegenteil ist anerkannt, daß sie eine wichtige Funktion im modernen Wirtschaftsleben erfüllen, und der Wahrnehmungsvertrag ist ein gutes Beispiel dafür. Die Bedingungen der Wahrnehmung müssen aus mehreren Gründen von der Verwertungsgesellschaft standardisiert werden. Zum einen ist eine effiziente kollektive Rechtewahrnehmung nur möglich, wenn die Verwertungsgesellschaft nicht jeden Berechtigten nach individuellen Bedingungen behandeln muß. Eine Standardisierung ist unvermeidlich. Zum anderen fehlt für den Wahrnehmungsvertrag die gesetzliche Ausformung des Vertragstyps.[28]

Bei Allgemeinen Geschäftsbedingungen versagt aber der Vertragsmechanismus insofern, als der Verwender sie stellt und der Gegner nur die Möglichkeit hat, sich mit ihnen einverstanden zu erklären oder vom Vertrag Abstand zu nehmen. Ist seine Zustimmung auch „formal" gegeben,[29] so fehlt doch jede Chance, auf den Inhalt der Bedingungen Einfluß zu nehmen. Vor allem aber liegt hier ein Fall von Marktversagen vor, da der Verwendungsgegner AGB aufgrund ihrer regelmäßig gegebenen Komplexität nicht sinnvoll vergleichen kann.[30] Aus diesem Grunde ist eine Inhaltskontrolle der Allgemeinen Geschäftsbedingungen vorgesehen.[31]

3. Der Gegenstand der Kontrolle

Entsprechend dem Schutzzweck der Regelung hat der Gesetzgeber aber bestimmte Gegenstände von der Inhaltskontrolle ausgenommen (§§ 305 b, 307 Abs. 3 BGB). Das wirkt sich auch auf die Kontrolle des Wahrnehmungsvertrags aus. Drei Gruppen von Regelungen unterliegen der Spezialkontrolle nach dem Urheberrechtswahrnehmungsgesetz und lassen sich mit den Mitteln der AGB-Kontrolle nicht sinnvoll überprüfen: Der Umfang der Rechteeinräumung (a), die materiellen Verteilungsregeln (b) und die Regeln über die kulturelle Förderung insbesondere (c). Zudem ist noch einmal hervorzuheben, daß die AGB-Kontrolle nur eine Kontrolle der Bedingungen ist, nicht aber von deren Anwendung (d).

---

28 S. bereits oben, § 3 III 2 a (S. 20–23).
29 S. soeben, II (S. 101–106), zu Einbeziehungskontrolle.
30 S. nur *Schäfer/Ott*, Ökonomische Analyse des Zivilrechts, S. 478–480.
31 Zum Ganzen aus jüngerer Zeit etwa *Canaris*, AcP 200 (2000), 273, 320–327; *Riesenhuber*, System und Prinzipien des Europäischen Vertragsrechts, S. 426 f., 452–454; s.a. *Kötz*, Europäisches Vertragsrecht, § 8 IV 1 (S. 209–213).

a) *Keine Kontrolle des Umfangs der Rechteübertragung*

Von der AGB-Kontrolle muß man zunächst die Regelungen über den Umfang der Rechteübertragung ausnehmen. Die AGB-Kontrollvorschriften enthalten für ihre Kontrolle keinen sinnvollen Maßstab, den umgekehrt das Urheberrechtswahrnehmungsgesetz in § 6 UrhWG eigens bereitstellt.[32]

Nach § 307 Abs. 3 S. 1 BGB unterliegen der Kontrolle Allgemeine Geschäftsbedingungen, die von Rechtsvorschriften abweichen oder diese ergänzen. Nur das Transparenzgebot des Absatz 1 S. 2 kann auch für andere Klauseln gelten. Zentraler Zweck der Regelung ist, die Bestimmung der Hauptleistung und das Äquivalenzverhältnis von der Kontrolle auszunehmen.[33] Die Bestimmung von Leistung und Gegenleistung ist nicht nur der Kern der Privatautonomie. Hier fehlt zudem der Grund für eine Inhaltskontrolle, da Preis und Leistung vom Markt kontrolliert werden.[34] Und nicht zuletzt fehlt der Rechtsordnung für die Überprüfung von Hauptleistung und Äquivalenz der Maßstab.

Die Rechteeinräumung ist nun allerdings keine „Bestimmung der Hauptleistung". Für den Wahrnehmungsvertrag als eine Art Auftrag hat sie nur die Funktion, die Verwertungsgesellschaft erst in die Lage zu versetzen, die Rechte wahrzunehmen.[35] Die Bestimmung des Umfangs der Rechteeinräumung läßt sich aber mittels einer Kontrolle allein nach rechtlichen Bewertungsmaßstäben,[36] nämlich am Maßstab des dispositiven Gesetzesrechts, ebensowenig messen wie eine Bestimmung über Leistung und Gegenleistung. So wenig wie sich sagen läßt, ob der Umfang der einem Inkassounternehmen zur Einziehung übertragenen Forderungen oder die kaufvertraglich vereinbarte Menge Blumentopferde „unangemessen" ist,[37] so wenig läßt sich mit den Mitteln der AGB-Kontrolle für den Wahrnehmungsvertrag sagen, daß der Umfang der Rechteeinräumung unangemessen ist. In Betracht käme allein eine Kontrolle am Maßstab des Vertragszwecks. Diese Kontrolle hat indes der Gesetzgeber in § 6 Abs. 1 S. 1 UrhWG speziell eingerichtet. Zentrale Aufgabe dieser Angemessenheitskontrolle ist gerade, den Umfang der Rechteübertragung zu überprüfen.[38]

b) *Keine Kontrolle der materiellen Verteilungsregeln*

Bestandteil des Wahrnehmungsvertrags ist kraft Einbeziehung regelmäßig auch der Verteilungsplan. Er enthält gewissermaßen eine „Vergütungsregelung". Auch hier darf man allerdings nicht übersehen, daß es nicht um die Gegenleistung für die

---

32 I.E. ähnlich, aber mit einer – angreifbaren – Begründung mit dem mangelnden Schutzbedürfnis *Donle,* Die Bedeutung des § 31 Abs. 5 für das Urhebervertragsrecht, S. 260–262.
33 *Canaris,* AcP 200 (2000), 273, 327–337; *Larenz/Wolf,* Allgemeiner Teil, § 43 Rn. 40–50.
34 Näher *Riesenhuber,* System und Prinzipien des Europäischen Vertragsrechts, S. 428–432.
35 S. bereits oben, § 2 III 3 b bb (S. 9 f.).
36 *Larenz/Wolf,* Allgemeiner Teil, § 43 Rn. 41 f.
37 *Larenz/Wolf,* Allgemeiner Teil, § 43 Rn. 43 f.
38 I.e. oben, § 7 II (S. 64–78).

Leistung der Rechteinhaber geht: Die verteilungsplanmäßigen Ausschüttungen sind nicht die Gegenleistung für die Übertragung der Rechte, sondern die Herausgabe des Erlangten i.S.v. § 667 BGB. Ungeachtet dessen stellt sich die Frage, ob der Verteilungsplan der Inhaltskontrolle unterliegt. Das kann aus zwei Gründen fraglich sein: Erstens kann man auch hier fragen, ob der Verteilungsplan *als Vergütungsregelung* „von Rechtsvorschriften abweichende oder diese ergänzende Regelungen" enthält, die nach § 307 Abs. 3 S. 1 BGB allein der vollen, nicht auf das Transparenzgebot beschränkten Inhaltskontrolle unterliegen. Zweitens muß die Inhaltskontrolle nach dem BGB mit jener nach dem Wahrnehmungsgesetz abgestimmt werden, die auf eine Willkürkontrolle beschränkt ist.

Nach der bereits soeben (a, S. 108) vorgestellten Regelung des § 307 Abs. 3 S. 1 BGB unterliegen grundsätzlich nur Bestimmungen, die von Rechtsvorschriften abweichen oder diese ergänzen, der Inhaltskontrolle. Die Regelung bezweckt, wie gezeigt, insbesondere, Vergütungsregelungen von der Gerichtskontrolle auszunehmen; Gerichte sind keine Preiskommissare. Nach dem Wortlaut des § 307 Abs. 3 S. 1 BGB könnten auch Bestimmungen des Verteilungsplans kontrollfrei sein, weil und soweit sie weder von Rechtsvorschriften abweichen noch diese ergänzen und im Kern eine „Vergütungsregelung" darstellen. Dem Zweck nach scheint das indes durchaus problematisch, denn auch wenn es sich hier um eine Art Vergütungsregelung handelt, so ist doch gerade der typische Grund für die Freistellung, nämlich die Preiskontrolle durch den Markt, insoweit nicht gegeben, wenn, wie nicht selten der Fall, der Verteilungsplan nicht *unmittelbar* die Vergütung vorsieht, die dem Markt entspricht. Nicht selten fehlt es gerade wegen der Vermittlung der Lizenzvergabe durch die Verwertungsgesellschaften an einer marktmäßigen Wertbestimmung bezogen auf einzelne Werke (Blankettlizenz!)[39]. In anderen Fällen, wie z.B. der Kopierabgabe oder der Bibliothekstantieme, ist eine marktmäßige Vergütung wegen der gesetzlich vorgesehenen Kollektivierung ausgeschlossen.

Gleichwohl muß man die Verteilungspläne von der Inhaltskontrolle ausnehmen, soweit es um die Bemessung der Ausschüttung i.e.S. geht, da allein das dem Zweck des § 7 UrhWG genügt.[40] Denn wie wir gesehen haben, hat der Gesetzgeber den Verteilungsplan bewußt nur einer Willkürkontrolle unterzogen. Das hat gerade deswegen einen guten Sinn, weil eine werkbezogene Anteilsbemessung bei der praktisch weithin notwendigen kollektiven Rechtewahrnehmung unmöglich ist. Hier hat die Verteilung der Einnahmen durch die Betroffenen selbst eine besondere Legitimation für sich. Wer könnte besser über die Verteilung bestimmen, als die Berechtigten selbst in einem vereinsdemokratischen Verfahren?! Rechtfertigt hier auch nicht die Marktkontrolle die Freistellung, so ist sie doch aus den besonderen, vom

39 Die Verwertungsgesellschaften lizenzieren weithin nicht die Nutzungen einzelner Werke, sondern des von ihnen wahrgenommenen Gesamtrepertoires. Man bezeichnet das als Blankettlizenz. Zur Beurteilung dieser Praxis nur *Goldmann,* Die kollektive Wahrnehmung musikalischer Rechte, S. 221 f., 240–243.

40 A.M., indes ohne Erörterung der hier angesprochenen Sachfrage, *Augenstein,* Rechtliche Grundlagen des Verteilungsplans, 2. Kap. B I 2.

Gesetzgeber anerkannten Gründen der kollektiven Rechtswahrnehmung ebenso gerechtfertigt. Das bedeutet, wie vorsorglich erneut hervorzuheben ist, keineswegs eine Freistellung von jeglicher Kontrolle. Vielmehr bleibt es bei der vom Gesetzgeber in § 7 UrhWG speziell eingerichteten Überprüfung.[41]

Diese allgemeine Aussage ist indes sogleich einzuschränken. Sie kann nur insoweit Geltung beanspruchen, als der Verteilungsplan *Vergütungsregelungen* enthält. Die Regelung beispielsweise, daß für eine Aufführung eines Orchesterwerks der E-Musik von 30 Minuten 1.680 Punkte vergeben werden, für seine Rundfunksendung 2 1/2 Punkte,[42] ist einer Inhaltskontrolle nach § 307 Abs. 1 und 2 BGB nicht zugänglich (unterliegt aber durchaus der Kontrolle auf Willkürfreiheit nach § 7 S. 1 UrhWG). Wir haben indes bereits gesehen, daß die Verteilungspläne durchaus noch andere Regeln enthalten, z.B. die Anmeldefrist, die das OLG München zu beurteilen hatte.[43] Und der BGH hatte in einer Entscheidung vom 13. 12. 2001 das in einer Verteilungsregelung enthaltene Klausurerfordernis zu beurteilen.[44] Solche Regelungen sind von der Inhaltskontrolle auch dann nicht ausgenommen, wenn sie im Verteilungsplan enthalten sind und nicht im „formalen" Wahrnehmungsvertrag.

c) *Keine Kontrolle von Bestimmungen über die kulturelle Förderung*

Ähnliche Erwägungen muß man auch berücksichtigen, soweit es um die Bestimmungen des Verteilungsplans über die kulturelle Förderung geht, die ja der Gesetzgeber den Verwertungsgesellschaften in Form einer Soll-Vorschrift aufgegeben hat. Der weite Ermessenspielraum, den der Gesetzgeber den Verwertungsgesellschaften hier eingeräumt hat, kann auch insoweit nicht im Wege der AGB-Kontrolle eingeschränkt werden. Auch hier gilt aber, daß die Freistellung nur für den Kernbereich der Bewertungsentscheidung über die kulturelle Förderung eingreift, nicht für andere technische Vorschriften.

Diesen Grundsätzen folgt auch die Rechtsprechung. So hat sie – zutreffend – eine Regelung nicht allein deswegen von der AGB-Kontrolle ausgenommen, weil sie formal eine Verteilungsplanregelung darstellt, die der kulturellen Förderung dient. Der Bundesgerichtshof hat daher in der bereits zitierten Entscheidung Klausurerfordernis eine Bestimmung der GEMA nach § 9 AGBG (heute § 310 BGB) für unwirksam erklärt, wonach Berechtigte, die ihre Werke nur mit Hilfe anderer schreiben können, eine Förderungsleistung nur erhalten können, wenn sie eine Klausur ablegen. Das Klausurerfordernis stelle eine treuwidrig unangemessene Benachteili-

---

41 So in der Sache auch OLG München, ZUM 2002, 747 f., wenn dort die Vorschrift des § 10 Nr. 4 S. 1 Verteilungsplan Fotokopiergebühren der VG Wort allein am Maßstab von § 7 UrhWG geprüft wird (das Gericht zitiert indes, offenbar der Einheitsthese von oben, § 7 III 1 b [S. 79], folgend, stets §§ 6, 7 UrhWG).

42 So Abschnitt X Ausführungsbestimmungen zum Verteilungsplan A der GEMA, GEMA-Jahrbuch 2003/2004, S. 313–315.

43 S. oben, II 2 c a. E. (S. 103 f.).

44 BGH, GRUR 2002, 332 – Klausurerfordernis.

gung dar, weil danach auch Behinderte, die keine Klausur schreiben können, keine Förderungsleistung erhalten können.[45]

In einem anderen Fall war der Bewertungsmaßstab selbst zur Kontrolle gestellt. In einer Neuregelung des Verteilungsplans der GEMA war vorgesehen, daß für die Bemessung der kulturellen Förderung im Bereich der E-Musik das Aufkommen der Komponisten für ihre Werkaufführungen nur noch eingeschränkt berücksichtigt werden sollte, die Förderungsleistungen sollten sich stärker als bis dahin am Maßstab des Aufkommens für Rundfunksendungen (Rundfunk und Fernsehen) bemessen. Das Kammergericht hielt die Regelung nach § 9 AGBG nicht für beanstandenswert. Es prüft sie lediglich nach § 315 BGB. Bei der Konkretisierung des Prüfungsmaßstabs nimmt das Gericht in der Sache eine Willkürprüfung gem. § 7 S. 1 UrhWG vor und billigt die Entscheidung, da sie auf sachlichen Erwägungen beruhe.[46]

d) *AGB-Kontrolle von Regeln des Verteilungsplans und Ermessenskontrolle der Anwendung der Verteilungsregeln*

Der AGB-Kontrolle können, wie endlich festzustellen ist, nur Bedingungen unterliegen, nicht aber deren Anwendung. Sind die Bedingungen wirksam, so kann man ihre Anwendung nur am Maßstab der Bedingungen messen, die dann als vertragliche Vereinbarung „gelten“. Der Bundesgerichtshof hat dazu im Zusammenhang mit dem Verteilungsplan kürzlich ausgeführt:

> „Dementsprechend können auch die allgemeinen Grundsätze des Verteilungsplans – im Gegensatz zu dem jährlich neu beschlossenen, der Ausschüttung dienenden Verteilungsplan, der nach § 315 BGB zu beurteilen ist – im Verhältnis zu den angeschlossenen Mitgliedern der Beklagten nur als Allgemeine Geschäftsbedingungen gelten.“[47]

Wir haben die dogmatische Einordnung von Verteilungsregeln allgemein („abstrakter Verteilungsplan“) und der Verteilung eines konkreten Geschäftsjahres („konkreter Verteilungsplan“) bereits früher erörtert und differenziert beurteilt.[48] Zutreffend ist die Unterscheidung von den der AGB-Kontrolle unterliegenden Regeln einerseits und ihrer Anwendung, die an den Regeln und, wenn es um eine Leistungsbestimmung i.S.v. § 315 Abs. 1 BGB geht, an dem vereinbarten oder gesetzlichen Kontrollmaßstab zu messen ist.

---

45 BGH, GRUR 2002, 332, 333 f. – Klausurerfordernis.
46 KG v. 29. 8. 2000 – 5 U 4352/99, Umdruck S. 15–20.
47 BGH, GRUR 2002, 332, 333 – Klausurerfordernis (Nachweise weggelassen); Beklagte war die GEMA, deren „angeschlossene Mitglieder“ nicht Mitglieder im vereinsrechtlichen Sinne sind, sie sind der GEMA nur schuldvertraglich verbunden.
48 Oben, § 3 III 2 a cc (S. 21 f.).

4. Der Kontrollmaßstab

Ein Charakteristikum der Inhaltskontrolle von AGB im deutschen Recht ist, daß primär nicht eine freischwebende Bewertung der Vereinbarung erfolgt, sondern erstens eine vergleichende Bewertung der Abweichung von den wesentlichen Grundgedanken der als ausgewogen angesehenen gesetzlichen Regelung, von der abgewichen wird, und zweitens eine Bewertung der Regelung im Lichte der „Natur des Vertrags" und des Vertragszwecks (§ 307 Abs. 2 BGB). Bei der Konkretisierung dieser Kontrollmaßstäbe sind die Regeln und Prinzipien des Wahrnehmungsgesetzes und die Zwecke zu berücksichtigen, die der Wahrnehmungsvertrag nach dem Urheberrechtswahrnehmungsgesetz hat.

a) Grundgedanken der gesetzlichen Regelung

Der Wahrnehmungsvertrag ist vom Standpunkt des BGB aus betrachtet ein atypischer Vertrag mit Elementen vor allem des Auftrags. Zwar besteht mit dem UrhWG eine rudimentäre gesetzliche Regelung des Vertragstyps, doch enthält diese gerade keine allgemeinen Vorgaben über die wesentlichen Rechte und Pflichten.[49] Als Kontrollmaßstab kann daher nicht ein bestimmter Vertragstyp mit seinen dispositiven Vorschriften dienen. Das schließt indes eine Kontrolle von Wahrnehmungsbedingungen am Maßstab der Grundgedanken der gesetzlichen Regelung nicht aus. Sie kommt hier wie ganz allgemein auch bei atypischen Verträgen in Betracht, denn es geht ja nicht um die Kontrolle eines *Vertrags*, sondern um die Kontrolle *einzelner Klauseln*. Sie kann auch dann am Maßstab der gesetzlichen Grundgedanken erfolgen, wenn es sich um eine Klausel eines atypischen Vertrags handelt. In diesem Fall ist lediglich zuerst zu ermitteln, welche dispositive Gesetzesregelung mangels Klauselabrede unmittelbar oder im Wege der Analogie zur Anwendung käme.

Ein für die Beurteilung mitentscheidender Schritt ist es also zunächst, die maßgebliche dispositive Regelung zu ermitteln. Und hier sind nun auch die Vorgaben zu berücksichtigen, die sich aus dem Urheberrechtswahrnehmungsgesetz selbst ergeben. Wenn man z. B. eine klauselmäßige Beschränkung oder Formalisierung von Auskunftsansprüchen des Berechtigten überprüft, so ist der Vergleichsmaßstab des Rechts der Geschäftsbesorgung zwar grundsätzlich der des § 666 BGB. Indes ist diese Vorschrift im Lichte der Vorgaben auszulegen, die sich aus dem Urheberrechtswahrnehmungsgesetz ergeben. Wenn allgemein gesagt wird, daß sich der Inhalt des Auskunftsanspruchs mit Rücksicht auf das konkrete Auftragsverhältnis und den Grundsatz von Treu und Glauben bestimmt,[50] so bedeutet das für den Wahrnehmungsvertrag, daß auch die Sachgegebenheiten der kollektiven Rechtewahrnehmung, also vor allem die dabei im Interesse der Effizienz der Tätigkeit nötigen Pauschalierungen und Formalisierungen zu beachten sind.[51] Erst die

---

49 Eine weitergehende Regelung schlägt *de lege ferenda* vor *Dietz*, ZUM 2003, 41, 43 f.

50 Staudinger-*Wittmann*, § 666 Rn. 7; Münchener Kommentar-*Seiler*, § 666 Rn. 7.

51 Grundlegend BGH, GRUR 1988, 782, 783 – GEMA-Wertungsverfahren („wirtschaftliches Prinzip der Verhältnismäßigkeit"). Zu den Informationspflichten näher *Riesenhuber*, ZUM 2004, 417–426.

Grundgedanken der so ausgelegten dispositiven Vorschrift des § 666 BGB ergeben den Kontrollmaßstab für § 307 Abs. 2 Nr. 1 BGB.

b) *Natur und Zweck des Vertrags*

Auf entsprechende Weise fließen die Wertungen des Wahrnehmungsgesetzes ein, wenn man Klauseln daraufhin überprüft, ob sie wesentliche Rechte und Pflichten, die sich aus der Natur des Vertrags ergeben, so einschränken, daß die Erreichung des Vertragszwecks gefährdet ist.

Ein Beispiel für die Berücksichtigung des Vertragszwecks ist die AGB-Kontrolle des Rückrufrechts der VG Bild-Kunst durch das OLG Köln.[52] Dort hatte ein Kunstbuchverlag einen Band über „Kunst des 20. Jahrhunderts" mit der Bezeichnung „Kunstklotz" erstellt und wehrte sich gegen die Inanspruchnahme auf Lizenzzahlung durch die klagende VG Bild-Kunst. Der beklagte Verlag wandte u.a. ein, bestimmte Künstler hätten ihm eine „Freistellungserklärung" gegeben. Allerdings hatten die Künstler, die der Klägerin durch Wahrnehmungsvertrag verbunden waren, nicht von der wahrnehmungsvertraglichen Möglichkeit eines vorherigen „Rückrufs" des Nutzungsrechts für diesen Zweck Gebrauch gemacht. Deswegen griff die Beklagte (!) die entsprechende Klausel des Wahrnehmungsvertrags selbst als nach § 9 AGBG (heute § 307 BGB) unwirksam an. Die Beklagte hielt es für eine unangemessene Benachteiligung, wenn die Berechtigten ihre Rechte zum Zwecke der eigenen Nutzung in bestimmten Einzelfällen erst zurückrufen müßten. Zu Recht hielt das OLG Köln die Vereinbarung für wirksam. Die grundsätzliche Rechteübertragung entsprach dem Zweck des Vertrags, weil die betroffenen Rechte zur Vervielfältigung und Verbreitung sinnvoll nur kollektiv wahrgenommen bzw. vergeben werden können.[53] Das individuelle Rückrufrecht für bestimmte Nutzungen trug den Interessen der Berechtigten in ausreichendem Maße Rechnung. Insbesondere war auch nicht zu beanstanden, daß den Berechtigten der Rückruf auch „oblag". Weil nämlich die Verteilung primär nach dem Leistungsprinzip gerechtfertigt sein muß, muß die Verwertungsgesellschaft die Möglichkeit haben, einen Rückruf zu registrieren. Und nicht zuletzt diente dieses Verfahren dem Schutz der Berechtigten.[54]

In ähnlicher Weise hat auch das OLG München bei der Überprüfung der bereits früher erörterten[55] Ausschlußfrist der VG Wort die Besonderheiten der kollektiven Rechtewahrnehmung im Rahmen der AGB-Inhaltskontrolle berücksichtigt.

> „Aus der Natur des Verhältnisses zwischen dem Urheberschutzberechtigten und der Wahrnehmungsgesellschaft ist bekannt, daß für die regelmäßig erfolgenden Anmeldungen seit langem eine gleiche Frist besteht und einzuhalten ist."[56]

---

52 OLG Köln, ZUM 1998, 505–508 – Kunstklotz; Vorinstanz LG Köln, ZUM 1998, 168–170.
53 Das meint offenbar OLG Köln, ZUM 1998, 505, 507, wenn es ausführt, auch wenn die „Zweckübertragungslehre" anwendbar wäre, wäre nach dem Zweck des Wahrnehmungsvertrags von einer Übertragung der Rechte auszugehen.
54 Zum Schutzbedürfnis *Pfennig,* ZUM 1998, 170 (Anmerkung zur Entscheidung der Vorinstanz).
55 Oben, II 2 c a. E. (S. 103 f.).
56 OLG München, ZUM 1993, 1031, 1032.

> „Bei der Abwägung zwischen den Interessen des Berechtigten und denen der Verwertungsgesellschaft ist zu berücksichtigen, daß die Verwertungsgesellschaft nicht etwa im eigenen wirtschaftlichen Interesse mittels der Fristbestimmung den Berechtigten ausschließt. Die Verwertungsgesellschaft handelt vielmehr, wie es ihrer treuhänderischen Stellung zugunsten der Berechtigten entspricht, für die Gesamtheit der Berechtigten. Sie ist gehalten, die Ansprüche der Vertreter möglichst schnell zu befriedigen, worauf deren Interessenvertretung bei ihr sogar selbst gedrungen hat. Die Ausschüttungsberechtigten insgesamt müssen feststehen, damit der ihnen jeweils zukommende Teil aus der gesamten ihnen zustehenden Fondsmasse schnell ausgeschüttet werden kann."[57]

Ausschlußfristen sehen die Verwertungsgesellschaften vor, um eine zügige Ausschüttung zu ermöglichen. Dabei geht es darum, einen vertretbaren Ausgleich zwischen dem Kollektivinteresse an der raschen Ausschüttung und einer effizienten und sparsamen Wahrnehmungstätigkeit einerseits und dem Individualinteresse an der vollständigen Berücksichtigung aller Rechte und Nutzungen andererseits zu erzielen. Ohne die Mitwirkung der einzelnen Berechtigten ist das in vielen Bereichen nicht oder nicht mit einem wirtschaftlich vertretbaren Aufwand zu erreichen; und ohne eine Ausschlußfrist wird der Abschluß der Abrechnung unnötig verzögert.

Das Beispiel zeigt freilich – wie fast jede Streitfrage –, daß es um einen *vertretbaren* Ausgleich widerstreitender Interessen und Grundsätze geht. Eine weitergehende Kontrolle kann es – zumal nach § 307 BGB, wo es nur um die Verhinderung von Unangemessenheit geht – nach dem Modell der staatsfernen Selbstverwaltung nicht geben, das dem Urheberrechtswahrnehmungsgesetz zugrundeliegt. Denn danach ist es Sache der Berechtigten, im Rahmen des Vertretbaren selbst zu bestimmen, welche Lasten und Kosten individuell und welche kollektiv zu tragen sind. Zu Recht hat das OLG München daher auch nicht beanstandet, daß die VG Wort bei dieser Ausschlußfrist die Möglichkeit einer Wiedereinsetzung in den vorigen Stand nicht vorsah. Eine solche Wiedereinsetzungsregelung würde eine Einzelfallprüfung erfordern, die eine Verwertungsgesellschaft, die ein „Massengeschäft" betreibt, praktisch nicht leisten kann. Jedenfalls aber ist es eine vertretbare Entscheidung der Mitglieder, den damit verbundenen Aufwand im Kollektivinteresse zu vermeiden.

c) *Treuwidrige Benachteiligung*

Helfen die Zweifelsregeln nicht weiter, so kommt es auf eine Bewertung an, ob die Klausel den Vertragspartner des Verwenders „entgegen den Geboten von Treu und Glauben unangemessen benachteiligt". Auch bei dieser Bewertung sind selbstverständlich wiederum die Besonderheiten der kollektiven Rechtewahrnehmung zu berücksichtigen. Dabei können insbesondere die Treubindung gegenüber *allen* Berechtigten, die Sachgegebenheiten der *kollektiven Rechtewahrnehmung* und, damit zusammenhängend, das „wirtschaftliche Gebot der Verhältnismäßigkeit" eine Rolle spielen.

---

57 OLG München, ZUM 1993, 1031, 1032.

5. Verstoßfolgen: Vertragsrecht und Staatsaufsicht

a) *Vertragsrechtliche Folgen*

Für die AGB-Kontrolle sind die vertragsrechtlichen Verstoßfolgen gesetzlich klar geregelt. Unangemessene AGB sind nichtig, der Vertrag bleibt aber im übrigen bestehen. Die durch die Kassation entstandene Lücke ist durch das dispositive Gesetzesrecht zu schließen, § 306 Abs. 2 BGB. Als dispositive Rückfallregelung kommt, wie wir eingangs gesehen haben, vor allem das Auftragsrecht in Betracht, das freilich den Besonderheiten des Wahrnehmungsvertrags angepaßt werden muß.[58] Fehlen im dispositiven Recht sachgerechte Regelungen, so ist der Vertrag mit Hilfe der ergänzenden Vertragsauslegung zu vervollständigen.[59] Dabei muß sich das Gericht an dem orientieren, was typische Vertreter des betroffenen Verkehrskreises als interessengerechte Lösung vereinbart hätten (objektiv-generalisierender Maßstab).[60]

Auch an dieser Stelle mag die Eliminierung einzelner Klauseln freilich zu unbefriedigenden Ergebnissen führen, vor allem wenn – wie bei Klauseln des Verteilungsplans regelmäßig der Fall – die verpönte Regelung Bestandteil eines Regelungsganzen ist. Das gilt umso mehr, als das dispositive Gesetzesrecht oftmals keine Regelung bereithalten wird, die an die Stelle der vernichteten Klausel treten kann. Zum Beispiel kann man an den Fall der BGH-Entscheidung Klausurerfordernis denken.[61] Der Bundesgerichtshof bestätigte im Ergebnis, daß eine klauselförmig vereinbarte Klausurprüfung als Voraussetzung der Teilnahme an der kulturellen Förderung keinen Bestand haben könne.[62] Die Klausel diente aber dem – auch vom BGH anerkannten – berechtigten Interesse, die materielle Berechtigung der Ansprüche festzustellen. Nur weil die Verwertungsgesellschaft – worauf der BGH hinwies – für diese Zwecke schon die allgemeinen zivilrechtlichen Beweislastregeln fruchtbar machen konnte, konnte eine Ausschüttung an Unberechtigte vermieden werden.

Im Ergebnis kann sich aus der Nichtigkeit einzelner Klauseln für die Verwertungsgesellschaft ein dringendes Bedürfnis ergeben, die Wahrnehmungs- oder Verteilungsbedingungen anzupassen bzw. zu ändern, um weitere Verwerfungen zu vermeiden.

b) *Aufsichtsrechtliche Folgen*

Fraglich ist, ob das Deutsche Patent- und Markenamt gem. §§ 18–20 UrhWG auch über die Beachtung von § 307 BGB wacht. Das wäre unproblematisch dann der Fall, wenn dieser Kontrollmaßstab Teil des Angemessenheitsgebots nach § 6 Abs. 1 S. 1

---

58 Oben, § 3 III 2 a (S. 20–23).
59 Umstritten ist nur woraus sich das Gebot der ergänzenden Vertragsauslegung im Anwendungsbereich des § 306 Abs. 2 BGB ergibt, dazu Ulmer/Brandner/Hensen-*Schmidt*, § 6 AGBG Rn. 26, 34 m.w.N.
60 Ulmer/Brandner/Hensen-*Schmidt*, § 6 AGBG Rn. 32.
61 BGH, GRUR 2002, 332 – Klausurerfordernis.
62 S.o. III 3 c (S. 110 f.).

UrhWG wäre.[63] Das haben wir indes oben (§ 7 II 4d, S. 73) verneint. Auch in der Sache überzeugt das. AGB-Kontrolle ist im deutschen Privatrecht ganz allgemein Sache der ordentlichen Gerichte. Ungeachtet seiner großen fachlichen Kompetenz ist dafür das DPMA, dessen Ausstattung in diesem Bereich beschränkt ist, nicht gut gerüstet. Daher hat es seinen guten Sinn, wenn § 19 Abs. 1 UrhWG die Aufsicht auf die Einhaltung der Bindungen beschränkt, die sich aus dem Urheberrechtswahrnehmungsgesetz ergeben.

6. Einzelfragen der Klauselkontrolle insbesondere

a) *Zur Kontrolle von Einbeziehungsklauseln*

aa) Problemstellung und Meinungsstand

In der Praxis der Verwertungsgesellschaften hat die Kontrolle von Einbeziehungsklauseln erhebliche Zweifelsfragen aufgeworfen. Es geht um Klauseln, nach denen nachträgliche Änderungen der Wahrnehmungsbedingungen in Wahrnehmungsvertrag, Verteilungsplan und Satzung Vertragsbestandteil werden. Daß solche Änderungen erforderlich werden können, ist bei den auf lange Dauer angelegten Wahrnehmungsverträgen geradezu selbstverständlich. Insbesondere für die Verteilungspläne hat der Bundesgerichtshof in seiner Entscheidung GEMA-Wertungsverfahren anerkannt, daß nachträgliche Änderungen erforderlich sein können, um Fehlentwicklungen gegenzusteuern.[64] Das Interesse der Berechtigten ist in diesem Fall zuerst, die Neuregelungen vor ihrer Einbeziehung in das Wahrnehmungsverhältnis zur Kenntnis nehmen zu können. Sind die Neuregelungen für sie individuell ungünstig, so möchten sie daran nach Möglichkeit überhaupt nicht gebunden sein. Die Verwertungsgesellschaft hat auf der anderen Seite ein Interesse daran, alle Berechtigten nach denselben Regeln zu behandeln, zum einen deshalb, weil nur so eine effiziente und wirtschaftliche Rechtewahrnehmung gewährleistet ist, zum anderen weil die Verteilung schon nach den Vorgaben des § 7 S. 1 UrhWG für alle Berechtigten nur nach *einem* Maßstab erfolgen darf.

Die AGB-Problematik, die solche Änderungen von Wahrnehmungsbedingungen mit sich bringt, hat wohl zuerst der Bundesgerichtshof in der Entscheidung GEMA-Vermutung I aufgeworfen.[65] Das Gericht hatte dort zu entscheiden, ob die GEMA von den Berechtigten auch die Rechte zur Video-Zweitverwertung – der Herstellung von Video-Bänder auf der Grundlage von Spielfilmen zum Zweck des Angebots für den häuslichen Gebrauch und für die Vermietung – erworben hat. Das war zweifelhaft, weil dieses Recht erst seit 1972 im Berechtigungsvertrag ausdrücklich genannt war. Die GEMA berief sich zur Begründung ihrer Rechtsinhaberschaft im Hinblick auf früher, vor 1972 geschlossene Verträge auf eine Bestimmung ihres Berechtigungs-

---

63 So v.a. *Rehbinder*, DVBl. 1992, 216, 217f., der folgerichtig auch die Aufsicht des DPMA bejaht; s. bereits oben, § 7 II 4d (S. 73).

64 BGH, GRUR 1988, 782, 782 – GEMA Wertungsverfahren.

65 BGH, NJW 1986, 1244 – GEMA-Vermutung I.

vertrags, wonach spätere Änderungen des Berechtigungsvertrags Bestandteil des Berechtigungsvertrags werden.[66] Der BGH klärte die Frage nicht abschließend, er deutete aber an, daß sich Zweifel an der wirksamen Einbeziehung der neuen Bestimmung über die Nutzungsrechtsübertragung u.a. deswegen ergeben könnten, weil nicht klar sei, ob sie allen der GEMA angeschlossenen Urhebern mitgeteilt worden ist.

Um nachträgliche Änderungen der Wahrnehmungsbedingungen in den Vertrag einzubeziehen, bedienen sich die Verwertungsgesellschaften verschiedener Mittel. Die GEMA verwendete traditionell allgemeine Einbeziehungsklauseln. Zum einen erklärt der Wahrnehmungsvertrag Satzung und Verteilungsplan auch soweit sie künftig geändert werden zum Vertragsbestandteil. Zweitens werden auch von der Mitgliederversammlung beschlossene Änderungen des Wahrnehmungsvertrags zum Vertragsbestandteil erklärt.[67] Für Satzung und Verteilungspläne verfährt die VG Wort ebenso. Für den Wahrnehmungsvertrag sieht sie hingegen ein anderes Verfahren vor: Änderungen des Wahrnehmungsvertrags sind dem Berechtigten schriftlich mitzuteilen. Seine Zustimmung gilt als erteilt, wenn er nicht innerhalb von 6 Wochen seit Absendung ausdrücklich widerspricht.[68] Diesem Modell folgt seit 2002 auch die GEMA.[69] Ähnliches bestimmt zudem der Wahrnehmungsvertrag der VG Bild-Kunst.[70] Der Berechtigungsvertrag der GVL enthält bislang keine Bestimmung über die Einbeziehung nachträglicher Änderungen des Verteilungsplans, sie wird lediglich für einen Teilbereich – die Grundsätze der Verteilung – implizit mitangesprochen, soweit danach auch nachträgliche Änderungen des Gesellschaftsvertrags Vertragsbestandteil werden, da der Gesellschaftsvertrag die Grundsätze der Verteilung regelt.

Solche Einbeziehungsklauseln werden unterschiedlich beurteilt. Nach einer Ansicht sind sie lediglich nach dem Angemessenheitsgebot des § 6 Abs. 1 S. 1 UrhWG zu beurteilen. Sie sollen dann angemessen sein, wenn die Bezugsberechtigten im Wege der Mitgliedschafts- bzw. mitgliedschaftsähnlichen Rechte (§ 6 Abs. 2 UrhWG) über die Änderungen bzw. Ergänzungen mitbestimmen können, nicht hingegen, wenn sie dazu keine Möglichkeit haben. Im ersten Fall soll auch kein Verstoß gegen die Vorschriften über die AGB-Kontrolle vorliegen.[71]

Nach einer anderen Ansicht ist wohl zu differenzieren.[72] Die Einbeziehung geänderter Wahrnehmungsbedingungen ist danach grundsätzlich am Maßstab des § 305 Abs. 2 BGB zu messen. Für den ausdrücklichen Hinweis reiche jedenfalls die Mitteilung von Änderungen „in mehrseitigen Rundschreiben irgendwo kleingedruckt“

---

66 § 6 lit. a Abs. 2 WahrnV GEMA.
67 § 6 lit. a Abs. 1 und 2 WahrnV GEMA i.d.F. v. 9./10.7.1996, zuletzt abgedruckt in GEMA-Jahrbuch 2001/2002, S. 217.
68 § 5 VG-Wort-WahrnV.
69 § 6 lit. a Abs. 2 und 3 WahrnV-GEMA i.d.F. v. 25./26.6.2002, zuerst abgedruckt in GEMA-Jahrbuch 2002/2003, S. 211, jetzt GEMA-Jahrbuch 2003/2004, S. 201.
70 § 5 WahrnV-VG-Bild-Kunst.
71 *Mauhs,* Der Wahrnehmungsvertrag, S. 157–160. Für die kartellrechtliche Beurteilung unter dem Mißbrauchsverbot ihr folgend *Pickrahn,* Verwertungsgesellschaften nach deutschem und europäischen Kartellrecht, S. 65 f.
72 *Hoeren,* AfP 2001, 8–13.

nicht aus. Zudem sei in diesem Fall – der Autor begutachtet die Praxis der VG Wort – das Einverständnis des Berechtigten zweifelhaft. Eine Erklärungsfiktion – Einverständnis des Berechtigten – für den Fall des Schweigens sei zwar grundsätzlich nach § 308 Nr. 5 BGB möglich. Die Praxis genüge dem aber nicht, da die Voraussetzungen dieser Vorschrift – angemessene Frist und besonderer Hinweis auf die Folgen des Schweigens – nicht erfüllt würden. Im Verhältnis zwischen VG Wort und freien Journalisten könnte die Lage allerdings anders zu beurteilen sein, weil hier nur § 305 BGB eingreife. Indes bestünden auch insoweit Zweifel an der Einbeziehung von Änderungen.[73]

Das LG Hamburg hat hingegen kürzlich die Einbeziehungsklausel der VG Bild-Kunst für mit den Vorschriften der AGB-Kontrolle vereinbar erklärt. Sie entspreche den Vorgaben, die sich insbesondere aus § 308 Nr. 5 BGB ergeben.[74] Nach einer weiteren Ansicht ist zwar die Verweisung auf die Satzung für Nichtmitglieder „problematisch", die Verweisung auf den Verteilungsplan soll aber der AGB-Kontrolle als zulässige nachträgliche Leistungsbestimmung gem. § 315 BGB standhalten.[75]

bb) Stellungnahme

(1) Änderung durch Angebot und Zustimmungsfiktion

Unter dem Gesichtspunkt der AGB-Kontrolle nicht zu beanstanden ist die Einbeziehung mittels Zustimmungsfiktion der Berechtigten.[76] Die in den Berechtigungsverträgen vorgesehene Mitteilung der Verwertungsgesellschaft über Änderungen ist der Sache nach ein Angebot zur Einbeziehung der geänderten Wahrnehmungsbedingungen, das durch das als Annahmeerklärung stipulierte Schweigen des Berechtigten angenommen wird. Da Schweigen nach allgemeinem Vertragsrecht grundsätzlich keinen Erklärungswert hat, liegt in der Erklärungsfiktion eine Abweichung vom gesetzlichen Leitbild des Vertragsschlusses. Einen Beurteilungsmaßstab für die Bewertung kann man – auch im Rechtsverkehr zwischen Unternehmern – den Vorgaben von § 308 Nr. 5 BGB entnehmen. Danach ist eine Erklärungsfiktion zulässig, wenn dem anderen Teil eine angemessene Erklärungsfrist eingeräumt und

---

73 *Hoeren,* AfP 2001, 8–13; ähnlich zur Regelung der GEMA *Augenstein,* Rechtliche Grundlagen des Verteilungsplans, 3. Kap. E II. Erstaunlich ist, daß *Hoeren* a.a.O. die Klausel wie die Praxis mit starken Worten vor-beurteilt, wenn er z.B. davon spricht, die Hinweise auf Neuregelungen erfolgten „versteckt und kleingedruckt" (S. 8) bzw. „irgendwo kleingedruckt"; wenn er ausführt, in den Mitteilungen, die die Hinweise enthalten, würde „ein bunter Reigen von Informationen angeboten" (S. 11); wenn er von einer „gängigen und durchaus verständlichen Praxis" spricht, die Mitteilungen der VG „ungelesen zu entfernen" (S. 11); und wenn er endlich mutmaßt, es sei „vielleicht nicht beabsichtigt, daß der Wahrnehmungsberechtigte etwas versteht. Vielmehr scheint es geradezu erwünscht, daß niemand kritische Fragen stellt oder gar seine Zustimmung zu den Vertragsänderungen verweigert. Insofern besteht ein vitales Interesse der Gesellschaft [VG Wort] an einer Politik der Desinformation." Ähnlich wie *Hoeren* weicht auch *Augenstein* die an den Urheber als *Unternehmer* zu stellenden Sorgfaltsanforderungen in Geschäftsangelegenheiten auf.

74 LG Hamburg, ZUM 2001, 711, 712. In der Sache übrigens schon ebenso RGZ 140, 231, 247 – Tonfilmrechte.

75 *Goldmann,* Die kollektive Wahrnehmung musikalischer Rechte, S. 300; Wolf/Horn/Lindacher-*Horn,* § 23 AGBG Rn. 356f.; *Mauhs,* Der Wahrnehmungsvertrag, S. 59.

76 So § 6 lit. a GEMA-WahrnV, § 5 VG-Wort-WahrnV, § 5 VG-Bild-Kunst-WahrnV.

der Verwender verpflichtet wird, bei Fristbeginn auf die Bedeutung des Schweigens hinzuweisen. Der Hinweis muß so erfolgen, daß der andere Teil davon auch unter normalen Umständen Kenntnis nehmen kann. Zusätzlich wird unter dem Gesichtspunkt des § 307 Abs. 1 BGB gefordert, der Verwender müsse ein berechtigtes Interesse an der Verwendung der Erklärungsfiktion haben.

Daß die Verwertungsgesellschaften ein berechtigtes Interesse an der Erklärungsfiktion haben, haben wir bereits erörtert (oben, aa, S. 116–118). Nur eine möglichst uniforme Wahrnehmungspraxis gewährleistet die Effizienz der Rechtewahrnehmung, zu der die Verwertungsgesellschaften als Treuhänder aller Berechtigten verpflichtet sind. Infolge der regelmäßig sehr langen Laufzeiten ist selbstverständlich, daß die Wahrnehmungsbedingungen im Laufe der Zeit geändert, insbesondere technischen und rechtlichen Entwicklungen angepaßt werden müssen. Eine solche Anpassung kann in dem Massengeschäft der Verwertungsgesellschaften praktisch nur mittels einer Erklärungsfiktion vereinbart werden.

Auch die technische Ausgestaltung der Erklärungsfiktion ist nicht zu beanstanden. Das gilt zunächst für die Frist von sechs bzw. zwölf Wochen, die den Berechtigten auch dann ausreichend Bedenkzeit ermöglicht, wenn man annimmt, daß die Mitteilung die Berechtigten u. U. erst eine Woche nach der Absendung erreichen mag, die für den Fristbeginn maßgeblich ist. Auch diese Regelung über den Fristbeginn erscheint angemessen, da sie die Berechtigten nicht übermäßig beschränkt, umgekehrt aber einem erheblichen wirtschaftlichen Interesse der Verwertungsgesellschaft – und damit letztlich aller Berechtigter – Rechnung trägt, den Fristbeginn unabhängig von den unterschiedlichen Postlaufzeiten sicher bestimmen zu können.

Allerdings ist die Praxis der VG Wort kritisiert worden, die Änderungsmitteilung in ihren jährlichen Rundbrief, den „Wort Report“, einzubeziehen. Nur versteckt zwischen allen möglichen anderen Mitteilungen sei dort der Hinweis auf die Änderungen enthalten. Die Sprache des Rundbriefs sei zu technisch gehalten. Es entspreche daher „gängiger Praxis, die Reporte ungelesen zu entfernen“.[77] Nur *obiter* ist zu erwähnen, daß damit die Praxis der VG Wort wohl nicht zutreffend beschrieben sein dürfte. In der Sache sind einzelne der Kritikpunkte durchaus von rechtlichem Gewicht. Wie gezeigt, müssen die Änderungen dem anderen Teil so mitgeteilt werden, daß er sie unter normalen Umständen auch zur Kenntnis nehmen kann. Das schließt aber nicht aus, sie in einen jährlichen Rundbrief einzubeziehen, solange darin die Änderungen hinreichend deutlich erkennbar hervorgehoben sind. Auf die rechtliche Bedeutung des Schweigens, wie sie sich aus den AGB ergibt, ist dabei ebenfalls hinreichend klar hinzuweisen; das bereitet aber üblicherweise keine Schwierigkeiten. Die geänderten Bedingungen können allerdings naturgemäß nur so mitgeteilt werden, wie sie beschlossen wurden, und das heißt regelmäßig in der rechtlich gebotenen technischen Sprache.[78]

---

77 *Hoeren,* AfP 2001, 8, 11.
78 Die sprachliche Fassung kann man freilich ihrerseits an den Maßstäben der Einbeziehungs- und Inhaltskontrolle – hier ist vor allem an das Transparenzgebot zu denken! – messen.

Auch der Hinweis, die Berechtigten pflegten Informationsrundbriefe der Verwertungsgesellschaften ungelesen wegzuwerfen, ändert an der Beurteilung nichts. Allerdings dürfte schon dieser tatsächliche Befund recht ungesichert sein. Plausibel erscheint er nicht, da die Rechteinhaber, die einer Verwertungsgesellschaft – aufgrund Wahrnehmungsvertrags oder als Mitglieder – angehören, unmittelbar oder mittelbar über die gemeinsame Vertretung (§ 6 Abs. 2 UrhWG) über die Wahrnehmungs- und Verteilungsbedingungen mitbestimmen und daran ein erhebliches wirtschaftliches Interesse haben. Unabhängig von solchen tatsächlichen Erwägungen ist aber der Einwand aus rechtlichen Gründen zurückzuweisen. Die Berechtigten sind im Verhältnis zu ihrer Verwertungsgesellschaft Unternehmer [79] und in seinen Geschäftsangelegenheiten hat man Sorgfalt walten zu lassen. Wer die Post seiner Verwertungsgesellschaft nicht liest, der kann sich nicht darauf berufen, nicht informiert worden zu sein.

(2) Einseitige Änderungsbefugnis?

Wie sind einseitige Änderungsbefugnisse zu beurteilen, wie sie bis 2002 der GEMA-Wahrnehmungsvertrag auch für Änderungen des Wahrnehmungsvertrags selbst vorsah und wie sie die Wahrnehmungsverträge von GEMA und VG Wort für Änderungen von Satzung und Verteilungsplan enthalten? Insofern legt die Unterscheidung, die die Verwertungsgesellschaften *in praxi* treffen, die Differenzierung bei der Prüfung nahe, ob Änderungen von (1) Berechtigungsvertrag, (2) Verteilungsplan und (3) Satzung auf diese Weise in den Vertrag einbezogen werden können.

Für Änderungen des *Wahrnehmungsvertrags* unterliegt eine Klausel über die Einbeziehung künftiger Änderungen Bedenken.[80] Im Wahrnehmungsvertrag ist vor allem die Rechteübertragung geregelt, und zwar obligatorisch und dinglich. Eine nachträgliche Erweiterung der Rechteübertragung, die ohne eine Mitteilung an die Berechtigten erfolgen sollte, begegnet rechtstechnisch dem Bedenken, daß hier nicht nur die Verpflichtungserklärung, sondern auch die Verfügungserklärung fingiert werden müßte.[81] Vor allem aber ist diese Entscheidung in der Sache von solchem Gewicht, daß man auf eine Mitwirkung der Berechtigten nicht verzichten kann.

Allerdings besteht auch im Hinblick auf den Umfang der Rechteeinräumung ein Interesse der Verwertungsgesellschaft, möglichst einheitlich für alle Berechtigten dieselben Rechte wahrzunehmen. Deswegen kann die Verwertungsgesellschaft einen Anspruch gegen die Berechtigten haben, einer nachträglichen Erweiterung des Rechtekatalogs zuzustimmen.[82] Erklären sich die Berechtigten damit nicht ein-

---

79 S. oben § 3 III 2 b bb (S. 24–29).

80 Unter dem Gesichtspunkt der Angemessenheitskontrolle des § 6 Abs. 1 S. 1 UrhWG ebenso *Meyer,* Verwertungsgesellschaften und ihre Kontrolle, S. 87–90 (die Einbeziehungsklauseln ausschließlich im Hinblick auf neue Nutzungsarten erörtert!).

81 BGH, NJW 1988, 1847, 1848 – GEMA-Vermutung IV; s.a. BGH, NJW 1986, 1244, 1246 – GEMA-Vermutung I.

82 In diese Richtung schon BGH, NJW 1988, 1847, 1848 – GEMA-Vermutung IV.

verstanden, so kann der Verwertungsgesellschaft im äußersten Fall das Recht zur Kündigung des Wahrnehmungsvertrags zustehen (Änderungskündigung).

Die dargelegten Bedenken gegen die klauselmäßige Einbeziehung von Erweiterungen des Rechtekatalogs greifen allerdings gegenüber *Nebenbedingungen* des Wahrnehmungsvertrags nicht Platz. Vielmehr muß hier dasselbe gelten wie sonst bei Allgemeinen Geschäftsbedingungen in einer laufenden Geschäftsverbindung zwischen Unternehmern.[83] Die Einbeziehung veränderter Nebenbedingungen erfolgt schon dadurch, daß die Verwertungsgesellschaft den Berechtigten darauf eindeutig hinweist und dieser nicht widerspricht.[84] Insofern überwiegt das Interesse der Verwertungsgesellschaft an einer einheitlichen Wahrnehmungspraxis.[85] Die Interessen der Berechtigten werden durch die weiterhin erfolgende Inhaltskontrolle gewahrt. Zum Beispiel kann man daran denken, daß eine Verwertungsgesellschaft die im Wahrnehmungsvertrag vereinbarte jährliche Kostenpauschale oder einen pauschalierten Aufwendungsersatz für Abtretungen erhöht. Das ist auch ohne das kompliziertere Verfahren für die Erweiterung des Rechtekatalogs durch Anzeige der Änderung möglich.

Für nachträgliche Änderungen des *Verteilungsplans* muß man indes anders entscheiden. Die Aufstellung von Verteilungsplänen ist den Verwertungsgesellschaften gesetzlich aufgegeben. Die Verteilungspläne dürfen nicht willkürlich sein. Sie müssen daher *für alle Berechtigten einheitlich* gelten. Dieses Gebot folgt regelmäßig auch aus der Natur der Sache, da die Verteilungspläne ein Regelungsganzes darstellen, das als solches die einheitliche Geltung für alle Berechtigten gebietet. Verändert z. B. die VG Wort die Beteilungsquoten von Autor und Verleger von 70 % und 30 % auf 75 % und 25 %, so kann das naturgemäß nur einheitlich für alle Berechtigten gelten, da die Verwertungsgesellschaft eben nicht mehr als 100 % ausschütten kann. Dogmatisch kann man die Einbeziehungregelung als ausnahmsweise zulässiges[86] klauselmäßiges Leistungsbestimmungsrecht (§ 315 BGB) einordnen. Der Maßstab für die Überprüfung der Leistungsbestimmung ist dann der Spezialregelung des § 7 S. 1 UrhWG zu entnehmen.

Nachträgliche Änderungen der *Satzung* schließlich betreffen soweit es um materielle Satzungsbestandteile geht ohnehin nur die Mitglieder im vereinsrechtlichen Sinne. Die Einbeziehung in die Satzung ist aber korporationsrechtlich gesichert. Soweit die Satzung daneben als formelle Satzungsbestandteile auch Verteilungsregeln enthält, gilt dasselbe wie für den Verteilungsplan selbst.

---

83 S. etwa BGH, NJW-RR 1991, 570, 571 (Speditionsvertrag); BGHZ 42, 53, 55; Ulmer/Brandner/Hensen-*Ulmer*, § 2 Rn. 86.

84 Widerspricht der Berechtigte, so wird man der Verwertungsgesellschaft im Rahmen der Angemessenheitskontrolle nach § 6 Abs. 1 S. 1 UrhWG ein Kündigungsrecht zugestehen müssen.

85 In der Sache ähnlich *Menzel*, Die Aufsicht über die GEMA, S. 50f. (freilich im Rahmen der Beurteilung nach § 6 Abs. 1 S. 1 UrhWG und ohne die Unterscheidung von Rechteübertragung und Nebenbedingungen).

86 Näher sogleich, b (S. 122).

b) Zur Kontrolle von Ermessensklauseln

Ermessensklauseln enthalten Verteilungspläne auch sonst gelegentlich. Insbesondere im Bereich der kulturellen Förderung sind solche Klauseln vom Zweck her geboten, wenn die Verwertungsgesellschaft individuelle Umstände berücksichtigen möchte, die einer formalisierten Regelung nicht zugänglich sind. In Betracht kommt insbesondere die Zuerkennung von Förderungsleistungen durch einen besonderen Mitgliederausschuß.

Solche Ermessensklauseln sind von den Gerichten teilweise als AGB-Problem erörtert worden. Unter § 307 BGB werden Ermessensklauseln dann nicht für unangemessen gehalten, wenn für ihre Bestimmung ein sachlicher Grund besteht.[87] Der ist indes für Ermessensklauseln im Bereich der kulturellen Förderung unschwer zu finden. Der Gesetzgeber hat die kulturelle Förderung den Verwertungsgesellschaften aufgegeben (§ 7 S. 2 UrhWG), die für die Entscheidung in jedem Fall besser legitimiert sind als eine staatliche Behörde oder die Gerichte. Schon unter § 7 S. 2 UrhWG ist aber anerkannt, daß den Verwertungsgesellschaften bei der Entscheidung über das Ob und das Wie eine weite Einschätzungsprärogative zukommt.[88] In diesem Rahmen bieten sich Ermessensklauseln aber zumal im Bereich der kulturellen Förderung in besonderem Maße an. Zum einen erlauben sie der Verwertungsgesellschaft, bei der Förderungsentscheidung individuelle Umstände zu berücksichtigen. Zum anderen ermöglichen sie eine laufende Anpassung der Förderungsleistungen an sich ändernde Verhältnisse, wie sie nach der zutreffenden Feststellung des Bundesgerichtshofs unvermeidlich ist, um Fehlentwicklungen zu begegnen und (weiteren) Verwerfungen vorzubeugen.[89]

Auch außerhalb des Bereichs der kulturellen Förderung ist anerkannt, daß Ermessensklauseln im Verteilungsplan der AGB-Kontrolle grundsätzlich standhalten, weil (und soweit) sie aus dem Zweck der kollektiven Rechtewahrnehmung gerechtfertigt sind.[90] Auch bei der Verteilung allgemein sind Beurteilungsspielraum und Billigkeitsmaßstab mit Rücksicht auf diesen Zweck der kollektiven Rechtewahrnehmung zu ermitteln.[91]

---

87 Wolf/Horn/Lindacher-*Wolf,* § 9 AGBG Rn. L 117–126; Ulmer/Brandner/Hensen-*Ulmer,* § 9 AGBG Rn. 100.
88 Schricker-*Reinbothe,* § 7 UrhWG Rn. 10; Fromm/Nordemann-*Nordemann,* § 7 UrhWG Rn. 3.
89 BGH, GRUR 1988, 782, 783 – GEMA-Wertungsverfahren.
90 Wolf/Horn/Lindacher-*Horn,* § 23 AGBG Rn. 357.
91 Wolf/Horn/Lindacher-*Horn,* § 23 AGBG Rn. 357.

§ 9 Das Gesetz gegen Wettbewerbsbeschränkungen

I. Einführung: Kartellrecht im Wandel – die Entwicklung und die Änderungen durch die 7. GWB-Novelle

Anders als in anderen Rechtsordnungen – namentlich dem US-amerikanischen Recht[1] und dem EG-Recht[2] – ist das Wahrnehmungsrecht in Deutschland speziell geregelt. Dadurch ist auch die kartellrechtliche Beurteilung wesentlich entschärft. Allerdings war auch in Deutschland früher streitig, ob die Verwertungsgesellschaften Kartelle i.S. der Kartellverordnung von 1923[3] und später i.S. des GWB von 1957[4] sind. Der Gesetzgeber des Urheberrechtswahrnehmungsgesetzes nahm dem Streit die Bedeutung, indem er durch § 24 UrhWG einen § 102a in das GWB (a.F.) einfügte,[5] der seit der 6. Kartellnovelle in § 30 GWB fortbesteht.[6] Ist damit auch die Kartelleigenschaft der Verwertungsgesellschaften nach wie vor nicht abschließend geklärt,[7] so ist doch zweierlei unzweifelhaft: Ihre grundsätzliche Freistellung vom Kartellverbot der §§ 1 und 14 GWB (§§ 1, 15 GWB a.F.) und ihre Beurteilung nach den Mißbrauchstatbeständen der §§ 19f. GWB.[8] Die weitere Mißbrauchsaufsicht, die § 102a GWB a.F. noch enthielt,[9] ist mit der Neufassung der Vorschrift durch die

---

1 Eingehend *Goldmann,* Die kollektive Wahrnehmung musikalischer Rechte, S. 123–181; s.a. *Mestmäcker,* Sind urheberrechtliche Verwertungsgesellschaften Kartelle?, S. 13–23; *Riesenkampff,* Wie sind urheberrechtliche Verwertungsgesellschaften nach dem GWB zu beurteilen?, S. 57–81.

2 Dazu nachfolgend, §§ 10, 11 (S. 137–158).

3 Verordnung gegen den Mißbrauch wirtschaftlicher Machtstellungen v. 2.11.1923, RGBl. 1923 I 1067. Die Kartelleigenschaft ablehnend KG, Kartell-Rundschau. 1930, 36, 37f. (zur Alten Gema); a.M. *Herzog,* Kartell-Rundschau 1930, 20; dazu noch *Callmann,* Das deutsche Kartellrecht, Kommentar (1934), S. 44, 85 mit Fn. 56 sowie §§ 1–3 Rn. 44, sowie *Brugger,* WuW 1959, 159, 161. S.a. BGHZ 15, 343 und dazu *Pfennig,* UFITA 25 (1958), 129, 140f.

4 BKartA v. 15.7.1963, WuW/E BKartA 704, 709–711. Aus der Literatur *Brugger,* WuW 1959, 159–169 und 244–254; Siegfried *Grundmann,* NJW 1954, 297–298; *Nipperdey,* NJW 1953, 879–884. Erörterung m.w.N. bei *Goldmann,* Die kollektive Wahrnehmung musikalischer Rechte, S. 206f.; *Held,* FuR 1980, 71, 72f.; *Leßmann,* Verwertungsgesellschaften nach deutschem und europäischen Kartellrecht, S. 59f.; *Lux,* WRP 1989, 31, 32–35; *Mestmäcker,* Sind urheberrechtliche Verwertungsgesellschaften Kartelle?, S. 30–37; auch *ders.,* FS Lukes, S. 447f., 451–452; *Pickrahn,* Verwertungsgesellschaften nach deutschem und europäischem Kartellrecht, S. 17–42; *Reinbothe,* Schlichtung im Urheberrecht, S. 112f.; *Riesenkampff,* Wie sind urheberrechtliche Verwertungsgesellschaften nach dem GWB zu beurteilen?, S. 11–38; *Steding,* Der Kartellcharakter der GEMA, S. 136–149, 149–154 und *passim.* S.a. *Sandberger/Treeck,* UFITA 47 (1966), 165, 189–194.

5 Noch abgedruckt bei Schricker-*Reinbothe,* § 24 UrhWG/§ 30 GWB mit Erläuterung bei Rn. 2. Die Vorschrift diente der Rechtsklarheit; vgl. Schriftlicher Bericht des Rechtsausschusses (*Reischl*), Anhang zu BT-Drs. IV/3402, S. 4.

6 Zur Neuregelung des § 30 GWB nur Schricker-*Reinbothe,* § 24 UrhWG/§ 30 GWB, Rn. 2; *Lux,* WRP 1998, 31–38; RegE, BT-Drs. 13/9720, S. 54.

7 Kürzlich *Goldmann,* Die kollektive Wahrnehmung musikalischer Rechte, S. 206–209.

8 RegE, Begr. zu § 24, BT-Drs. IV/271, S. 21; BGH, GRUR 1988, 782, 784 – GEMA-Wertungsverfahren; Schricker-*Reinbothe,* § 24 UrhWG/§ 30 GWB Rn. 3.

9 Zu ihr noch *Sandberger/Treeck,* UFITA 47 (1966), 165, 186–207; *Stockmann,* in: Die Verwertungsgesellschaften im Europäischen Binnenmarkt, S. 27–31.

6. GWB-Novelle als § 30 GWB entfallen;[10] nennenswerte praktische Bedeutung hatte sie nicht erlangt.[11]

Das Kartellrecht ist im Wandel. Nach Art. 3 der am 1. Mai 2004 in Kraft getretenen Verordnung 1/2003[12] ist auf zwischenstaatliche Sachverhalte zwingend das europäische Kartellrecht anzuwenden.[13] Soweit der Anwendungsbereich von Art. 81 EG berührt ist, ist das Europäische Kartellverbot auch von nationalen Kartellbehörden anzuwenden. Das nationale Kartellrecht darf weder dahinter zurückbleiben noch strengere Maßstäbe vorsehen; Art. 3 Abs. 1 S. 1 VO 1/2003. Gemäß Art. 1 Nr. 15 des Entwurfs für eine 7. GWB-Novelle vom 17. 12. 2003 soll daher § 30 GWB ersatzlos wegfallen. Auch die Mißbrauchskontrolle, die den Kern der kartellrechtlichen Kontrolle des Wahrnehmungsvertrags ausmacht, ist von den Änderungen betroffen. In zwischenstaatlichen Sachverhalten haben die nationalen Behörden und Gerichte auch Art. 82 EG anzuwenden, Art. 3 Abs. 1 S. 2 VO 1/2003. Allerdings behält das nationale Recht insofern seine Bedeutung, als es über die Vorgaben von Art. 82 EG hinausgehen darf, Art. 3 Abs. 2 S. 2 VO 1/2003. Die §§ 19, 20 GWB sollen denn auch in der 7. GWB-Novelle weithin erhalten bleiben.

Das bislang geltende deutsche Kartellrecht und die Regeln der §§ 19, 20 GWB über die Mißbrauchsaufsicht sind daher nachfolgend gleichwohl zu erörtern. Die Sonderregelung des § 30 GWB behält als Beispiel für das Zusammenwirken von Wahrnehmungsrecht und Kartellrecht Bedeutung. Und die §§ 19, 20 GWB haben auch künftig eine eigenständige Bedeutung. Nachfolgend wird zunächst aufgezeigt, welche Kontrolle des Wahrnehmungsvertrags sich aus den Grenzen des § 30 GWB i.V.m. dem Verbot des § 1 GWB ergibt (II). Anschließend untersuchen wir die Mißbrauchsaufsicht der §§ 19, 20 GWB näher (III).

II. Die Kontrolle nach §§ 1, 30 GWB

§ 30 Abs. 1 GWB nimmt die Gründung und Tätigkeit von Verwertungsgesellschaften von der Kontrolle nach §§ 1 und 14 GWB aus. Diese Ausnahme gilt gerade auch für „Verträge und Beschlüsse solcher Verwertungsgesellschaften" über die Rechtewahrnehmung, also den Wahrnehmungsvertrag und die sich auf die Wahrnehmung beziehenden Beschlüsse.[14] Wahrnehmungsverträge können – in ihrer Gesamtheit –

---

10 Zur Begründung BR-Drs. 852/97, S. 55 f. (Anpassung an EG-Wettbewerbsrecht).

11 *Held,* FuR 1980, 71, 74; *Lux,* WRP 1989, 31; Loewenheim-*Melichar,* Handbuch des Urheberrechts, § 50 Rn. 27; Immenga/ Mestmäcker-*Möschel,* § 30 GWB Rn. 15; Schricker-*Reinbothe,* § 24 UrhWG/§ 30 GWB, Rn. 2 a. E.; *Stockmann,* in: Die Verwertungsgesellschaften im europäischen Binnenmarkt, S. 27 f.

12 Verordnung (EG) Nr. 1/2003 des Rates vom 16. Dezember 2002 zur Durchführung der in den Artikeln 81 und 82 des Vertrags niedergelegten Wettbewerbsregeln, ABl. 2003 L 1/1.

13 Einführend *Weitbrecht,* EuZW 2003, 69–73.

14 *Goldmann,* Die kollektive Wahrnehmung musikalischer Rechte, S. 211 f.; Schricker-*Reinbothe,* § 24 UrhWG/§ 30 GWB Rn. 7. Mit den „Beschlüssen" sollen insbesondere Beschlüsse über die Einschränkung der Befugnisse von Urhebern zur selbständigen Verwertung erfaßt sein; Immenga/ Mestmäcker-*Möschel,* § 30 Rn. 12; Langen/Bunte-*Jestaedt,* § 30 Rn. 4.

im Einzelfall durchaus einen Wettbewerb beschränken. Vor allem kann man im Bereich der Musik daran denken, daß die kollektive Rechtewahrnehmung einen Markt beschränkt, der für austauschbare Unterhaltungsmusik durchaus besteht oder doch bestehen kann.[15] Daß die Berechtigten Unternehmen i.S.d. GWB sind, ist durch die grundlegende Entscheidung GEMA-Wertungsverfahren geklärt.[16]

Eine Inhaltskontrolle ergibt sich daher aus §§ 1, 30 GWB dadurch, daß die Freistellung des § 30 Abs. 1 GWB nicht uneingeschränkt gilt („soweit"). Neben dem formalen Erfordernis der Anmeldung beim DPMA müssen die Verträge und Beschlüsse daher zur wirksamen Rechtewahrnehmung „erforderlich" sein. Mit der Erforderlichkeit wird nun aber keineswegs eine strenge Verhältnismäßigkeitsprüfung bezeichnet. Sie liefe auf die von § 6 Abs. 1 S. 1 UrhWG gerade nicht intendierte Zweckmäßigkeitskontrolle hinaus und würde die Autonomie der Verwertungsgesellschaften geradezu im Kern beschränken. Die Überprüfung soll sich daher darauf beschränken, ob die Verwertungsgesellschaft ihre Tätigkeit in mißbräuchlicher Weise über den erlaubnispflichtigen Bereich hinaus ausdehnt.[17]

Aus §§ 1, 30 Abs. 1 GWB ergibt sich damit eine äußerste Kontrolle des Umfangs der Rechteübertragung im Wahrnehmungsvertrag. Daß dieser Kontrolle neben § 6 Abs. 1 S. 1 UrhWG materiellrechtlich eine eigenständige Funktion zukommen würde, ist freilich nicht zu erkennen. Verfahrensrechtlich hat die Kontrolle die Besonderheit, daß sie (auch) vom Bundeskartellamt vorgenommen wird. Das ist, soweit erkennbar, nie praktisch geworden.

III. Die Mißbrauchskontrolle nach §§ 19, 20 GWB

1. Einführung

Eine größere und auch praktisch gelegentlich erwiesene Bedeutung kommt der Mißbrauchskontrolle nach §§ 19, 20 GWB zu. Allerdings greift die Mißbrauchskontrolle des § 19 GWB nur für die Verwertungsgesellschaften Platz, die eine marktbeherrschende Stellung haben, das Diskriminierungsverbot des § 20 Abs. 1, 2 GWB bindet auch marktstarke Unternehmen.[18] § 19 Abs. 1 GWB enthält das grundsätzliche Verbot der mißbräuchlichen Ausnutzung einer marktbeherrschenden Stellung. Wann eine solche marktbeherrschende Stellung vorliegt, ergibt sich aus den Absätzen 2 und 3 der Vorschrift. Absatz 4 konkretisiert den Mißbrauchstatbestand und § 20 GWB ergänzt ihn durch ein Behinderungs- und Diskriminierungsverbot.

---

15 *Brugger,* UFITA 27 (1959), 189, 222f.; *ders.,* WuW 1959, 159, 164; *Goldmann,* Die kollektive Wahrnehmung musikalischer Rechte, S. 211; *Reinbothe,* Schlichtung im Urheberrecht, S. 7f.; *Steding,* Der Kartellcharakter der GEMA, S. 91 f.

16 S.o. § 3 III 2 b bb (S. 24–29); nähere Erörterung und Meinungsstand unten, 2 b (S. 127f.).

17 Schricker-*Reinbothe,* § 24 UrhWG/§ 30 GWB Rn. 7; *ders.,* Schlichtung im Urheberrecht, S. 119f.; *Löhr,* Die Aufsicht über Verwertungsgesellschaften, S. 21; s.a. *Bechtold,* GWB, § 30 Rn. 5.

18 *Bunte,* Kartellrecht, § 7 II 2 d (S. 213–216); Immenga/Mestmäcker-*Möschel,* § 30 GWB Rn. 16; das kann v.a. für die Verwertungsgesellschaften im Filmbereich eine Rolle spielen.

Anders als bei der Erörterung der Kontrolltatbestände des Urheberrechtswahrnehmungsgesetzes, die speziell auf den Wahrnehmungsvertrag (§ 6 Abs. 1 S. 1 UrhWG) und den Verteilungsplan (§ 7 S. 1 UrhWG) zugeschnitten sind, müssen wir im vorliegenden Zusammenhang einige Fragen des Tatbestands näher erörtern (dazu sogleich bei 2). Die konkret in Betracht kommenden Kontrolltatbestände behandeln wir im Zusammenhang mit der auch hier gestellten Frage, was Gegenstand der Kontrolle ist (3). Schwerpunkt der Untersuchung ist entsprechend der systematischen Zielsetzung wiederum der Kontrollmaßstab (4).

Außer Betracht bleibt im folgenden der Aufnahmezwang nach § 20 Abs. 6 GWB. Seine Anwendbarkeit neben § 6 UrhWG ist umstritten: Während manche gesonderte Anwendungsbereiche beider Vorschriften bejahen,[19] ist der Wahrnehmungszwang nach § 6 UrhWG nach anderer Ansicht abschließende Spezialvorschrift;[20] in der Tat hat der Gesetzgeber einen Aufnahmezwang bewußt abgelehnt.[21] Die Vorschrift wird deswegen nicht näher untersucht, da dort die Inhaltskontrolle nicht im Vordergrund steht.

2. Die Kontrolltatbestände und ihr Zweck

Die Kontrolltatbestände der §§ 19, 20 GWB knüpfen an die marktbeherrschende bzw. marktstarke Stellung an. Von der Mißbrauchsaufsicht gem. §§ 19, 20 GWB nimmt § 30 GWB die Verwertungsgesellschaften nicht aus. Ist auch ihr Monopol grundsätzlich zugelassen und vom Gesetzgeber sogar für wünschenswert gehalten worden, so hat man doch die Gefahren, die aus der marktbeherrschenden Stellung resultieren, nicht gering geschätzt und es deshalb bei der Kontrolle belassen. Zweck der Mißbrauchskontrolle nach §§ 19, 20 GWB ist hier wie allgemein, marktbeherrschende und marktstarke Unternehmen, deren Entflechtung das deutsche Kartellrecht nicht ermöglicht oder – wie im Fall der Verwertungsgesellschaften – nicht erst für wünschenswert erachtet, einer spezifischen Kontrolle zu unterwerfen, um Beeinträchtigungen des Marktes zu vermeiden. Das GWB verbietet zwar die Marktbeherrschung nicht, nimmt sie aber zum Anlaß für eine besonders wachsame Kontrolle.[22]

Einzelne Tatbestandsmerkmale der §§ 19, 20 GWB waren zeitweilig umstritten. Die Vorschriften binden in erster Linie marktbeherrschende Unternehmen (a), und zwar insbesondere auch zum Schutz anderer Unternehmen (b). Die daraus resultierende Mißbrauchskontrolle findet auch im Verhältnis zwischen Verwertungsgesellschaft

---

19 *Mauhs,* Der Wahrnehmungsvertrag, S. 41 f.; *Menzel,* Die Aufsicht über die GEMA, S. 100–102; *Vogel,* FG Schricker, S. 137.

20 *Goldmann,* Die kollektive Wahrnehmung musikalischer Rechte, S. 189 f.; *Mestmäcker,* FS Lukes, S. 457 f.; *Wirtz,* Die Kontrolle von Verwertungsgesellschaften, S. 121; KG, WuW/E OLG 4040, 4043; s.a. KG v. 4. 4. 2001 – Kart U 4239/00, Umdruck S. 5.

21 RegE, Begr. zu § 6, BT-Drs. IV/271, S. 16 = *Mestmäcker/Schulze,* Anhang A (3), S. 22.

22 *Emmerich,* Kartellrecht, § 18, 2 (S. 166 f.), § 20, 1 (S. 212); *Bunte,* Kartellrecht, § 7 I 1 (S. 185 f.).

und Berechtigten statt (c), sie ist insbesondere nicht durch die Sonderregeln der §§ 6, 7 UrhWG derogiert.

a) Verwertungsgesellschaften als marktbeherrschende Unternehmen

§§ 19, 20 GWB binden vor allem „marktbeherrschende Unternehmen".[23] Einhellig wird heute bejaht, daß die Verwertungsgesellschaften marktbeherrschende Unternehmen i.S.v. § 19 Abs. 2 und 3 GWB sein können[24] und daß die deutschen Verwertungsgesellschaften – sieht man vom Bereich der Filmverwertung ab – durchgehend eine marktbeherrschende Stellung haben.[25]

Die Verwertungsgesellschaften im Filmbereich haben zwar keine marktbeherrschende Stellung.[26] Dem Diskriminierungsverbot des § 20 Abs. 1 GWB unterliegen sie aber nach Absatz 2 der Vorschrift schon als marktstarke Unternehmen. Zudem bindet § 20 Abs. 1 i.V.m. § 30 Abs. 1 GWB die Verwertungsgesellschaften unabhängig von ihrer Marktstärke schon als Preisbinder.[27] Endlich sollen die Verwertungsgesellschaften auch als Unternehmensvereinigungen i.S.v. § 20 Abs. 1 dem Diskriminierungsverbot unterliegen.[28]

b) Berechtigte als Unternehmen i.S.d. GWB

aa) Berechtigte allgemein

Auch die Unternehmenseigenschaft der Berechtigten ist heute nicht mehr streitig.[29] Wir haben sie bereits eingangs erörtert.[30] Bei der Verwertung ihrer Rechte nach dem Urheberrechtsgesetz nehmen die Berechtigten selbständig am geschäftlichen Verkehr teil. Treten sie auch durch ihren Zusammenschluß in der Verwertungsgesell-

---

23 Zur Unternehmenseigenschaft nur Immenga/Mestmäcker-*Markert*, § 20 Rn. 22.
24 *Lux*, WRP 1989, 31, 35; *Mauhs*, Der Wahrnehmungsvertrag, S. 62; *Reinbothe*, Schlichtung im Urheberrecht, S. 6–9, 156–159; *Steding*, Der Kartellcharakter der GEMA, S. 154–171.
25 *Becker*, FS Kreile, S. 38; Wandtke/Bullinger-*Gerlach*, § 30 GWB Rn. 1; *Goldmann*, Die kollektive Wahrnehmung musikalischer Rechte, S. 214f.; *Leßmann*, Verwertungsgesellschaften nach deutschem und europäischen Kartellrecht, S.62f.; *Löhr*, Die Aufsicht über Verwertungsgesellschaften, S. 16–18; *Loewenheim*, UFITA 79 (1977), 175, 186; *Lux*, WRP 1998, 35; *Mestmäcker*, Sind urheberrechtliche Verwertungsgesellschaften Kartelle?, S. 37–39; Immenga/Mestmäcker-*Möschel*, § 30 Rn. 16; Schricker-*Reinbothe*, Vor §§ 1ff. Rn. 7 und § 24 UrhWG/§ 30 GWB Rn. 1. S.a. Begr. zu § 17 GWB, BT-Drs. I/3462, S. 33; RegE, Begr. zu A II 4, BT-Drs. IV/271, S. 12 = *Mestmäcker/Schulze*, Anhang A (3), S. 16; Bericht des Rechtsausschusses zu BT-Drs. IV/3402, S. 4. S.a. BGHZ 15, 338, 344; BKartA, WuW/E 704, 714.
26 *Mauhs*, Der Wahrnehmungsvertrag, S. 62f.
27 *Goldmann*, Die kollektive Wahrnehmung musikalischer Rechte, S. 216.
28 *Goldmann*, Die kollektive Wahrnehmung musikalischer Rechte, S. 216; *Lux*, WRP 1998, 31, 38; *Pickrahn*, Verwertungsgesellschaft nach deutschem und europäischem Kartellrecht, S. 79.
29 BGH, GRUR 1988, 782, 784 – GEMA-Wertungsverfahren; BKartA, WuW/E 704, 708; *Goldmann*, Die kollektive Wahrnehmung musikalischer Rechte, S. 216; *Held*, FuR 1980, 71, 72; *Lux*, WPR 1989, 31, 32; *Mauhs*, Der Wahrnehmungsvertrag, S. 63f.; *Sandberger/Treeck*, UFITA 47 (1966), 165, 190f.; *Stockmann*, in: Die Verwertungsgesellschaften im Europäischen Binnenmarkt, S. 32. S. schon *Brugger*, UFITA 27 (1959), 189, 229–232.
30 Oben, § 3 III 2 b bb (S. 24–29).

schaft nach außen nicht mehr als selbständige Marktteilnehmer in Erscheinung, so soll doch ihre Selbständigkeit gegenüber der Verwertungsgesellschaft davon unberührt bleiben.[31]

bb) Mitglieder insbesondere

Nicht selbstverständlich ist indes, daß auch Mitglieder im vereinsrechtlichen Sinne als Berechtigte von §§ 19, 20 GWB vor einem mißbräuchlichen Verhalten der Verwertungsgesellschaft geschützt sein sollen. Zum einen hat sich gezeigt, daß der Gesetzgeber des Urheberrechtswahrnehmungsgesetzes Mitglieder im vereinsrechtlichen Sinne bei der Angemessenheitskontrolle für weniger schutzwürdig angesehen hat als die der Verwertungsgesellschaft nur schuldvertraglich verbundenen Berechtigten. Zum anderen aber sind die Mitglieder selbst Teil der Verwertungsgesellschaft, so daß die Schutzbedürftigkeit „vor ihrer eigenen Korporation" nicht auf der Hand liegt. Der Bundesgerichtshof – der die Frage freilich nicht eigens erörtert hat – hat der Unterscheidung zwischen „einfachen" Berechtigten und Vereinsmitgliedern indes keine Bedeutung beigemessen, sondern die Unternehmenseigenschaft von Berechtigten generell bejaht.[32]

c) Die Anwendbarkeit der Mißbrauchskontrolle auf das Verhältnis zu den Berechtigten

Auch die Anwendbarkeit der Mißbrauchskontrolle auf das Verhältnis zwischen Verwertungsgesellschaft und Berechtigten ist heute unstreitig.[33] Allerdings war die Begründung des Regierungsentwurfs in diesem Punkt nicht ganz deutlich. Unzweideutig ist ihr zwar zu entnehmen, daß eine Mißbrauchsaufsicht wegen der marktbeherrschenden Stellung der Verwertungsgesellschaften stattfinden soll. Die Erläuterungen zeigen aber, daß es dem Gesetzgeber dabei vor allem um das Verhältnis der Verwertungsgesellschaft zum Nutzer ging.[34] Wohl im Anschluß daran wurde gelegentlich die Auffassung vertreten, die marktbeherrschende Stellung

---

31 BGH, GRUR 1988, 782, 784 – GEMA-Wertungsverfahren; zur Erhaltung der Unternehmereigenschaft ungeachtet des Zusammenschlusses a.M. etwa *Sandberger/Treeck,* UFITA 47 (1966), 165, 191 f.

32 BGH, GRUR 1988, 782, 784 – GEMA-Wertungsverfahren.

33 BGH, GRUR 1988, 782, 784 – GEMA-Wertungsverfahren; *Bechtold,* GWB, § 30 Rn. 1; Wandtke/Bullinger-*Gerlach,* § 30 GWB Rn. 4; *Mauhs,* Der Wahrnehmungsvertrag, S. 60; Schricker-*Reinbothe,* § 24 UrhWG/§ 30 GWB Rn. 8; *Stockmann,* in: Die Verwertungsgesellschaften im Europäischen Binnenmarkt, S. 33–38.

34 RegE, Allgemeine Begründung zu A II 4, BT-Drs. IV/271, S. 12 = *Mestmäcker/Schulze,* Anhang A (3) S. 16 f.: „Jedenfalls aber dürften Verwertungsgesellschaften in der Regel als marktbeherrschende Unternehmen anzusehen sein und insoweit neben der im Verwertungsgesellschaftengesetz vorgesehenen Fachaufsicht auch der Kartellaufsicht unterliegen. Die betroffenen Urheber und Leistungsschutzberechtigten fordern eine völlige Freistellung von der Kartellaufsicht. Dagegen bestehen indes Bedenken. Neben den im Verwertungsgesellschaftengesetz behandelten typischen Verträgen und Beschlüssen, wie den Gesamtverträgen mit Verwertervereinigungen und der Festsetzung von Tarifen, sind im Bereich der Verwertungsgesellschaften noch andere, rein wirtschaftliche wettbewerbsbeschränkende Verträge und Beschlüsse denkbar, deren Überprüfung dem Bundeskartellamt nicht entzogen werden sollte."

wirke sich allein im Verhältnis zu den Nutzern aus.[35] Indes überzeugt das in der Sache nicht. Zudem hat der Gesetzgeber auch in anderen Hinsichten die Gefahren der Marktmacht gleichermaßen in beide Richtungen – zu den Berechtigten und zu den Nutzern – gesehen. Eben deshalb hat er die Wahrnehmungsbedingungen – Wahrnehmungsvertrag, Verteilungsplan und Satzung – in §§ 6 und 7 UrhWG einer (freilich differenzierten) Kontrolle unterworfen.[36] Der Bundesgerichtshof geht daher zu Recht von einer Mißbrauchskontrolle auch im Verhältnis zu den Berechtigten aus.[37]

d) *Keine Derogation der §§ 19, 20 GWB durch die §§ 6, 7 UrhWG*

Schließlich ist auch geklärt, daß die Mißbrauchskontrolle – entgegen einer früher vertretenen Ansicht –[38] nicht durch die Spezialvorschriften der §§ 6, 7 UrhWG verdrängt wird, sondern die Kontrolltatbestände in Idealkonkurrenz stehen.[39] Urheber und Leistungsschutzberechtigte hatten im Gesetzgebungsverfahren zwar eine völlige Freistellung von der Kartellaufsicht gefordert.[40] Der Gesetzgeber ist dem indes nicht gefolgt und hat – wie nicht zuletzt die Benehmensregel des § 18 Abs. 2 UrhWG zeigt –[41] die Aufsicht durch das DP(M)A und die Kartellaufsicht nebeneinander installiert.[42] Rechtspolitisch kann man diese Regelung freilich in Frage stellen.[43]

3. Der Gegenstand der Kontrolle

Die Kontrolltatbestände der §§ 19, 20 GWB sind, wie gesagt, nicht speziell auf den Wahrnehmungsvertrag und die darin inkorporierten Bestandteile – Verteilungsplan und Satzung – zugeschnitten. Eine Kontrolle dieser Regelwerke kommt unter dem Gesichtspunkt des Konditionenmißbrauchs und der Diskriminierung in Betracht.

---

35 *Mestmäcker,* Sind urheberrechtliche Verwertungsgesellschaften Kartelle?, S. 40; *Riesenkampff,* Wie sind urheberrechtliche Verwertungsgesellschaften nach dem GWB zu beurteilen?, Diss. Köln 1964, S. 45 f.

36 RegE, Begr. zu §§ 6, 7, BT-Drs. IV/271, S. 15 f.

37 BGH, GRUR 1988, 782, 784 – GEMA-Wertungsverfahren; ebenso Schricker-*Reinbothe,* § 24 UrhWG/§ 30 GWB Rn. 3.

38 Zuletzt hat *Mestmäcker,* FS Lukes, S. 459 f., noch einmal für eine Derogation der Mißbrauchskontrolle durch die Kontrolle nach § 7 UrhWG plädiert. Er leitet diese aus seiner Analyse des Urteils BGH, GRUR 1988, 782 – GEMA-Wertungsverfahren und der dort getroffenen Zuständigkeitsverteilung zwischen DPMA und BKartA (dazu unten, 4 b (S. 133 f.)) ab. S.a. *Nipperdey,* NJW 1953, 881, 883 f.

39 Schricker-*Reinbothe,* § 24 UrhWG/§ 30 GWB Rn. 4; *ders.,* Schlichtung im Urheberrecht, S. 124 f.; *Stockmann,* in: Die Verwertungsgesellschaften im Europäischen Binnenmarkt, S. 33–35.

40 Vgl. RegE, Allgemeine Begründung zu A II 4, BT-Drs. IV/271, S. 12.

41 BGH, GRUR 1988, 782, 784 – GEMA-Wertungsverfahren.

42 RegE, Allgemeine Begründung zu A II 4, BT-Drs. IV/271, S. 12. Die Begründung ist in diesem Punkte freilich nicht unzweideutig, bezieht sie sich doch, wie der Kontext ausweist, vornehmlich auf die Aufsicht über das Verhalten der Verwertungsgesellschaft zu den Nutzern.

43 S. noch unten, § 12 II (S. 162–166).

a) Konditionenmißbrauch durch Wahrnehmungsbedingungen

Ein Konditionenmißbrauch liegt nach § 19 Abs. 4 Nr. 2 GWB vor, wenn ein marktbeherrschendes Unternehmen als Anbieter oder Nachfrager einer bestimmten Art von Waren oder gewerblichen Leistungen Entgelte oder sonstige Geschäftsbedingungen fordert, die von denjenigen abweichen, die sich bei wirksamem Wettbewerb mit hoher Wahrscheinlichkeit ergeben würden. Zu den Geschäftsbedingungen der Verwertungsgesellschaften als marktbeherrschende Unternehmen und Anbieter der Dienstleistung einer kollektiven Rechtewahrnehmung gehören die Bedingungen des Wahrnehmungsvertrags einschließlich des Umfangs der Rechtewahrnehmung ebenso wie die Verteilungsbedingungen. Auch aus der Satzung können sich kontrollfähige Geschäftsbedingungen ergeben, etwa soweit es um die darin enthaltenen Grundsätze der Verteilung geht (§ 7 S. 3 UrhWG) oder um Schiedsabreden, wie sie teilweise in der Satzung enthalten sind. Die Verwertungsgesellschaft kann sich auch nicht unter Berufung auf die Vereinsautonomie der Kartellrechtskontrolle entziehen.[44]

b) Diskriminierung durch Wahrnehmungsbedingungen

Marktbeherrschende und marktstarke Unternehmen dürfen weiterhin nach § 20 Abs. 1 GWB andere Unternehmen (Berechtigte) gegenüber gleichartigen Unternehmen nicht ohne sachlich gerechtfertigten Grund unmittelbar oder mittelbar unterschiedlich behandeln. Eine solche Diskriminierung kommt – insoweit nicht anders als bei der verfassungsrechtlichen Überprüfung von Gesetzen – auch durch Regeln in Betracht,[45] so daß auch hier eine Kontrolle von Wahrnehmungsvertrag, Verteilungsplan[46] und Satzung[47] möglich ist.

4. Der Kontrollmaßstab

a) Der Mißbrauchsbegriff allgemein

Ist damit von der grundsätzlichen Anwendbarkeit der Mißbrauchskontrolle nach §§ 19, 20 GWB auszugehen (oben, 2, S. 126–129) und erfaßt diese die Bedingungen des Wahrnehmungsvertrags ebenso wie des Verteilungsplans und der Satzung (soeben, 3, S. 129 f.), so kommt es für die Reichweite der Kontrolle entscheidend auf den Kontrollmaßstab des Mißbrauchs an, an den § 19 GWB in Absatz 1 sowie in den Regelbeispielen des Absatz 4 anknüpft und als dessen Ausprägung man auch das Diskriminierungsverbot des § 20 Abs. 1, 2 GWB ansehen kann.

---

44 *Held*, FuR 1980, 71, 76 f., 77 f.
45 *Bunte*, Kartellrecht, § 7 II 5 (S. 217).
46 Dazu nur BGH, GRUR 1988, 782 – GEMA-Wertungsverfahren.
47 *Held*, FuR 1980, 71, 76f., 77 f.

aa) Die Problematik der Anknüpfung an den hypothetischen Wettbewerb

Die – schon allgemein schwierige – Konkretisierung des Mißbrauchsbegriffs zu einem handhabbaren Tatbestandsmerkmal bereitet bei der Anwendung auf das Verhalten der Verwertungsgesellschaften eigene Schwierigkeiten. Dem Zweck des Mißbrauchsverbots entsprechend geht es darum, solche Verhaltensweise als mißbräuchlich zu erfassen, die das marktbeherrschende Unternehmen allein aufgrund seiner Marktmacht erlangt. Als Prüfungsüberlegung dazu dient herkömmlich die Frage, welche Verhaltensweisen bei bestehendem Wettbewerb durchsetzbar wären (sogenannte „als-ob-Regel"; § 19 Abs. 4 Nr. 2 GWB).[48] Da indes der Gesetzgeber des Urheberrechtswahrnehmungsgesetzes, der auch die Kartellaufsicht geregelt hat, davon ausging, daß ein Monopol der Verwertungsgesellschaft notwendig und wünschenswert ist, paßt diese Kontrollüberlegung nicht. Wettbewerb würde nach der Annahme des Gesetzgebers nicht zu einem wünschenswerten Verhalten führen.[49]

bb) Bestimmung des Mißbrauchsbegriffs anhand der Wertungen des UrhWG

Daher muß die als-ob-Regel in diesem Fall modifiziert bzw. ersetzt werden.[50] An ihre Stelle muß eine materielle Bestimmung des Mißbrauchs treten. Dabei besteht Einigkeit, daß die kartellrechtliche Bewertung mit den Wertungen des Urheberrechtswahrnehmungsgesetzes abzustimmen ist.[51] Nichts anderes bedeutet es, wenn bei der Bestimmung des Mißbrauchs der Zweck der Freistellung berücksichtigt wird.[52] Diese inhaltliche Abstimmung entspricht in der Tat dem erkennbaren Willen des Gesetzgebers sowie dem Systemgebot der Einheit der Rechtsordnung. Zweifellos wollte der Gesetzgeber mit der kartellrechtlichen Mißbrauchskontrolle nicht beanstanden, was er nach der wahrnehmungsrechtlichen Regelung für zulässig hielt.

Daher ist es zu eng, mindestens aber mißverständlich, wenn definiert wird, „ein Mißbrauch i.S.v. § 19 GWB oder eine Diskriminierung i.S.v. § 20 GWB liegen daher nur dann vor, wenn sich das betreffende Verhalten nicht unmittelbar oder mittelbar objektiv notwendig aus dem durch das UrhWG legitimierten Wahrnehmungsvorgang ergibt oder durch ihn gerechtfertigt ist."[53] Zu Recht geht diese Bestimmung von den Wertungen des Wahrnehmungsgesetzes aus. Doch sind diese zu eng ver-

---

48 *Emmerich,* Kartellrecht, § 18, 11 (S. 186) und § 18, 13 (S. 194–200); Langen/Bunte-*Schultz,* § 19 Rn. 39; *Lux,* WRP 1998, 31, 37; *Reinbothe,* Schlichtung im Urheberrecht, S. 118f. S.a. KG v. 23. 2. 2000 – Kart U 1557/99, Umdruck S. 22.

49 *Reinbothe,* Schlichtung im Urheberrecht, S. 119; *Lux,* WRP 1989, 31, 37f.; s.a. *Mestmäcker,* FS Lukes, S. 455.

50 *Reinbothe,* Schlichtung im Urheberrecht, S. 117–120; *Lux,* WRP 1989, 31, 37f.

51 Wandtke/Bullinger-*Gerlach,* § 30 GWB Rn. 2, 4f.; Schricker-*Reinbothe,* § 24 UrhWG/§ 30 GWB Rn. 2 a.E., 10; Immenga/Mestmäcker-*Möschel,* § 30 GWB Rn. 16.

52 *Mestmäcker,* FS Lukes, S. 453f.; Mestmäcker/Schulze-*Mestmäcker,* IntR S. 79; *Reinbothe,* Schlichtung im Urheberrecht, S. 119f. Kritisch zu dieser Begründung Immenga/Mestmäcker-*Möschel,* § 30 GWB Rn. 16, da § 30 GWB einen positiven Freistellungszweck nicht erkennen lasse.

53 Schricker-*Reinbothe,* § 24 UrhWG/§ 30 GWB Rn. 10 a.E.; ebenso schon *ders.,* Schlichtung im Urheberrecht, S. 120; ihm folgend Wandtke/Bullinger-*Gerlach,* § 30 GWB Rn. 4; *Lux,* WRP 1998, 31, 38.

standen, wenn man die Verwertungsgesellschaften auf das für einen legitimierten Wahrnehmungsvorgang *Notwendige* beschränken möchte.[54] Beispielhaft wird das deutlich, wenn man den Umfang der Rechteeinräumung einer Mißbrauchskontrolle unterzieht. Wir hatten bereits gesehen, daß der Gesetzgeber des Wahrnehmungsgesetzes den Wahrnehmungsvertrag insoweit an dem Angemessenheitsgebot des § 6 Abs. 1 S. 1 UrhWG messen wollte. Er hat dabei die Autonomie der Verwertungsgesellschaften dadurch gestärkt, daß er die Angemessenheit im Grundsatz mit Hilfe eines Willkürverbots definiert hat, wonach die Bedingungen angemessen sind, die die Verwertungsgesellschaft auch ihren Mitgliedern anbietet.[55]

Damit geht es aber keineswegs darum, die Verwertungsgesellschaften nach einem Verhältnismäßigkeitsgrundsatz auf das Notwendige zu beschränken. Der Gesetzgeber wollte den Verwertungsgesellschaften einen weiten Spielraum lassen, *selbst zu bestimmen,* was zu einer effektiven kollektiven Rechtewahrnehmung erforderlich ist. Es geht mithin nicht um „notwendige" oder „erforderliche" Verhaltensweisen. Vielmehr ist nur negativ zu prüfen, welche Verhaltensweisen sich mit Rücksicht auf die Erfordernisse und Bedürfnisse kollektiver Rechtewahrnehmung noch als zulässig rechtfertigen lassen.[56]

cc) Konkretisierung des Mißbrauchsbegriffs anhand der Maßstäbe des dispositiven und zwingenden Rechts

Der Mißbrauchsbegriff wird zudem – auch nach der vierten GWB-Novelle von 1980 – mit Hilfe der Wertungen des dispositiven und zwingenden Gesetzesrechts konkretisiert.[57] Ähnlich wie bei § 307 Abs. 2 Nr. 1 BGB liegt dem Vergleich mit dem dispositiven Recht der Gedanke zugrunde, daß der Gesetzgeber in der als dispositives Recht zur Verfügung gestellten Reserverechtsordnung die Interessen der Betroffenen in einen angemessenen Ausgleich gebracht hat, wie ihn redliche Parteien treffen würden. Auf das Kartellrecht angewandt bedeutet die Überlegung, daß solche Bedingungen, die von dem dispositiven Recht abweichen, bei funktionierenden Marktverhältnissen nicht durchsetzbar gewesen wären. Gesetzeswidrige Bedingungen als mißbräuchlich zu qualifizieren ist wegen § 134 BGB unnötig. Größere Bedeutung kommt den zwingenden Rechtsnormen als Ausdruck fundamentaler Prinzipien der Vertragsrechtsordnung zu: Je mehr sich die Konditionen davon ohne sachlichen Grund entfernen, desto eher ist die Annahme eines Mißbrauchs gerechtfertigt.

---

54 In dieselbe Richtung kürzlich *Lerche,* ZUM 2003, 34, 35.
55 I.e. oben, § 7 II (S. 64–78).
56 Zutr. *Lux,* WRP 1989, 31, 34f. und 36f.; ähnlich *Mestmäcker,* FS Lukes, S. 455 („Ein Mißbrauch im Sinne des GWB kommt nur in Betracht, wenn und soweit Verwertungsgesellschaften die Bewegungsfreiheit von Werknutzern oder Mitgliedern im Wettbewerb einschränken, ohne daß diese Beschränkung für die wirksame Wahrnehmung der Rechte oder die sachgemäße Verteilung der Einnahmen an die Urheberberechtigten notwendig ist."). Zu der subsidiären materiellen Kontrolle i.e. oben, § 7 II 4c (S. 71–73).
57 Dazu allgemein *Emmerich,* Kartellrecht, § 18, 13c (S. 198f.); Immenga/Mestmäcker-*Möschel,* § 19 Rn. 173.

Das Bundeskartellamt hat sich auch in unserem Zusammenhang auf diese Konkretisierung des Mißbrauchsbegriffs bezogen und dabei u.a. angenommen, ein Verstoß gegen das Mißbrauchsverbot liege auch vor, wenn eine Verwertungsgesellschaft die zwingenden Vorgaben der §§ 6 Abs. 1, 7 S. 1 UrhWG nicht beachtet.[58] Dem ist nach unseren Vorüberlegungen nicht zu widersprechen, doch ist damit analytisch nichts gewonnen. Auf diese Weise werden lediglich – der Wertung nach zutreffend – die Maßstäbe des Wahrnehmungsgesetzes unmittelbar herangezogen.

dd) Zusammenfassung

Im Ergebnis bedeutet das, daß man bei der Mißbrauchskontrolle unter dem Gesichtspunkt des Kartellrechts *dieselben Kontrollmaßstäbe* anzuwenden hat, wie sie schon *§§ 6 und 7 UhrWG* enthalten. Die Mißbrauchsaufsicht ist m.a.W. nicht materiell besonders, sondern allein aufsichtsrechtlich bzw. formell.[59]

b) Kein Ausschluß einer abstrakten Kontrolle von Wahrnehmungs- und Verteilungsbedingungen

Eine Wendung im Urteil GEMA-Wertungsverfahren hat aber zu Zweifeln über den Umfang der Kontrollbefugnisse des Bundeskartellamts geführt. Da sich eine solche Einschränkung bereits auf den Kontrollmaßstab beziehen kann bzw. könnte, ist darauf schon an dieser Stelle einzugehen.

Der Bundesgerichtshof erörtert in dem betreffenden Teil seines Urteils, ob eine Regelung des Verteilungsplans der GEMA eine sachlich nicht gerechtfertigte Ungleichbehandlung der verschiedenen Berechtigten darstellt. Das verneint das Gericht unter mehreren möglichen Vergleichsgesichtspunkten. So könne eine Ungleichbehandlung der verschiedenen Berufsgruppen innerhalb der Sparte der E-Musik ebenso gerechtfertigt sein wie eine (vorübergehende) Ungleichbehandlung der Berechtigten der Sparte E einerseits und der Berechtigten der Sparte U andererseits. Schließlich erörtert das Gericht, ob – wie das BKartA meinte – eine Diskriminierung nicht schon daraus folgen könnte, daß die überprüfte Vorschrift zu unbestimmt ist. Dazu führt es aus:

> „Soweit das BKartA darüber hinaus in der Unbestimmtheit der eingefügten Bestimmung an sich einen Verstoß gegen rechtliche Wertungen des GWB erblickt, ist nicht erkennbar, worin eine Ungleichbehandlung im Sinne des § 26 Abs. 2 GWB [heute: § 20 Abs. 1 GWB] liegt. Das BKartA hat zum Gegenstand seiner Untersagungsverfügung nicht einen Einzelfall gemacht, in dem sich die Anwendung der Klausel im Hinblick auf ihre Unbestimmtheit als Diskriminierung darstellen könnte; Gegenstand der Untersagung ist vielmehr die abstrakte Bestimmung, aus der allein sich jedoch noch keine Ungleichbehandlung eines Berechtigten ergibt. Eine derartige abstrakte Kontrolle des Verteilungsplans danach, ob die Bestimmungen hinreichend

---

58 BKartA, Beschluß v. 29. 12. 1988 – B6 74 81 0-TV-36/87, zu I. der Gründe, Umdruck S. 5.
59 Ebenso *Mestmäcker,* FS Lukes, S. 458 f. A.M. KG WuW/E OLG 4040, 4043 (§ 20 I GWB könne „im Einzelfall eine größere Reichweite haben, weil er nicht nur ein Willkürverbot enthält"; zust. *Stockmann,* in: Die Verwertungsgesellschaften im Europäischen Binnenmarkt, S. 3 f.

> feste Regeln enthalten, die ein willkürliches Vorgehen ausschließen, ist lediglich im Urheberrechtswahrnehmungsgesetz geregelt und obliegt daher allein dem DPA (§ 7 Abs. 1, 19 Abs. 1 UrhWG).“[60]

Manche nehmen an, daß demnach eine abstrakte Überprüfung von Wahrnehmungs- und Verteilungsbedingungen durch das BKartA überhaupt nicht mehr in Betracht kommt. Auch die Anwendung der Regeln selbst sei aber der kartellrechtlichen Kontrolle entzogen, weil auch sie eine Bewertung der Regeln bedeute, solange die Verwertungsgesellschaft sich an diese hält.[61] Das Bundeskartellamt selbst hat das freilich bezweifelt und die Aussage des BGH nur für ein unverbindliches *obiter dictum* gehalten.[62]

Beide Auffassungen sind nach den Ausführungen des Gerichts zu weitgehend. Sicher handelt es sich nicht um ein bloßes *obiter dictum,* da auch dieser Teil der Entscheidung für den Beschluß des Gerichts tragend war. Umgekehrt kann man aber auch nicht annehmen, das Gericht hätte die abstrakte Überprüfung von Geschäftsbedingungen unter § 20 Abs. 1 GWB generell ausschließen wollen. Das glatte Gegenteil ergibt sich aus dem Zusammenhang, in dem die Entscheidung steht, denn der Bundesgerichtshof prüft selbst eingehend, ob die *in abstracto* betrachtete Vorschrift des Verteilungsplans eine Diskriminierung bedeutet. Die Aussage des BGH beansprucht vielmehr nur für den engen Zusammenhang Geltung, in dem sie steht: Die *Unbestimmtheit* einer Regelung kann man abstrakt betrachtet noch nicht als Diskriminierung ansehen, bloß weil sie die Gefahr einer diskriminierenden Anwendung birgt.[63] Das überzeugt ohne weiteres und steht auch nicht im Widerspruch zu der anderen Aussage, daß auch Regeln selbst diskriminierend gestaltet sein können.

c) *Die Entscheidung GEMA-Wertungsverfahren*

Die vorstehend begründeten Ergebnisse lassen sich am Beispiel der Entscheidung des Bundesgerichtshofs im Fall GEMA-Wertungsverfahren exemplifizieren.[64] Allerdings liegen, soweit erkennbar, keine Fälle vor, in denen die Wahrnehmungsbedingungen – Wahrnehmungsvertrag, Verteilungsplan oder Satzung – einer Kontrolle nach § 19 Abs. 1 und 4 GWB unterzogen wurden.[65] Indes kann für diesen Tatbestand schon deswegen nichts anderes gelten als für den vom BGH herangezogenen § 20 Abs. 1 GWB, weil sich beide Regelungen teilweise überschneiden und das Diskriminierungs- und Behinderungsverbot nur ein Anwendungsfall des Mißbrauchsverbots ist.

---

60 BGH, GRUR 1988, 782, 785 – GEMA-Wertungsverfahren.

61 *Mestmäcker,* FS Lukes, S. 459; wohl auch *Mauhs,* Der Wahrnehmungsvertrag, S. 68 f.; *Stockmann,* in: Die Verwertungsgesellschaften im Europäischen Binnenmarkt, S. 37 f. (freilich rechtspolitisch kritisch, da dieses Verständnis zu „erheblichen kartellrechtlichen Schutzlücken“ führe).

62 BKartA, Beschluß v. 29. 12. 1988 – B6 – 74 81 00-TV-36/87, Umdruck S. 6.

63 Ebenso Immenga/Mestmäcker-*Möschel,* § 30 GWB Rn. 19.

64 BGH, GRUR 1988, 782 – GEMA-Wertungsverfahren. Dazu auch *Fikentscher,* FG Schricker, S. 187 f.; *Mestmäcker,* FS Lukes, S. 449–450, 458–460; *Stockmann,* in: Die Verwertungsgesellschaften im Europäischen Binnenmarkt, S. 31–38.

65 Vgl. *Goldmann,* Die kollektive Wahrnehmung musikalischer Rechte, S. 215 f.

In der Entscheidung GEMA-Wertungsverfahren ging es um die Beurteilung einer Bestimmung der Regeln der GEMA über die kulturelle Förderung (sog. Wertungsverfahren). Um einer Fehlentwicklung entgegenzuwirken hatte die Verwertungsgesellschaft eine Regelung eingefügt, nach der eine Beteiligung am Wertungsverfahren bei „Unverhältnismäßigkeit" ausgeschlossen sein sollte. Das Gericht beurteilte die Vorschrift im Kartellverfahren ausschließlich am Maßstab des Diskriminierungsverbots des (heutigen) § 20 Abs. 1 GWB, berücksichtigt dabei aber in der Sache durchgehend die Wertungen des Urheberrechtswahrnehmungsgesetzes.

So sei bei der Bewertung der Diskriminierung den „Besonderheiten, die sich aus Funktion und Struktur der betroffenen Verwertungsgesellschaft ergeben" Rechnung zu tragen. Ferner seien insbesondere „Pauschalierungen und sonstige Vereinfachungen in der Berechnung hinzunehmen, die sich aus dem wirtschaftlichen Gebot der Verhältnismäßigkeit ergeben". Bei der Setzung der Verteilungsregeln sei der Verwertungsgesellschaft ein „ausreichender Beobachtungs- und Beurteilungsspielraum" zuzugeben und könnten auch formal zu beanstandende Ungleichbehandlung zeitweise hinzunehmen sein. Das gelte zumal im Rahmen der kulturellen Förderung.[66] Endlich unterliege die Regelsetzung der Verwertungsgesellschaft keinem Rückwirkungsverbot; Änderungen des Verteilungsplans könnten und müßten regelmäßig mit ihrem Inkrafttreten alle noch nicht abgeschlossenen Vorgänge erfassen.[67]

Das Gericht hat damit im Rahmen der kartellrechtlichen Beurteilung die grundlegenden Funktionsvoraussetzungen der kollektiven Rechtewahrnehmung berücksichtigt. Dabei hat es die Verwertungsgesellschaft keineswegs darauf verwiesen, Regelungen als notwendig oder verhältnismäßig („erforderlich") zu rechtfertigen, sondern ihr ausdrücklich einen Beurteilungsspielraum eingeräumt. In der Sache erfolgt die kartellrechtliche Kontrolle des Verteilungsplans nach denselben Grundsätzen, wie wir sie oben für die Kontrolle nach § 7 UrhWG ausgearbeitet haben.[68]

5. Verstoßfolgen: Staatsaufsicht und Vertragsrecht

a) Aufsichtsrechtliche Folgen

Das Bundeskartellamt kann der Verwertungsgesellschaft die Verwendung mißbräuchlicher oder diskriminierender Wahrnehmungsbedingungen untersagen, § 32 GWB.

Bereits erörtert haben wir, daß die Kartellaufsicht von der Aufsicht durch das Deutsche Patent- und Markenamt nach dem UrhWG nicht verdrängt wird, sondern daneben möglich ist.[69] Nur dann, wenn die Wahrnehmungsbedingungen allein abstrakt eine Gefahr der Diskriminierung bilden und dies allein wegen Verletzung des

66 BGH, GRUR 1988, 782, 784 f. – GEMA-Wertungsverfahren.
67 BGH, GRUR 1988, 782, 783 – GEMA-Wertungsverfahren.
68 S. oben, § 7 III (S. 78–96).
69 Oben, 2 d (S. 129).

Gebots der „festen Regeln“ in § 7 S. 1 UrhWG zu beanstanden sind, ist dafür nach der Entscheidung GEMA-Wertungsverfahren ausschließlich das DPMA zuständig.[70]

b) *Vertragsrechtliche Folgen*

Mißbräuchliche Wahrnehmungsbedingungen sind nichtig, § 19 Abs. 1 GWB i.V.m. § 134 BGB. Gegen ihre Verwendung können sich die Berechtigten mit Unterlassungs- und Schadensersatzansprüchen wehren, §§ 19 Abs. 1, 33 GWB, 249–252 BGB. Auch wegen Diskriminierung haben die Berechtigten Anspruch auf Unterlassung und Schadensersatz, §§ 20, 33 GWB, 249–254 BGB.

70 Oben, 4 b (S. 133 f.).

Abschnitt 2: Europäisches Recht

§ 10 Das Europäische Kartellrecht

I. Einführung und Abgrenzung

1. Grund und Bedeutung der Kontrolle nach Europäischem Kartellrecht

Aufgrund ihrer regelmäßig gegebenen faktischen Monopolstellung in einem Mitgliedstaat oder als sonst marktbeherrschende Unternehmen im Europäischen Binnenmarkt unterliegen die Verwertungsgesellschaften auch der Aufsicht und Kontrolle nach Europäischem Kartellrecht.[1] Diese Kartellaufsicht, die auf die Besonderheiten der kollektiven Wahrnehmung von Urheberrechten nicht zugeschnitten ist, wird oft kritisiert.[2] Weil sie der Sache nicht gerecht werde, wird eine spezielle Regelung gefordert, wie sie in Deutschland das Urheberrechtswahrnehmungsgesetz darstellt.[3] Ungeachtet dessen hat das Europäische Kartellrecht, wie wir bereits gesehen haben, kürzlich an Bedeutung gewonnen, da es nach der Verordnung 1/2003 künftig auch von den nationalen Kartellbehörden und Gerichten vorrangig anzuwenden ist.[4]

2. Wiederholung: Keine Modifikation der Kartellvorschriften nach Art. 86 Abs. 2 EG

Eine Grundfrage haben wir bereits vorab geklärt. Die Kartellvorschriften des EG-Vertrags finden auf Bildung und Tätigkeit von Verwertungsgesellschaften in vollem Umfang Anwendung. Eine Anpassung der Kartellnormen, wie sie Art. 86 Abs. 2 EG für Unternehmen ermöglicht, die mit Dienstleistungen von allgemeinem wirtschaftlichen Interesse betraut sind, haben Gerichtshof und Kommission abgelehnt.[5]

---

1 Zur grundsätzlichen Anwendbarkeit bereits oben, § 3 III 4b (S. 35 f.). Übersicht über die Kommissionspraxis und die Rechtsprechung des EuGH bei *Dietz,* FS GRUR, S. 1464–1471.
2 *Dietz,* Urheberrecht in der Europäischen Gemeinschaft, S. 276 (Tz. 571), 302 (Tz. 645); *ders.* FS GRUR, S. 1464;*Wallace,* GRUR Int. 1973, 357, 358. S.a. *Schwarze,* ZUM 2003, 15–26.
3 Näher unten, § 11 II 1 (S. 150 f.).
4 Oben, § 9 I (S. 123 f.).
5 Oben, § 3 III 4 b (S. 35 f.).

3. Zur Bindung an das sonstige Primärrecht, insbesondere das Verbot der Nationalitätendiskriminierung des Art. 12 EG

Neben der Anwendung des EG-Kartellrechts kann man auch die Anwendung sonstigen Primärrechts auf die Verwertungsgesellschaften erwägen. Hier ist nicht so sehr an die unmittelbare Anwendung der Grundfreiheiten zu denken[6] als an die öfter bejahte unmittelbare Anwendbarkeit des primärrechtlichen Verbots der Nationalitätendiskriminierung des Art. 12 Abs. 1 EG.[7] Diese Frage ist indes nur von theoretischem Interesse.[8] Soweit bereits die kartellrechtlichen Vorschriften des Art. 82 EG das allgemeine Diskriminierungsverbot des Art. 12 EG konkretisieren,[9] wird ihnen vom EuGH ein Anwendungsvorrang eingeräumt.[10] Kommission und Gerichtshof haben das Diskriminierungsverbot des Art. 12 EG daher nicht unmittelbar angewendet, sondern im Rahmen der prinzipiell-systematischen Auslegung des Mißbrauchsbegriffs des Art. 82 EG berücksichtigt.[11]

4. Zur Beurteilung der Verwertungsgesellschaften nach Art. 81 EG

Ebenfalls vorab können wir das Kartellverbot des Art. 81 EG erörtern. Ob die Bildung von Verwertungsgesellschaften davon erfaßt wird, ist umstritten. Bei einer buchstabengetreuen Anwendung wäre das wohl zu bejahen,[12] doch besteht im Ergebnis weithin Einigkeit, daß das Kartellverbot nach teleologischen Gesichtspunkten im Ergebnis nicht eingreift,[13] jedenfalls aber eine Freistellung nach Art. 81

---

6 Zur unmittelbaren Anwendbarkeit auf das Verhalten Privater eingehend *Riesenhuber,* System und Prinzipien des Europäischen Vertragsrechts, S. 101–118 m.w.N. S. ferner *Wünschmann,* Die kollektive Verwertung von Urheber- und Leistungsschutzrechten, S. 29–32.

7 Gegen die unmittelbare Anwendbarkeit im Grundsatz *Riesenhuber,* System und Prinzipien des Europäischen Vertragsrechts, S. 109 f. m.w.N. auch zur Gegenmeinung. Im Ergebnis kann sich freilich gerade für Verwertungsgesellschaften mit Rücksicht auf ihre Monopolstellung im Wege der mittelbaren Drittwirkung eine Bindung ergeben. Für eine unmittelbare Drittwirkung kürzlich *Winghardt,* GRUR Int. 2001, 993, 1002.

8 S.a. *Wünschmann,* Die kollektive Verwertung von Urheber- und Leistungsschutzrechten, S. 34 f. Anders *Winghardt,* GRUR Int. 2001, 993–1011, der in Art. 12 EG geradezu „eines der wichtigsten Instrumente zur Harmonisierung der Rechtssysteme innerhalb des Gemeinsamen Marktes“ sieht.

9 Dazu *Wünschmann,* Die kollektive Verwertung von Urheber- und Leistungsschutzrechten, S. 145. Unklar *Leßmann,* Verwertungsgesellschaften nach deutschem und europäischen Kartellrecht, S. 175 f.

10 EUGH v. 14. 07. 1976 – Rs. 13/76, Dona./. Mantero, Slg. 1976, 1333, Rn. 20.

11 Kommission v. 29. 10. 1981, ABl. 1981 L 370/49 Tz. 46 – GVL.; EuGH v. 2. 3. 1983 – Rs. 7/82 *GVL ./. Kommission,* Slg. 1983, 483 Rn. 47–57; um die Beurteilung von Rechtsvorschriften eines Mitgliedstaats, nicht von Verhalten Privater, ging es in EuGH v. 20. 10. 1993 – Rs. C-92 und 326/92 *Phil Collins,* Slg. 1994, I-5145 Rn. 29–33. Näher sogleich II 4 (S. 142–147). Wohl a.M. Loewenheim-*Melichar,* Handbuch des Urheberrechts, § 50 Rn. 36.

12 *Goldmann,* Die kollektive Wahrnehmung musikalischer Rechte, S. 227 f.

13 *Goldmann,* Die kollektive Wahrnehmung musikalischer Rechte, S. 232–234; *Stockmann,* in: Die Verwertungsgesellschaften im Europäischen Binnenmarkt, S. 40. Abl. *Pickrahn,* Verwertungsgesellschaften nach deutschem und europäischem Kartellrecht, S. 113–131; *Wünschmann,* Die kollektive Verwertung von Urheber- und Leistungsschutzrechten, S. 91–102. S.a. BT-Drs. 13/9720, S. 54.

Abs. 3 EG zu gewähren wäre.[14] Kommission und Gerichtshof haben zu der Frage bislang nicht Stellung genommen.

Wendet man das Kartellverbot von vornherein nicht auf die Bildung der Verwertungsgesellschaften an, so kommt eine Kontrolle des Wahrnehmungsvertrags nach Art. 81 EG nicht erst in Betracht.[15] Eine Kontrolle von Wahrnehmungsvertrag, Satzung und Verteilungsplan könnte aber in Form einer Verhältnismäßigkeitsprüfung unter Art. 81 Abs. 1 EG vorgenommen werden.[16] Sie würde zudem im Rahmen einer Freistellungsentscheidung stattfinden,[17] denn nach Art. 81 Abs. 3 EG ist dabei zu prüfen, ob den beteiligten Unternehmen (Berechtigten) Bedingungen auferlegt werden, die für die Verwirklichung der Ziele des Zusammenschlusses nicht unerläßlich sind. Es findet also eine Erforderlichkeitsprüfung statt. Diese kann sich insbesondere auf den Umfang der Rechteübertragung beziehen. Da indes eine Freistellung bislang von Kommission und Gerichtshof nicht erörtert (oder für erforderlich gehalten) wurde und da die hier anzustellende Erforderlichkeitsprüfung in der Sache nicht anders ausfallen kann als die Prüfung im Rahmen der Mißbrauchskontrolle, können wir auf die nachfolgenden Erörterungen zu Art. 82 EG verweisen.

II. Die Mißbrauchskontrolle des Art. 82 EG

1. Einführung

In ähnlicher Weise wie nach nationalem Recht spielt auch nach Gemeinschaftsrecht die kartellrechtliche Mißbrauchskontrolle praktisch eine gewisse Rolle. Allerdings kommt auch ihr bislang nicht die Bedeutung zu, wie sie die Aufsicht über die Tätigkeit der Verwertungsgesellschaften durch das DPMA hat.

Bei der Darstellung gehen wir – dem Zweck der Untersuchung entsprechend – wieder nach demselben Muster vor, das wir auch bei den anderen Kontrolltatbeständen verwandt haben. Zunächst sind der Kontrolltatbestand und sein Zweck vorzustellen; in diesem Rahmen sind auch einzelne umstrittene Tatbestandsmerkmale zu erörtern (sogleich 2). Anschließend untersuchen wir, welche Regelwerke Gegenstand der Mißbrauchskontrolle nach Art. 82 EG sein können (3). Sodann erörtern wir den Kontrollmaßstab, dessen Anwendung am Beispiel von Einzelfragen illustriert wird (4). Am Schluß werden auch hier die Verstoßfolgen dargestellt (5).

---

14 *Wünschmann,* Die kollektive Verwertung von Urheber- und Leistungsschutzrechten, S. 88–116, der eine Restriktion des Art. 81 Abs. 1 EG ablehnt; *Pickrahn,* Verwertungsgesellschaften nach deutschem und europäischem Kartellrecht, S. 131–134; wohl auch schon *van Isacker,* FS Roeber, S. 229.

15 Am Maßstab von Art. 81 Abs. 1 EG wird das Verhalten der Verwertungsgesellschaften aber im Hinblick auf die Nutzer gemessen; *Goldmann,* Die kollektive Wahrnehmung musikalischer Rechte, S. 234–243; *Mestmäcker,* FS Rittner, S. 391–404; *Stockmann,* in: Die Verwertungsgesellschaften im Europäischen Binnenmarkt, S. 40f.

16 Vgl. Kommission v. 4. 12. 1981, ABl. 1982 L 94/12 Tz. 54 („dahingestellt" gelassen).

17 Dazu *Wünschmann,* Die kollektive Verwertung von Urheber- und Leistungsschutzrechten, S. 106–108.

2. Der Kontrolltatbestand und sein Zweck

Art. 82 Abs. 1 EG verbietet als mit dem Gemeinsamen Markt unvereinbar

- die mißbräuchliche Ausnutzung (unten, 4)
- einer beherrschenden Stellung auf dem Gemeinsamen Markt oder einem wesentlichen Teil desselben (nachfolgend b))
- durch ein oder mehrere Unternehmen (sogleich a)),
- soweit dies dazu führen kann, den Handel zwischen den Mitgliedstaaten zu beeinträchtigen (nachfolgend c)).

In der Sache handelt es sich dabei um ein Mißbrauchsverbot, das weithin jenem der §§ 19, 20 GWB entspricht. Indes hat Art. 82 EG – worauf besonders das Tatbestandsmerkmal der Beeinträchtigung des innergemeinschaftlichen Handels hinweist – einen spezifischen Gemeinschaftsbezug. Im Hinblick auf die Kontrolle der Wahrnehmungsbedingungen kommt diese Zwecksetzung darin zum Ausdruck, daß Kommission und EuGH das Mißbrauchsverbot vor allem mit dem Ziel angewandt haben, den Wettbewerb zwischen den Verwertungsgesellschaften der Gemeinschaft zu stärken. Das ist der Grund, warum der unbeschränkte Zugang zu allen Verwertungsgesellschaften der Gemeinschaft (Verbot der Nationalitätendiskriminierung) und die Erleichterung des Wechsels (keine überlange Bindung) im Vordergrund der Praxis stand.[18]

a) Verwertungsgesellschaft als Unternehmen

Die Unternehmenseigenschaft der Verwertungsgesellschaften wird ungeachtet des besonderen Geschäftsgegenstands und ihrer uneigennützigen Treuhandstellung bejaht. Da Verwertungsgesellschaften – bei der angelegten wirtschaftlichen Betrachtungsweise – entgeltlich Rechte der Berechtigten wahrnehmen[19] bzw. den Nutzern entgeltlich Rechte einräumen („vermitteln"), sind sie Unternehmen i.S.v. Art. 82 EG.[20] Daß die Verwertungsgesellschaften dabei selbst keine Gewinnerzielungsabsicht haben, spielt für die Beurteilung keine Rolle, da auch gemeinnützige Unternehmen der Kontrolle des Art. 82 EG unterliegen.[21]

Im Rahmen der Beurteilung des Art. 82 EG spielt die Unternehmenseigenschaft der Berechtigten keine Rolle, die Vorschrift schützt auch Nicht-Unternehmen.[22] So wie

---

18 *Mestmäcker,* FS Lukes, S. 456 f.; *Wallace,* GRUR Int. 1973, 357, 358.

19 Kommission und Gerichtshof lassen dabei außer Betracht, daß die Verwertungsgesellschaften im Verhältnis zu den Berechtigten unentgeltlich tätig werden und die Wahrnehmungskosten nicht Entgelt sind, sondern Aufwendungsersatz; dazu oben, § 2 III 3 b (S. 9)) und § 3 III 2 a aa (S. 20 f.).

20 EuGH v. 27. 3. 1974 – Rs. 127/74 *BRT II,* Slg. 1974, 313; Kommission v. 2. 6. 1971, ABl. 1971 L 134/21 – GEMA; Kommission v. 29. 10. 1981, ABl. 1981 L 370/49 Tz. 43 – GVL. *v. Gamm,* GRUR Int. 1983, 403, 406; *Mestmäcker,* FS Lukes, S. 456; abl. noch *van Isacker,* FS Roeber, S. 231 und *passim.*

21 Vgl. EuGH v. 27. 3. 1974 – Rs. 127/74 *BRT II,* Slg. 1974, 313; Kommission v. 29. 10. 1981, ABl. 1981 L 370/49 Tz. 44 – GVL.

22 *Stockmann,* in: Die Verwertungsgesellschaften im Europäischen Binnenmarkt, S. 41.

nach nationalem Kartellrecht[23] (und Privatrecht allgemein)[24] sind die Berechtigten aber auch nach Europäischem Kartellrecht als Unternehmen anzusehen.[25]

b) *Marktbeherrschende Stellung*

Eine beherrschende Stellung ist nach der Rechtsprechung des EuGH die „wirtschaftliche Machtstellung eines Unternehmens (...), die dieses in die Lage versetzt, die Aufrechterhaltung eines wirksamen Wettbewerbs auf dem relevanten Markt zu verhindern, indem sie ihm die Möglichkeit verschafft, sich seinen Wettbewerbern, seinen Abnehmern und schließlich den Verbrauchern gegenüber in einem nennenswerten Umfang unabhängig zu verhalten."[26] Die Verwertungsgesellschaften verfügen regelmäßig über eine solche beherrschende Stellung auf einem wesentlichen Teil des Gemeinsamen Marktes.

Dabei kommt es im Verhältnis zu den Berechtigten nach dem auch hier maßgeblichen Bedarfsmarktkonzept[27] sachlich auf den Dienstleistungsmarkt an, wie er durch den Tätigkeitsbereich der Verwertungsgesellschaft bestimmt ist.[28] Auf dem so bestimmten sachlichen Markt haben die Verwertungsgesellschaften jedenfalls dann eine beherrschende Stellung, wenn sie in einem Mitgliedstaat ein Monopol haben.[29]

c) *Beeinträchtigung des zwischenstaatlichen Handels*

Endlich setzt Art. 82 EG voraus, daß die mißbräuchliche Ausnutzung der marktbeherrschenden Stellung zu einer Beeinträchtigung des zwischenstaatlichen Handels führen kann.[30] Das hängt von dem jeweils untersuchten Verhalten ab, wird aber

---

23 S.o. § 9 III 2 b (S. 127 f.).

24 S.o. § 3 III 2 b bb (S. 24–29).

25 *Wünschmann,* Die kollektive Verwertung von Urheber- und Leistungsschutzrechten, S. 60 f.; krit. *Dietz,* GRUR Int. 1978, 101, 108.

26 EuGH v. 14. 2. 1978 – Rs. 27/76 *United Brands,* Slg. 1978, 207 Rn. 60/63 (Chiquita); st. Rspr. EuGH v. 13. 2. 1979 – Rs. 85/76 *Hoffmann-La-Roche,* Slg. 1979, 461 Rn. 38; EuGH v. 11. 12. 1980 – Rs. 31/80 *L'Oreal,* Slg. 1980, 3775 Rn. 26; EuGH v. 9. 11. 1983 – Rs. 322/81 *Michelin,* Slg. 1983, 3461 Rn. 30; EuGH v. 3. 10. 1985 – Rs. 311/84 *Télémarketing,* Slg. 1985, 3261 Rn. 16; EuGH v. 4. 5. 1988 – Rs. 30/87 *Bodson,* Slg. 1988, 2479 Rn. 26; EuGH v. 5. 10. 1988 Rs. 247/86 *Alsatel,* Slg. 1988, 5987 Rn. 12. *Emmerich,* Kartellrecht, § 38, 3 (S. 430–433); Immenga/Mestmäcker-*Möschel,* Art. 86 EGV Rn. 63–68; *Mestmäcker,* FS Kreile, S. 425 f.

27 Immenga/Mestmäcker-*Möschel,* Art. 86 EGV Rn. 43–54; *Emmerich,* Kartellrecht, § 38, 2 (S. 427 f.).

28 EuGH v. 2. 3. 1983 – Rs. 7/82 *GVL ./. Kommission,* Slg. 1983, 483 Rn. 44 f.; Kommission v. 29. 10. 1981, ABl. 1981 L 370/49 Tz. 45 – GVL. *Wünschmann,* Die kollektive Verwertung von Urheber- und Leistungsschutzrechten, S. 83.

29 EuGH v. 27. 3. 1974 – Rs. 127/74 *BRT II,* Slg. 1974, 313 Rn. 3/4 f.; EuGH v. 2. 3. 1983 – Rs. 7/82 *GVL ./. Kommission,* Slg. 1983, 483 Rn. 44 f.; EuGH v. 25. 10. 1979 – Rs. 22/79 *Greenwich Film Production ./. SACEM,* Slg. 1979, 3275 Rn. 10–13; EUGH v. 9. 4. 1987 – Rs. 402/85 *Basset ./. SACEM,* Slg. 1987, 1747 Rn. 19; Kommission v. 2. 6. 1971, ABl. 1971 L 134/21 – GEMA; Kommission v. 29. 10. 1981, ABl. 1981 L 370/49 Tz. 45 – GVL. *v. Gamm,* GRUR Int. 1983, 403, 406; *Mestmäcker,* FS Rittner, S. 391; Immenga/Mestmäcker-*Möschel,* Art. 86 EGV Rn. 55–57; *Wünschmann,* Die kollektive Verwertung von Urheber- und Leistungsschutzrechten, S. 83 f. S.a. EUGH v. 13. 7. 1989 – Rs. 395/87 *Ministère Public ./. Tournier,* Slg. 1989, 2521 Rn. 34–46.

30 S. noch *Bunte,* Kartellrecht, § 15 IV (S. 429).

von Kommission und Gerichtshof grundsätzlich bejaht.[31] Der Gerichtshof berücksichtigt dabei, daß die Tätigkeit der Verwertungsgesellschaften in der Gemeinschaft praktisch eine Marktaufteilung bewirke und vermutet deshalb eine Beeinträchtigung des zwischenstaatlichen Handels.[32]

3. Der Gegenstand der Kontrolle

Sowenig wie die Mißbrauchskontrolle nach §§ 19, 20 GWB ist jene nach Art. 82 EG auf den Wahrnehmungsvertrag zugeschnitten. Ebenso wie im deutschen Recht ermöglicht aber auch Art. 82 EG die Kontrolle der Wahrnehmungsbedingungen von Wahrnehmungsvertrag, Verteilungsplan und Satzung.[33] Auch hier kann der Mißbrauch insbesondere in einem Konditionenmißbrauch liegen, bei dem den Berechtigten, die auf die kollektive Wahrnehmung durch die Verwertungsgesellschaft angewiesen sind, unbegründet ungünstige oder diskriminierende Bedingungen angeboten werden. Die Regelbeispiele von Art. 82 Abs. 2 lit. a und b EG machen das deutlich. Mißbräuchlich ist insbesondere die Erzwingung von unangemessenen Geschäftsbedingungen oder die Anwendung unterschiedlicher Bedingungen für gleichwertige Leistungen gegenüber Handelspartnern.

4. Der Kontrollmaßstab

a) *Mißbräuchlichkeit*

Der Mißbrauchsbegriff des Art. 82 EG ist nicht näher definiert. Er wird durch die vier Regelbeispiele des Abs. 2 lit. a–d sowie unter Rückgriff auf den Mißbrauchsbegriff des Art. 66 § 7 S. 1 EGKS konkretisiert. Im Hinblick auf den Konditionenmißbrauch, um den es in unserem Zusammenhang geht, hat der Gerichtshof das Mißbrauchsverbot vor allem als ein Übermaßverbot konkretisiert.[34] Er überprüft, ob die Wahrnehmungsbedingungen unter Abwägung der Interessen der Beteiligten angemessen sind.[35] Ergänzt wird die Übermaßkontrolle durch das Diskriminierungsverbot (vgl. Art. 82 Abs. 2 lit. c EG).[36]

---

31 EuGH v. 2. 3. 1983 – Rs. 7/82 *GVL ./. Kommission,* Slg. 1983, 483 Rn. 34–39; Kommission v. 2. 6. 1971, ABl. 1971 L 134/26 – GEMA I; Kommission v. 29. 10. 1981, ABl. 1981 L 370/49 Tz. 61–64 – GVL.

32 EuGH v. 2. 3. 1983 – Rs. 7/82 *GVL ./. Kommission,* Slg. 1983, 483 Rn. 38, unter Bezugnahme auf EuGH v. 25. 10. 1979 – Rs. 22/79 *Greenwich Film Production ./. SACEM,* Slg. 1979, 3275, Rn. 12.

33 EuGH v. 27. 3. 1974 – Rs. 1227/73 *BRT II,* Slg. 1974, 313 Tz. 6/8; Kommission v. 4. 12. 1981, ABl. 1982 L 94/12 Tz. 36. *v. Gamm,* GRUR Int. 1983, 403, 406; *Mestmäcker,* FS Lukes, S. 456; *Leßmann,* Verwertungsgesellschaften nach deutschem und europäischen Kartellrecht, S. 173 f.

34 EuGH v. 27. 3. 1974 – Rs. 1227/73 *BRT II,* Slg. 1974, 313 Rn. 6/8, 15. *Fikentscher,* FG Schricker S. 191; *Goldmann,* Die kollektive Wahrnehmung musikalischer Rechte, S. 259. Weitergehend („mildestes Mittel") Kommission v. 2. 6. 1971, ABl. 1971 L 134/24 – GEMA I.

35 *Stockmann,* in: Die Verwertungsgesellschaften im Europäischen Binnenmarkt, S. 42 f.

36 Kommission v. 29. 10. 1981, ABl. 1981 L 370/49 Tz. 48–50 – GVL.

Im Rahmen der Übermaßkontrolle stellt der EuGH als die zentralen Interessen die Verfügungsfreiheit des Berechtigten einerseits und das Interesse der Verwertungsgesellschaft an einer wirkungsvollen Rechtewahrnehmung andererseits in den Vordergrund.[37] „Allen Interessen muß so Rechnung getragen werden, daß ein ausgewogenes Verhältnis entsteht zwischen dem Höchstmaß an Freiheit für Textdichter, Komponisten und Verleger, über ihr Werk zu verfügen, und einer wirkungsvollen Verwaltung der Rechte dieser Personen durch ein Unternehmen, dessen Mitglieder zu werden sie praktisch nicht umhin können".[38] Unangemessen sind demnach übermäßige, d.h. vom Zweck der Tätigkeit nicht gebotene Bindungen der Urheber.[39] Was den Zweck der Verwertungsgesellschaft angeht, so berücksichtigt der Gerichtshof, „daß es sich bei dem fraglichen Unternehmen um eine Vereinigung mit dem Zweck handelt, die Rechte und Interessen ihrer Mitglieder vor allem gegenüber bedeutenden Musikverbrauchern und -verteilern, wie den Rundfunkanstalten und den Schallplattenherstellern, zu wahren."[40]

Auch ohne eine spezialgesetzliche Regelung, wie sie in Deutschland mit dem Urheberrechtswahrnehmungsgesetz vorliegt, ist damit unter Europäischem Recht anerkannt, daß Verwertungsgesellschaften im Interesse der Berechtigten wie auch der Nutzer eine wichtige Funktion haben. In der Literatur wird sogar von einer „umfassenden Anerkennung des legitimen Ziels der Tätigkeit der Verwertungsgesellschaften" gesprochen.[41]

Das Funktionsinteresse der Verwertungsgesellschaft ermöglicht es auch, die urheberrechtliche und kulturpolitische Funktion der Verwertungsgesellschaften zu berücksichtigen. Dafür ist auch im Rahmen der Kontrolle nach dem EG-Wettbewerbsrecht spätestens seit der Einfügung der „Kultur-Querschnittsklausel" des Art. 151 EG Raum.[42] Nach Absatz 4 dieser durch den Maastrichter Vertrag eingefügten Bestimmung „trägt die Gemeinschaft bei ihrer Tätigkeit aufgrund anderer Bestimmungen des Vertrags den kulturellen Aspekten Rechnung". Diese Auftragsnorm ist nicht auf einzelne Tätigkeitsbereiche beschränkt und findet insbesondere auch im Rahmen der Wettbewerbsaufsicht Anwendung.[43] Verfolgen die Verwertungsgesellschaften auch durchaus wirtschaftliche Interessen, so erbringen sie doch, wie auch die Kommission anerkennt, Dienstleistungen „von allgemeinem kulturellen und sozialen Interesse".[44]

---

37 EuGH v. 27. 3. 1974 – Rs. 127/73 *BRT II*, Slg. 1974, 313 Rn. 6/8.
38 EUGH v. 27. 3. 1974 – Rs. 127/73 *BRT II*, Slg. 1974, 313 Rn. 6/8; Kommission v. 5. 12. 1981, ABl. 1982 L 94/12 = GRUR Int. 1982, 539, 541.
39 Kommission v. 2. 6. 1971, ABl. L 134/15, 22 – GEMA; EuGH v. 27. 3. 1974 – Rs. 127/73 – *BRT II*, Slg. 1974, 313 Rn. 15.
40 EuGH v. 27. 3. 1974 – Rs. 127/73 *BRT II*, Slg. 1974, 313 Rn. 9/11. Kommission v. 4. 12. 1981, ABl. 1982 L 94/12 Tz. 36 – GEMA-Satzung.
41 *Goldmann*, Die kollektive Wahrnehmung musikalischer Rechte, S. 258 f.
42 Darauf weist zutreffend hin *Wünschmann*, Die kollektive Verwertung von Urheber- und Leistungsschutzrechten, S. 118 sowie S. 36–42. Allgemein Calliess/Ruffert-*Blanke*, Art. 151 Rn. 14.
43 *Wünschmann*, Die kollektive Verwertung von Urheber- und Leistungsschutzrechten, S. 37–39.
44 Kommission v. 2. 6. 1971, ABl. 1971 L 134/27 – GEMA I. Ebenso *Mestmäcker*, in: Geistiges Eigentum und Kultur im Spannungsfeld, S. 60 f.

b) *Einzelfragen aus der Entscheidungspraxis*

Anhand dieser Maßstäbe haben Kommission und Gerichtshof eine Reihe von praktisch bedeutsamen Einzelfragen beurteilt.[45]

aa) Gleichbehandlung von EG-Ausländern, insbesondere Wahrnehmungszwang

Sieht man den zentralen Zweck des Mißbrauchsverbots darin, den Restwettbewerb zu schützen oder zu stärken, so versteht sich, daß im Bereich der kollektiven Rechtewahrnehmung dem Diskriminierungsverbot fundamentale Bedeutung zukommt.[46] Will man, wie dies offenbar insbesondere der Kommissionspraxis vorschwebt, einen Wettbewerb der mitgliedstaatlichen Verwertungsgesellschaften stärken, so ist erste Voraussetzung dafür, daß die Berechtigten Zugang zu allen Verwertungsgesellschaften haben.

Von Anfang an ging es daher beim Mißbrauchsverbot auch um ein Verbot der Nationalitätendiskriminierung. Dieses Verbot läßt sich schon aus Art. 82 Abs. 2 lit. c EG ableiten, wurde von der Kommission aber auch im Wege der prinzipiell-systematischen Auslegung des Mißbrauchsbegriffs in Art. 82 Abs. 1 EG begründet,[47] bei der auch die Wertungen des EG-Vertrags zu berücksichtigen sind. Zu den fundamentalen Prinzipien der Gemeinschaft gehört aber das Verbot der Nationalitätendiskriminierung des Art. 12 Abs. 1 EG.[48]

Allerdings hatte sich die GVL – die freilich ihre Praxis sogleich geändert hatte – zur Begründung einer unterschiedlichen Behandlung von EG-Ausländern darauf berufen, diese sei mit Rücksicht auf die disparaten materiellen Urheberrechte gerechtfertigt. Nicht alle Mitgliedstaaten kennten in demselben Umfang die von ihr vor allem wahrgenommenen Zweitverwertungsrechte. Die Kommission, deren Entscheidung der Gerichtshof bestätigt hat, ist dem nicht gefolgt. Auch wenn die nationalen Urheberrechte divergieren, so rechtfertigt das doch nicht, den ausländischen Berechtigten jeden Zugang zur Verwertungsgesellschaft zu versperren, denn so werde ihnen schon die Möglichkeit genommen, nachzuweisen, daß sie über entsprechende Rechte verfügen. Der Umstand allein, daß hier eine vertiefte Prüfung erforderlich ist, rechtfertigt keine Zugangssperre.[49]

Das Verbot der Nationalitätendiskriminierung gilt allerdings keineswegs nur für den Zugang zur Verwertungsgesellschaft, es findet auch im Hinblick auf die Wahrnehmungsbedingungen Anwendung. Auch die mitgliedschaftlichen Rechte und die

---

45 Übersichten dazu schon bei *Cherpillod,* in: Die Verwertung von Urheberrechten in Europa, S. 33–39; *Dietz,* FS GRUR, S. 1464–1471; *Goldmann,* Die kollektive Wahrnehmung musikalischer Rechte, S. 244–254; *Wünschmann,* Die kollektive Verwertung von Urheber- und Leistungsschutzrechten, S. 122–148.

46 *Mestmäcker,* FS Lukes, S. 457.

47 Dazu nur *Riesenhuber,* System und Prinzipien des Europäischen Vertragsrechts, S. 27 f., 61 f.

48 Kommission v. 29. 10. 1981, ABl. 1981 L 370/49 Tz. 46 – GVL; zum Grundsatz auch EuGH v. 30. 4. 1974 – Rs. 155/73 *Sacchi,* Slg. 1974, 409 Rn. 20.

49 EuGH v. 2. 3. 1983 – Rs. 7/82 *GVL ./. Kommission,* Slg. 1983, 483 Rn. 52–56.

Verteilungsregeln dürfen daher, soweit es um Berechtigte aus den Mitgliedstaaten geht, nicht anhand der Nationalität differenzieren.[50]

bb) Umfang der Rechteübertragung

Zweitens haben Kommission und Gerichtshof den Umfang der Rechteübertragung einer Mißbrauchskontrolle unterzogen. Dabei ging es insbesondere um die Frage, ob die Verwertungsgesellschaft auf der exklusiven Rechteübertragung bestehen kann und ob sie die Rechte für alle Nutzungssparten verlangen kann.

(1) Ausschließliche Rechteübertragung

Die weithin übliche Praxis der ausschließlichen Rechteübertragung für alle Werke hat der EuGH bestätigt.[51] Mit Rücksicht auf den Zweck der Unternehmenstätigkeit, die Rechte der Berechtigten gegenüber (insbesondere) den großen Nutzern wie Rundfunkanstalten und Tonträgerherstellern wahrzunehmen, könne die umfassende Rechteübertragung nicht beanstandet werden:

> „Um diese Rechte und Interessen wirkungsvoll wahrnehmen zu können, muß die Vereinigung über eine Stellung verfügen, die voraussetzt, daß die der Vereinigung angeschlossenen Urheber ihre Rechte an sie abtreten, soweit das notwendig ist, um ihrer Tätigkeit das erforderliche Volumen zu verleihen."[52]

In der Tat kommt dieser Begründung auch heute noch Gewicht zu. Ein „Rosinenpicken", bei dem der Berechtigte es der Verwertungsgesellschaft überließe, allein die Rechte an den wenig lukrativen oder schwer zu vermarktenden Werken wahrzunehmen, ist zwar mit Blick auf die Interessen der Berechtigten verständlich, es würde aber die Verhandlungsposition der Verwertungsgesellschaft empfindlich schwächen.[53] Zudem bestünde die Gefahr, daß Nutzer die Verwertungsgesellschaft und ihre Berechtigten gegeneinander ausspielen.[54]

---

50 Kommission v. 2. 6. 1971, ABl. 1971 L 134/21 f. – GEMA I.

51 EUGH v. 27. 3. 1974 – Rs. 127/73 *BRT II*, Slg. 1974, 313 Rn. 9/11 und 12/14. Eine Andere Auffassung hattte die Kommission noch im Beschwerdeverfahren vertreten; vgl. auszugsweise Wiedergabe von Nr. 78 der Beschwerdepunkte bei *Mestmäcker/Schulze*, IntR, 6. Abschnitt, S. 86 f.; dieser Beschwerdepunkt ist nicht mehr aufrechterhalten in der Entscheidung Kommission v. 2. 6. 1971, ABl. 1971 L 134/15 – GEMA I. Grundsätzlich zustimmend Immenga/Mestmäcker-*Möschel*, EG-Wettbewerbsrecht, Art. 86 Rn. 151 f.; *Steden*, Das Monopol der GEMA, S. 85–88; *Wünschmann*, Die kollektive Verwertung von Urheber- und Leistungsschutzrechen, S. 122–127. Kritisch *Goldmann*, Die kollektive Wahrnehmung musikalischer Rechte, S. 251 f. (wettbewerbsrechtlich schwer zu rechtfertigen); s.a. *Mauhs*, Der Wahrnehmungsvertrag, S. 91. In der Kommission zeichnet sich teilweise eine andere Bewertung ab; dazu *Gerlach*, FS Dittrich, S. 119, 128–131.

52 EuGH v. 27. 3. 1974 – Rs. 1227/73 *BRT II*, Slg. 1974, 313 Rn. 9/11.

53 *Kreile/Becker*, FS Mestmäcker, S. 89. S. noch die rechtsvergleichende Würdigung bei *Goldmann*, Die kollektive Wahrnehmung musikalischer Rechte, S. 250–254.

54 *Reischl*, GRUR Int. 1982, 151, 158; *Wünschmann*, Die kollektive Verwertung von Urheber- und Leistungsschutzrechten, S. 124.

(2) Spartenlizenzierung[55]

In einem anderen Punkt hat die Kommission indes das Kollektivinteresse an einer umfassenden und einfach zu handhabenden Rechteeinräumung geringer gewichtet. Nach den GEMA-Entscheidungen aus den Jahren 1971 und 1972 sind die Verwertungsgesellschaften verpflichtet, den Berechtigten eine sogenannte Spartenlizenzierung zu ermöglichen, also die Mandatierung der Verwertungsgesellschaft nur mit der Wahrnehmung der Rechte für einzelne Sparten.[56] Auch hinter dieser Entscheidung steht das Kernanliegen der Kommission, einen Wettbewerb zwischen den Verwertungsgesellschaften zu ermöglichen. Die Berechtigten können so für jede Sparte die Verwertungsgesellschaft wählen, deren Bedingungen ihnen am günstigsten erscheinen. Davon wird auch gelegentlich Gebrauch gemacht.

cc) Vertragslaufzeit

Mit der Möglichkeit eines Wettbewerbs hängt endlich in nicht geringerem Maße die Vertragslaufzeit zusammen. Sie stellt schon traditionell einen bekannten Streitpunkt dar.[57] Die Kommission wollte daher die Vertragslaufzeit anfänglich auf ein Jahr begrenzen,[58] nach Erörterung mit der betroffenen GEMA hielt sie schließlich eine Laufzeit von drei Jahren noch für sachlich gerechtfertigt.[59] Diese Entscheidung wird heute als gelungener Ausgleich der widerstreitenden Interessen – Individualinteresse an Dispositionsfreiheit und Kollektivinteresse an effizienter und sparsamer Wahrnehmungstätigkeit – begrüßt.[60]

dd) Mißbrauchsklausel zum Schutz der Verteilung („Gegnerfreiheit")

In einer sehr eingehenden Würdigung hat die Kommission im Verfahren GEMA-Satzung eine Mißbrauchsklausel auf ihre Vereinbarkeit mit Art. 82 EG geprüft. Das

---

55 S.a. oben, § 6 I 3 (S. 61).

56 Kommission v. 2. 6. 1971, ABl. 1971 L 134/22 – GEMA I, Spartenabgrenzung modifiziert in Kommission v. 6. 7. 1972, ABl. 1972 L 166/22 f. – GEMA II. Mit dem „Rosinenargument" und aus Effektivitätserwägungen zweifelnd Dreier/*Schulze*, § 6 UrhWG Rn. 10. Die gesondert zu lizenzierenden Sparten hat die Kommission (GEMA II) in dem betroffenen Bereich der Rechte an Musikwerken so aufgefächert: (a) das allgemeine Aufführungsrecht; (b) das Senderecht für Rundfunk; (c) das Wiedergaberecht von im Rundfunk gesendeten Werken; (d) das Senderecht für Fernsehen; (e) das Wiedergaberecht für im Fernsehen gesendeten Werken; (f) das Filmaufführungsrecht; (g) das mechanische Vervielfältigungs- und Verbreitungsrecht; (h) das Wiedergaberecht mechanisch vervielfältigter Werke; (i) das Filmherstellungsrecht; (j) das Recht zur Herstellung, Vervielfältigung und Verbreitung von Trägern für Bildaufzeichnungsgeräte; (k) das Recht zur Wiedergabe von Trägern für Bildaufzeichnungsgeräte; (l) die Rechte zu Benutzungshandlungen, die durch die technische Entwicklung oder eine Änderung der Gesetzgebung in Zukunft entstehen.

57 Vgl. RGZ 87, 215 und zum Hintergrund etwa *Dümling*, Musik hat ihren Wert, S. 96–114.

58 Kommission v. 2. 6. 1971, ABl. 1971 L 134/22 – GEMA I.

59 Kommission v. 6. 7. 1972, ABl. 1972 L 166/22 – GEMA II.

60 *Wünschmann*, Die kollektive Verwertung von Urheber- und Leistungsschutzrechten, S. 128 f.; *Mauhs*, Der Wahrnehmungsvertrag, S. 77; *Pickrahn*, Verwertungsgesellschaften nach deutschem und europäischem Kartellrecht, S. 158 f.; im Grundsatz auch *Leßmann*, Verwertungsgesellschaften nach deutschem und europäischen Kartellrecht, S. 176–179; krit. *Steden*, Das Monopol der GEMA, S. 90–92.

Verfahren ging auf ein von der GEMA beantragtes Negativ-Attest zurück. Mit der zur Kontrolle gestellten Satzungsbestimmung sollte sichergestellt werden, daß die Berechtigten nicht dadurch ein hohes Aufkommen generieren, daß sie Tarifpartner der GEMA (Nutzer) direkt oder indirekt an den Ausschüttungen beteiligen. Eine solche Regelung hielt die Verwertungsgesellschaft nicht zuletzt deswegen für erforderlich, weil die Berechtigten als Verlage selbst in gewisser Hinsicht zur Marktgegenseite gehören oder sonst in enger Beziehung zur Marktgegenseite stehen können.[61] Die Regelung wird daher auch im Zusammenhang mit dem Problem der Gegnerfreiheit erörtert.[62]

In einer eingehenden Interessenabwägung nach den vom EuGH im Verfahren BRT II aufgestellten Grundsätzen[63] erörtert die Kommission das Funktionsinteresse der Verwertungsgesellschaft, dem sie das Verfügungsinteresse des Berechtigten gegenüberstellt. Dabei berücksichtigt sie – insofern die Erwägungen des EuGH ergänzend – auch das anerkennenswerte Interesse der Verwertungsgesellschaft an einem einheitlichen Auftreten der Anbieter von Nutzungsrechten und anerkennt ihr Interesse an einer Gegnerfreiheit. Diese Interessen überwiegen nach Einschätzung der Kommission das Verfügungsinteresse des Berechtigten. Die untersuchte Regelung ging auch nicht über das zur Erreichung des legitimen Zwecks Erforderliche hinaus.[64]

ee) Verteilung der Einnahmen, insbesondere kulturelle Förderung und ihre Grenzen

Auch die Verteilungsbestimmungen einschließlich der Bestimmungen über die kulturelle Förderung hat die Kommission am Maßstab des Art. 82 EG gemessen. Dabei hat sie die Gestaltung von Förderungsleistungen als eine Art Treueprämie beanstandet.[65] Auch das ist mit Rücksicht auf den von der Kommission verfolgten Zweck der Stärkung eines Wettbewerbs zwischen den Verwertungsgesellschaften verständlich.

Ausdrücklich nicht in Frage gestellt hat die Kommission aber die Förderung kulturell bedeutender Werke und Leistungen.[66] Das ist in der Entscheidung nicht näher begründet, läßt sich heute aber darauf stützen, daß die Gemeinschaft nach der Kultur-Querschnittsklausel des Art. 151 Abs. 4 EG auch bei der Kartellaufsicht den kulturellen Aspekten Rechnung trägt.[67]

---

61 Kommission v. 4.12.1981, ABl. 1982 L 94/12 Tz. 20–28.
62 *Wünschmann,* Die kollektive Verwertung von Urheber- und Leistungsschutzrechten, S. 136–144.
63 Oben, a (S. 142 f.).
64 Kommission v. 4.12.1981, ABl. 1982 L 94/12 Tz. 35–53. Zust. *Wünschmann,* Die kollektive Verwertung von Urheber- und Leistungsschutzrechten.
65 Kommission v. 2.6.1971, ABl. 1971 L 134/23 – GEMA I. *Wirtz,* Die Kontrolle von Verwertungsgesellschaften, S. 223.
66 Kommission v. 2.6.1971, ABl. 1971 L 134/23 – GEMA I. Vgl. auch *Mauhs,* Der Wahrnehmungsvertrag, S. 149 f.
67 S. schon oben, a (S. 143).

5. Verstoßfolgen: Kommissionsaufsicht und Vertragsrecht

a) *Aufsichtsrechtliche Folgen*

Art. 82 EG verbietet den Mißbrauch einer marktbeherrschenden Stellung, die Einzelheiten der aufsichtsrechtlichen Verstoßfolgen regelt die Verordnung 1/2003 (früher Verordnung Nr. 17). Sie ermächtigt die Kommission, die beteiligten Unternehmen im Wege der Entscheidung zu verpflichten, einen festgestellten Mißbrauch abzustellen bzw. einen bereits eingestellten Mißbrauch, der sich wiederholen könnte, festzustellen (Art. 7 Abs. 1 VO 1/2003; bislang Art. 3 Abs. 1 VO Nr. 17).[68]

b) *Vertragsrechtliche Folgen*

Die zivilrechtlichen Folgen eines Verstoßes gegen Art. 82 EG richten sich nach nationalem Recht.[69] Da das Mißbrauchsverbot gem. Art. 1 Abs. 3 VO 1/2003 (Art. 1 VO Nr. 17) ein unmittelbar anwendbares gesetzliches Verbot ist, ist ein mißbräuchliches Rechtsgeschäft grundsätzlich nichtig, § 134 BGB.[70] Darüber hinaus kann die Verletzung von Art. 82 EG als Schutzgesetz i.S.v. § 823 Abs. 2 BGB Ansprüche auf Schadensersatz sowie Beseitigung und Unterlassung (§ 1004 BGB) begründen.

Ordnet Art. 82 EGV i.V.m. § 134 BGB auch grundsätzlich Nichtigkeit eines mißbräuchlichen Rechtsgeschäfts an, so besteht doch Einigkeit, daß der Umfang der Unwirksamkeit eingeschränkt sein kann. Die Reichweite der Unwirksamkeit ist maßgeblich von dem Gebot der effektiven Anwendung des Gemeinschaftsrechts bestimmt. Bei seiner Umsetzung ist auch der Schutz legitimer Interessen Dritter zu berücksichtigen. Daher kommen als zivilrechtliche Folgen auch Teilnichtigkeit und Anpassung von Rechtsgeschäften in Betracht.[71]

Diese letzteren Gesichtspunkte können in unserem Zusammenhang wiederum dort Bedeutung gewinnen, wo die schlichte Kassation zwar einen Mißbrauch abstellen, dabei aber ein unvollständiges Regelungssystem zurücklassen würde. Insbesondere bei der Beurteilung von Verteilungsregeln muß daher ggf. eine geltungserhaltende Reduktion oder gerichtliche Anpassung erfolgen, soweit die bloße Vernichtung einzelner Bestimmungen ein inoperables System zurücklassen würde.[71a]

---

68 *Emmerich,* Kartellrecht, § 38, 12 (S. 449), § 39, 5 (S. 455–457); Immenga/Mestmäcker-*Ritter,* Art. 3 VO 17 Rn. 45–48; Immenga/Mestmäcker-*Möschel,* Art. 86 EGV Rn. 20–25.

69 *Bunte,* Kartellrecht, § 15 V (S. 429 f.); *Emmerich,* Kartellrecht, § 38, 12 (S. 449 f.).

70 Immenga/Mestmäcker-*Möschel,* Art. 86 EGV Rn. 27.

71 Immenga/Mestmäcker-*Möschel,* Art. 86 EGV Rn. 28–31; *Emmerich,* Kartellrecht, § 38, 12 (S. 449 f.).

71a S.o. § 7 II 5 b bb (S. 77 f.) und III 5 b bb (S. 95 f.).

§ 11 Die Angleichung des Wahrnehmungsrechts

I. Bestand der Rechtsangleichung (*acquis communautaire*) auf dem Gebiet des Wahrnehmungsrechts[1]

Die Europäische Union hat seit 1991 eine Reihe von Richtlinien auf dem Gebiet des Urheberrechts verabschiedet.[2] Diese betreffen allerdings ausschließlich Sachfragen des materiellen Urheberrechts, doch findet sich im Zusammenhang mit diesen Regelungen eine Reihe von Vorschriften, die auch die kollektive Rechtewahrnehmung betreffen.[3]

So definiert Art. 1 Abs. 4 SKRL – für die Zwecke dieser Richtlinie – die Verwertungsgesellschaft als „jede Organisation, die Urheber- oder verwandte Schutzrechte als einziges Ziel oder als eines ihrer Hauptziele wahrnimmt oder verwaltet". In einzelnen Rechtsakten wird deutlich, daß Verwertungsgesellschaften im Interesse der Berechtigten tätig werden und ihnen offenstehen sollen.[4] Der Schwerpunkt der Regelung liegt allerdings bislang eher darauf, Rechte im Interesse der Nutzer bei Verwertungsgesellschaften zu bündeln.[5] Die vorliegenden Richtlinien überlassen –

---

1 Dazu insbesondere: *Reinbothe*, ZUM 2003, 27, 28 f.; *ders.*, FS Dietz, S. 517–520; *ders.*, ZEuP 2000, 5–28; *ders.*, FS Fikentscher, S. 695–722; *Klauer*, Die Europäisierung des Privatrechts, S. 320–370; *Schack*, ZEuP 2000, 799–819; *Kreile/Becker*, ZUM 1992, 581–594; *dies.*, GRUR Int. 1994, 901–911; früh schon *Dietz*, GRUR Int. 1978, 101–109. Eingehende Erläuterungen in *Walter* (Hrsg.), Europäisches Urheberrecht (2001); sowie in *Möhring/Schulze/Ulmer/Zweigert* (Hrsg.), Quellen des Urheberrechts – Europäisches Gemeinschaftsrecht I und II. Einen nützlichen tabellarischen Überblick gibt *Holeweg*, GRUR Int. 2001, 141, 155–157. S.a. *Riesenhuber*, in: Europa der Bürger?, S. 160 f.

2 1. CPRL: Richtlinie 91/250/EWG des Rates vom 14. Mai 1991 über den Rechtsschutz von Computerprogrammen, ABl. 1991 L 122/42
2. VVRL: Richtlinie 92/100/EWG des Rates vom 19. November 1992 zum Vermietrecht und Verleihrecht sowie zu bestimmten dem Urheberrecht verwandten Schutzrechten im Bereich des geistigen Eigentums, ABl. 1992 L 346/61
3. SKRL: Richtlinie 93/83/EWG des Rates vom 27. September 1993 zur Koordinierung bestimmter urheber- und leistungsschutzrechtlicher Vorschriften betreffend Satellitenrundfunk und Kabelweiterverbreitung, ABl. 1993 L 248/15
4. SDRL: Richtlinie 93/98/EWG des Rates vom 29. Oktober 1993 zur Harmonisierung der Schutzdauer des Urheberrechts und bestimmter verwandter Schutzrechte, ABl. 1993 L 290/9
5. DBRL: Richtlinie 96/9/EG des Europäischen Parlaments und des Rates vom 11. März 1996 über den rechtlichen Schutz von Datenbanken, ABl. 1996 L 77/20
6. UIRL: Richtlinie 2001/29/EG des Europäischen Parlaments und des Rates vom 22. Mai 2001 zur Harmonisierung bestimmter Aspekte des Urheberrechts und der verwandten Schutzrechte in der Informationsgesellschaft, ABl. 2001 L 167/10
7. FRRL: Richtlinie 2001/84/EG des Europäischen Parlaments und des Rates vom 27. September 2001 über das Folgerecht des Urhebers des Originals eines Kunstwerks, ABl. 2001 L 272/32.
8. V-UDRL: Vorschlag für eine Richtlinie des Europäischen Parlaments und des Rates zur Durchsetzung der Rechte des geistigen Eigentums, KOM (2003) 46 endg.

3 Übersicht bei *Vogel*, in: Konturen eines europäischen Urheberrechts, S. 83–86; Walter-*Dillenz*, Europäisches Urheberrecht, Allgemeiner Teil 4. Kapitel Rn. 24–27; *Wirtz*, Die Kontrolle von Verwertungsgesellschaften, S. 237–240; jetzt auch Kommission, KOM (2004) 261 endg., sub 3.2.1 (S. 17); *Riesenhuber/v. Vogel*, EuZW 2004, 519.

4 BE 15, Art. 4 Abs. 3 und 4 VVRL (Verwertungsgesellschaftenpflicht den Mitgliedstaaten überlassen); dazu *Vogel*, in: Konturen eines europäischen Urheberrechts, S. 84.

5 BE 28, 29 sowie Art. 3 Abs. 2, 9, 12 SKRL; s.a. BE 30 FRRL.

auch soweit sie das Wahrnehmungsrecht betreffen – die Frage der individuellen oder kollektiven Rechtewahrnehmung weitgehend dem mitgliedstaatlichen Recht[6] bzw. einer künftigen weiteren Harmonisierung.[7]

Die jüngsten Äußerungen des Europäischen Gesetzgebers waren allerdings nicht in Richtlinienregelungen enthalten, sondern eher *obiter* in den Begründungserwägungen der Folgerechts- und der Informationsgesellschaftsrichtlinie.[8] Jeweils wird dort gefordert, die Verwertungsgesellschaften hätten ihre Tätigkeit nach den Grundsätzen der Transparenz und der Effizienz zu gestalten. Ist auch erstaunlich und wohl nur durch die Spezifika des gemeinschaftsrechtlichen Rechtsetzungsprozesses zu erklären, daß sich diese Forderung ohne rechten Zusammenhang in den Begründungserwägungen findet, so ist ihnen doch in der Sache durchaus zuzustimmen.[9]

Insgesamt kann man dem Bestand der Rechtsangleichung entnehmen, daß auch der Europäische Gesetzgeber die Tätigkeit von Verwertungsgesellschaften im Interesse von Berechtigten und Nutzern als erforderlich anerkennt.[10] Gleichzeitig wird, zumal aus den jüngeren Äußerungen, deutlich, daß Verwertungsgesellschaften gerade im Interesse der Berechtigten einer materiellrechtlichen Kontrolle unterliegen sollten.[11] Einzelheiten sind freilich bislang nicht konturiert. Immerhin zeichnet sich ab, daß der Europäische Gesetzgeber hier – wie sonst im Privatrecht – Transparenz als das wesentliche Kontrollinstrument ansieht.

II. Die Harmonisierung des Wahrnehmungsrecht und die Mitteilung der Kommission vom 16. 4. 2004

1. Die Forderung nach einer Harmonisierung

Eine Harmonisierung des Wahrnehmungsrechts fehlt indes bislang, doch ist sie in der Vergangenheit immer wieder gefordert worden.[12] Zu Recht wird darauf hingewiesen, daß der derzeitige Rechtszustand, nach dem das Wahrnehmungrecht allein aus einem maßvoll angewandten Kartellrecht besteht, in mehrfacher Hinsicht

6 BE 28 S. 1 und 2, Art. 6 Abs. 2 FRRL. S.a. BE 18 UIRL.
7 BE 34, Art. 13 SKRL.
8 BE 28 S. 3 FRRL, BE 17 UIRL.
9 S. nur *Reinbothe,* in: Die Verwertungsgesellschaften im Europäischen Binnenmarkt, S. 23 (zur gebotenen Infrastruktur der kollektiven Rechtewahrnehmung gehört „die angemessene, effiziente Rechtswahrnehmung für die Berechtigten einschließlich der angemessenen, nicht-diskriminierenden Einnahmenverteilung“).
10 Ebenso *Reinbothe,* ZUM 2003, 27, 28.
11 Vgl. auch *Reinbothe,* ZUM 2003, 27, 29 („Mißtrauen und eine kritische Haltung“).
12 S. nur *Dietz,* Das Urheberrecht in der Europäischen Gemeinschaft, S. 271–304; *ders.,* FS GRUR, S. 1470f.; *Dillenz,* GRUR Int. 1997, 315, 319–329; Walter-*Dillenz,* Europäisches Urheberrecht, Allgemeiner Teil 4. Kapitel Rn. 28–30; *Schulze,* FS Mestmäcker, S. 461–466; *Steden,* Das Monopl der GEMA, S. 177–194; *Vogel,* GRUR 1993, 513, 531; *ders.,* in: Konturen eines Europäischen Urheberrechts, S. 86; Walter-*Walter,* Europäisches Urheberrecht, Stand der Rechtsangleichung Kapitel X Rn. 102; *Wandtke,* GRUR 1995, 385, 391 f.; *Wirtz,* Die Kontrolle von Verwertungsgesellschaften, S. 232–237. Zurückhaltend *Schack,* ZEuP 2000, 799, 817 (Appell an die Selbstregulierung).

unbefriedigend ist.[13] Nicht nur zeigt sich hier wie sonst, daß „die reine Lehre des Kartellrechts“ auf die Wahrnehmungstätigkeit nicht recht paßt, weil urheberrechtliche Besonderheiten ausgeblendet bleiben.[14] Vor allem birgt die mit den Mitteln des Kartellrechts allein mögliche Mißbrauchsaufsicht, die nur am Einzelfall voranschreitet, ein hohes Maß an Rechtsunsicherheit. Zudem erfordere die Angleichung des materiellen Urheberrechts, die nun öfter auf Verwertungsgesellschaften Bezug nimmt, eine Angleichung des Wahrnehmungsrechts.[15] Und endlich wird eine Harmonisierung der disparaten mitgliedstaatlichen Wahrnehmungsrechte[16] auch zur Vermeidung von Wettbewerbsverzerrungen für erforderlich gehalten.[17] Über die wesentlichen Gegenstände eines Angleichungsrechtsakts besteht weitgehend Einigkeit.[18]

Die Notwendigkeit einer Regulierung und Aufsicht der Wahrnehmungstätigkeit wird auch von den Verwertungsgesellschaften keineswegs geleugnet. Im Gegenteil erkennen sie – nachdem bei Erlaß des Urheberrechtswahrnehmungsgesetzes zunächst noch verfassungsrechtliche Bedenken gegen die Mehrfachaufsicht geltend gemacht worden waren –[19], daß die rechtliche Regelung und Aufsicht nicht zuletzt die Legitimation der Verwertungsgesellschaften stärkt.[20] Nicht von ungefähr haben die Verwertungsgesellschaften daher selbst einen – freilich bislang nicht „verabschiedeten“ – Verhaltenskodex formuliert, der in der Sache ein Wahrnehmungsrecht enthält.[21] Nicht geklärt ist freilich bislang, ob im Wahrnehmungsrecht ein Angleichungsbedarf besteht und ob die Gemeinschaft die Kompetenz dazu hat.[21a]

2. Die Mitteilung der Kommission vom 16. 4. 2004[21b]

a) *Die Entwicklung*[22]

Daß der Bestand des Gemeinschaftsrechts sich im wesentlichen auf das materielle Recht beschränkt, kommt nicht von ungefähr, enthielt doch das Grünbuch zum

---

13 *Goldmann,* Die kollektive Wahrnehmung musikalischer Rechte, S. 257–260.
14 *Reinbothe,* ZUM 2003, 27.
15 *Vogel,* GRUR 1993, 513, 531.
16 Dazu nur die Hinweise bei *Karnell,* GRUR Int. 1991, 583, 585, 592; *Reinbothe,* ZUM 2003, 27, 29, 31; *ders.,* FS Dietz, S. 522 f. S.a. die Hinweise auf die rechtsvergleichende Literatur oben, § 3 II vor 1 Fn. 17.
17 *Reinbothe,* ZUM 2003, 27, 31; *ders.,* FS Dietz, S. 530 f.; *Vogel,* GRUR 1993, 513, 531. S.a. den Hinweis v. *Reinbothe,* FS Dietz, S. 525, auf eine von der Kommission in Auftrag gegebene, nicht veröffentlichte Studie von *Deloitte & Touche.*
18 *Dillenz,* GRUR Int. 1997, 315, 319–329; *Vogel,* GRUR 1993, 513, 531.
19 Zur Diskussion aus der Entstehungszeit des UrhWG s. die Nachweise oben, § 3 II 1 Fn. 18.
20 *Kreile/Becker,* FS Mestmäcker, S. 97.
21 Dazu etwa Walter-*Dillenz,* Europäisches Urheberrecht, Allgemeiner Teil 4. Kapitel Rn. 68; *Kreile/Becker,* FS Mestmäcker, S. 98; *Weichhaus,* Das Recht der Verwertungsgesellschaften in Deutschland, Großbritannien und Frankreich (Abdruck des Verhaltenskodex S. 147–154); *Dillenz,* GRUR Int. 1997, 315, 328 f. Angeregt auch von *Dietz,* FS GRUR, S. 1470.
21a Dazu *Riesenhuber/v. Vogel,* EuZW 2004, 519–523.
21b Zur Mitteilung näher *Riesenhuber/v. Vogel,* EuZW 2004, 519–523.
22 Näher *Reinbothe,* FS Dietz, S. 523–528; *ders.,* ZUM 2003, 27–33; *Wünschmann,* Die kollektive Verwertung von Urheber- und Leistungsschutzrechten, S. 42–44.

Urheberrecht von 1988[23] noch keine Hinweise auf die Verwertungsgesellschaften.[24] Das Wahrnehmungsrecht war indes Gegenstand des Grünbuchs von 1995,[25] das einen eingehenden Konsultationsprozeß einleitete, in dessen Verlauf das Thema mehrfach auf internationalen Tagungen erörtert wurde.[26] Eine Anhörung im November 2000 bildete den Abschluß dieses Konsultationsprozesses.[27]

Der Konsultationsprozeß bestätigte in wesentlichen Punkten die Grundsätze, die sich schon bislang im Gemeinschaftsrecht und in der rechtspolitischen Diskussion herausgehoben hatten.[28] Den Verwertungsgesellschaften kommt eine wichtige und legitime Aufgabe zu, und zwar sowohl im Interesse der Nutzer als auch im Interesse der Berechtigten. Dabei ist grundsätzlich auch hier die Monopolstellung bzw. marktbeherrschende Stellung wünschenswert. Indes bedarf das Rechtsverhältnis der Verwertungsgesellschaft zu Berechtigten und Nutzern der Regelung, zu deren Inhalten insbesondere ein beidseitiger Kontrahierungszwang gehört. Zudem wird von ihnen eine transparente Gestaltung ihrer Wahrnehmungstätigkeit gefordert. Zur Kontrolle von Bildung und Tätigkeit der Verwertungsgesellschaften wird wohl einhellig eine staatliche Aufsicht für wünschenswert gehalten, die indes mit Rücksicht auf die kulturellen und rechtlichen Traditionen der Mitgliedstaaten im einzelnen unterschiedlich ausgestaltet bleiben kann.

b) Die Mitteilung zum Wahrnehmungsrecht

Im Anschluß an das Grünbuch und die Konsultation war bereits seit längerem eine Mitteilung zum Wahrnehmungsrecht angekündigt.[29] Ein Entwurf der Mitteilung, deren wesentliche Inhalte bereits vorab vorgestellt wurden,[30] war im November

---

23 Kommission, Mitteilung v. 23. 8. 1988, Grünbuch über Urheberrecht und die technologische Herausforderung – Urheberrechtsfragen, die sofortiges Handeln erfordern, KOM(88) 172 endg.; dazu Mitteilung v. 17. 1. 1991 Initiativen zum Grünbuch – Arbeitsprogramm der Kommission auf dem Gebiet des Urheberrechts und der verwandten Schutzrechte, KOM(90) 584 endg.

24 Erwähnt wurden Verwertungsgesellschaften auch im Grünbuch über die Errichtung des Gemeinsamen Marktes für Rundfunk, insbesondere über Satellit und Kabel („Fernsehen ohne Grenzen"), KOM(84) 300 endg., bes. S. 300–331.

25 Kommission, Grünbuch v. 18. 7. 1995, Urheberrecht und verwandte Schutzrechte in der Informationsgesellschaft, KOM(95) 382 endg. S. sodann Kommission, Mitteilung v. 20. 11. 1996, Initiativen zum Grünbuch über Urheberrecht und verwandte Schutzrechte in der Informationsgesellschaft, KOM(96) 568 endg. Dazu etwa *Kreile/Becker,* FS Mestmäcker, S. 77–99.

26 Internationale Konferenz „Urheberrecht und verwandte Schutzrechte an der Schwelle zum 21. Jahrhundert" in Florenz, 2.–4. 6. 1996; Internationale Urheberrechtskonferenz der Kommission 1998 in Wien über „Kreativität und Geistige Eigentumsrechte: Szenarien und Perspektiven in der Entwicklung" v. 12.–14. 7. 1998; Internationale Urheberrechtskonferenz der Kommission „Management and Legitimate Use of Intellectual Property" in Straßburg v. 9.–11. 7. 2000; Internationale Konferenz über „European Copyright Revisited", Santiago de Compostella, 16.– 18. 6. 2002. Eingehend dazu *Reinbothe,* ZUM 2003, 27 f.; *ders.,* FS Dietz, S. 523–528.

27 Dazu der Bericht von *Reinbothe,* FS Dietz, S. 526–528; *ders.,* ZUM 2003, 27 f.

28 *Reinbothe,* FS Dietz, S. 526–528.

29 Nicht zuletzt im Rahmen der Gesetzgebung der Folgerechtsrichtlinie, vgl. *Reinbothe,* ZUM 2003, 27, 28 f.

30 *Reinbothe,* ZUM 2003, 27, 31–33.

2003 den Fachkreisen zur Kenntnis gegeben worden.[31] Am 16. April 2004 verabschiedete die Kommission eine Mitteilung „Die Wahrnehmung von Urheberrechten und verwandten Schutzrechten im Binnenmarkt“.[32]

3. Wesentliche Inhalte zum Rechtsverhältnis zwischen Verwertungsgesellschaft und Berechtigtem

Im Vergleich mit der Entwurfsfassung vom November 2003 fällt die Mitteilung vom 16. April 2004 deutlich kürzer aus. Das gilt insbesondere auch für den Abschnitt über die uns interessierende „Beziehung zwischen Verwertungsgesellschaften und Rechteinhabern“.[33] Die Ausführungen beschränken sich auf einen einzigen Absatz:

> „Normalerweise ist nur eine Verwertungsgesellschaft für eine Gruppe von Rechteinhabern auf dem jeweiligen Hoheitsgebiet treuhänderisch tätig; sie ist der einzige Wächter ihres Markts in Bezug auf die kollektive Wahrnehmung ihrer Rechte. Die Grundsätze der redlichen Verwaltung, der Nichtdiskriminierung, der Transparenz und der Rechenschaftspflicht der Verwertungsgesellschaften gegenüber ihren Rechteinhabern sind deshalb besonders wichtig. Diese Grundsätze sollten für den Erwerb von Rechten (den Wahrnehmungsauftrag), die Bedingungen der Mitgliedschaft (einschließlich der Beendigung der Mitgliedschaft), der Vertretung und die Position der Rechteinhaber innerhalb der Gesellschaft (Zugang der Rechteinhaber zu internen Dokumenten und Rechnungslegungsunterlagen über Lizenzeinnahmen, Ausschüttungen und Abzügen, echter Einfluss der Rechteinhaber auf den Entscheidungsprozess wie auch auf soziale und kulturelle Politik ihrer Gesellschaft) gelten. Der Wahrnehmungsauftrag sollte Rechteinhabern ein angemessenes Maß an Flexibilität im Hinblick auf Laufzeit und Umfang anbieten. Zudem sollten Rechteinhaber angesichts der zunehmenden Verbreitung von Systemen der digitalen Rechteverwaltung zumindest prinzipiell, und solange das Gesetz nichts anderes vorschreibt, die Möglichkeit haben, bestimmte Rechte individuell wahrzunehmen, wenn sie das wünschen.“[34]

Ungeachtet der Knappheit sind damit doch die aus unseren früheren Überlegungen bekannten Sachfragen des Wahrnehmungsrechts angerissen: Der Wahrnehmungszwang (a)), der Umfang der Rechteübertragung (b)), Transparenz und die Pflicht zur Information als Kontrollmittel (c)), die Verteilungsautonomie der Verwertungsgesellschaft (d)) und die Förderung sozialer und kultureller Interessen durch die Verwertungsgesellschaften (e)). Diese Fragen werden nachfolgend auch mit Blick auf die – noch ausführlicher gehaltene – Entwurfsfassung vom November 2003 erörtert.

---

31 EN MARKT/170/2003. Der – soweit ersichtlich unveröffentlichte – Entwurf liegt dem Verf. vor.

32 Mitteilung der Kommission v. 16. 4. 2004 an den Rat, das Europäische Parlament und den Europäischen Wirtschafts- und Sozialausschuß: Die Wahrnehmung von Urheberrechten und verwandten Schutzrechten im Binnenmarkt, KOM (2004) 261 endg.

33 Zu weiteren Inhalten vgl. die Skizze bei *Reinbothe,* ZUM 2003, 27, 31–33.

34 Mitteilung v. 16. 4. 2004, KOM (2004) 261 endg. sub 3.5.3. (S. 22).

a) *Wahrnehmungszwang*

Systematisch ist an erster Stelle der Wahrnehmungszwang zu nennen. In der Mitteilung erwähnt die Kommission den Wahrnehmungszwang freilich nicht mehr eigens, sondern nur noch das Diskriminierungsverbot, das auch beim Vertragsschluß gelten soll. Der Entwurf hatte den Wahrnehmungszwang demgegenüber noch zum Grundbestand des Wahrnehmungsrechts gezählt. Verwertungsgesellschaften sollten allen Berechtigten in ihrem Tätigkeitsbereich offenstehen. Sie sollten deren Rechte zu „angemessenen und vernünftigen Bedingungen" (*appropriate and reasonable terms*) wahrnehmen. In der Sache entsprach das dem Wahrnehmungszwang des § 6 Abs. 1 S. 1 UrhWG, freilich ohne die dortige Ausdifferenzierung. Ein solcher Kontrahierungszwang gehört auch aus rechtsvergleichender Sicht zum Grundbestand des Wahrnehmungsrechts in Europa.[35]

Es ist nicht anzunehmen, daß die Kommission auf eine Wahrnehmungszwang verzichten wollte. Auch wenn man – wie das wohl der Kommission vorschwebt – von einem Wettbewerb der mitgliedstaatlichen Verwertungsgesellschaften ausgeht, so dürfte doch die in der Mitteilung erwähnte national regelmäßig gegebene Monopolstellung einen Wahrnehmungszwang erforderlich machen. Da der Wahrnehmungszwang für die Wettbewerbssituation der Verwertungsgesellschaften nicht unerheblich ist, spricht vom Standpunkt der Kommission einiges dafür, eine gemeinschaftsrechtliche Regelung zu konzipieren. Dabei bedürfen – so wie auch im nationalen Recht – Einzelfragen näherer Regelung.

Auch auf Gemeinschaftsebene sollte man aber nur einen Wahrnehmungszwang einrichten, nicht einen *Aufnahme*zwang. An mehr war (wohl) auch im Entwurf der Mitteilung nicht gedacht. Die Inhaltskontrolle, die nach dem Entwurf wohl ebenso wie bei § 6 Abs. 1 S. 1 UrhWG mit dem Wahrnehmungszwang verbunden sein soll, wäre ebenfalls näher zu konturieren. Dabei sollte man – wie das auch im Entwurf der Mitteilung vorgesehen war – deutlich zwischen den Bedingungen des Wahrnehmungsvertrags einerseits und der Verteilung andererseits (dazu nachfolgend d)) unterscheiden.

b) *Rechteübertragung: Umfang und Dauer*

Über Umfang und Dauer der Rechteübertragung sollen die Rechteinhaber möglichst „flexibel" – gemeint ist wohl individuell – bestimmen können. Insbesondere sollen sie ihre Rechte zurückrufen können, wenn eine individuelle Rechtewahrnehmung – vor allem im Wege des *Digital Rights Management* – möglich wird.

Auch in diesem Punkt war der Entwurf noch weit eingehender. Wichtig war vor allem der dort enthaltene Hinweis auf die unterschiedlichen Modelle in der Wahrnehmungs(rechts)praxis der Mitgliedstaaten: die Abtretung als gängigste Form sowie Lizenzsysteme. An der bestehenden Vielfalt soll offenbar auch nach der jetzt vorliegenden Mitteilung nicht gerüttelt werden; – das empfiehlt sich in der Tat

---

35 *Dillenz*, GRUR Int. 1997, 315, 322 f.

schon wegen der Systembindung der entsprechenden Regeln an das allgemeine Vertragsrecht nicht.[36]

Auch im Hinblick auf die Dauer der Rechteübertragung wies der Entwurf auf die unterschiedlichen Übungen der Verwertungsgesellschaften der verschiedenen Mitgliedstaaten hin. Häufig ist die Vertragslaufzeit für eine Mindestdauer fest bestimmt (3–5 Jahre), teilweise wird die Möglichkeit der ordentlichen Kündigung vereinbart. Der Entwurf empfahl, die Dauer der Rechtsübertragung auf ein vernünftiges Maß zu beschränken und bei einer unbefristeten Mandatierung eine ordentliche Kündigung zuzulassen.[37] Anhaltspunkte für eine Rechtsangleichung hat die Kommission bereits in ihrer Kartellrechtspraxis entwickelt.[38]

Neue und in der Sache bedenkliche Wege beschreitet die Kommission, wenn sie jetzt (wie schon der Entwurf) mit Rücksicht auf die sich entwickelnden, indes noch in mehrfacher Hinsicht unausgereiften[39] *Digital Rights Management* Systeme[39a] weitgehende Rückrufrechte vorschreiben möchte, die zudem offenbar unabhängig von dem durch ein Mehrheitsvotum ausgedrückten Kollektivinteresse an einer kollektiven Wahrnehmung bestehen sollen.[40] Richtig, aber nicht eigentlich neu ist freilich der Gedanke, daß die technische Entwicklung auch einmal dazu führen kann, daß einzelne Nutzungsarten individuell wahrgenommen werden können und die kollektive Rechtewahrnehmung nicht mehr als angemessen gerechtfertigt werden kann. Mit ihrem Ansatz, individuelle Rückrufrechte einzuräumen, mißachtet die Kommission indes zum einen die Autonomie der Verwertungsgesellschaften – die ja in einem Binnenmarkt durchaus in Konkurrenz stehen. Zum anderen läßt sie das Funktionsinteresse der Verwertungsgesellschaft, dem der EuGH mit Recht Bedeutung beigemessen hat,[41] völlig außer Betracht. Dieser Vorschlag bedarf noch näherer Erörterung. Dabei ist insbesondere zu beachten, daß schon die Bindung an angemessene Wahrnehmungsbedingungen, wie sie § 6 Abs. 1 S. 1 UrhWG vorschreibt, wie sie aus Art. 82 EG folgt und wie sie auch mit einem gemeinschaftsrechtlichen Wahrnehmungszwang verbunden werden müßte, für den erforderlichen Schutz der Berechtigten sorgt. Konkretisiert man den Maßstab der angemessenen Bedingungen – entsprechend der Praxis von Kommission und EuGH – als Ausgleich von Funktionsinteresse der Verwertungsgesellschaft und Individualinteresse des Berechtigten,[42] so lassen sich die betroffenen Interessen sinnvoll ausgleichen.

---

36 S.a. *Riesenhuber,* System und Prinzipien des Europäischen Vertragsrechts, S. 414–425.

37 Wohl für eine weitergehende Regelung des *Inhalts* der Rechteeinräumung *Dillenz,* GRUR Int. 1997, 315, 324.

38 Dazu oben, § 10 II 4 b cc (S. 146).

39 Mitteilung v. 16. 4. 2004, KOM (2004) 261 endg sub 1.2.5 (S. 11–14).

39a Dazu nur die Beiträge zum Symposion „Digital Rights Management – Rechtliche und wirtschaftliche Aspekte" des Instituts für Urheber- und Medienrecht vom 24. 10. 2003 von *Becker, Guggemos, Schippan, Pfennig und Rohleder,* abgedruckt in ZUM 2004, 182–204 (Tagungsbericht *von Rom* ebd. 204–206). S.a. *Kreile,* FS Thurow, S. 41–51.

40 S.a. *Leßmann,* Verwertungsgesellschaften nach deutschem und europäischen Kartellrecht, S. 176–179 und 179–188, im Hinblick auf die Vertragslaufzeit und Umfang der Rechteübertragung.

41 S. oben, § 10 II 4 b bb (S. 145 f.).

42 S. oben, § 7 II 4 (S. 68–73).

Der Entwurf enthielt noch einen Hinweis auf die verschiedenen Modelle verwertungsgesellschaftenpflichtiger Rechte, gesetzlicher Wahrnehmungsermächtigung (mit oder ohne Rückrufrecht) und entsprechender Vermutungen. Interessanterweise wurden solche staatlichen „Kollektivierungen" – anders als die privatautonom begründeten und legitimierten wahrnehmungsvertraglichen – pauschal als *indeed useful* erwogen, da „auch im Interesse der Nutzer" die Rechtssicherheit erhöht werde. Dem mag man zwar nicht ebenso pauschal widersprechen, doch muß man (auch hier) unterschiedliche Regelungssituationen im einzelnen untersuchen und (auch hier) die Interessen *der Berechtigten* mitberücksichtigen.

c) *Information und Transparenz*

In der Mitteilung hebt die Kommission für das Wahrnehmungsrecht Transparenz und Information als Instrument zum Schutz der Berechtigten und zur *governance* der Verwertungsgesellschaften hervor. Das entspricht der Entwicklung im Europäischen Privatrecht allgemein.[43]

Auch insoweit benennt die Mitteilung wieder nur die Themen und weist nur knapp auf einzelne Ausprägungen hin. Nach dem Entwurf sollten die Verwertungsgesellschaften ihre Lizenzierungspraxis gegenüber den Nutzern offenlegen, ebenso wie ihre Wahrnehmungskosten. Auf Verlangen der Berechtigten sollten sie verpflichtet sein, detaillierte Information über die Verteilung zur Verfügung zu stellen. Zudem sollten die Verwertungsgesellschaften strengen Buchführungs- und Verwahrungspflichten unterliegen. Sie sollten verpflichtet sein, den Jahresabschluß und ergänzende Angaben zur Verteilung zu veröffentlichen.

Dem Grundanliegen der Mitteilung, Transparenz zu fördern, kann man weitgehend zustimmen, ebenso wie den Einzelforderungen, die noch im Entwurf hervorgehoben wurden. Das deutsche Wahrnehmungsrecht wird dem bereits jetzt weitgehend gerecht. So verpflichtet § 9 UrhWG die Verwertungsgesellschaften zu Rechnungslegung und Publizität. Diese Bindung wird ergänzt durch vertragsrechtliche Informationsvorschriften.[44]

Die Regelung von Informationspflichten der Verwertungsgesellschaften bedarf freilich noch näherer Erörterung. Dabei wird man prüfen müssen, ob sich hier überhaupt allgemeine Vorschriften für alle Verwertungsgesellschaften machen lassen, sind doch Notwendigkeit und Möglichkeit von Information ganz unterschiedlich, je nachdem, um welche Rechte es geht. Zudem ist zu bedenken, daß Information Geld kostet und ihre Regelung daher unmittelbar verteilungsrelevant ist. Gehört ein Mindestmaß an Information auch zweifellos zum Grundbestand angemessener Wahrnehmungsbedingungen, so gebührt darüber hinaus doch den Berechtigten selbst die Entscheidung, ob und zu welchen Konditionen und Kosten die Verwertungsgesellschaft zur Information verpflichtet sein soll.

---

43 *Riesenhuber,* System und Prinzipien des Europäischen Vertragsrechts, S. 564–569; *Grundmann,* JZ 2000, 1133–1143; *ders.,* Europäisches Gesellschaftsrecht, Rn. 227–245.
44 Näher *Riesenhuber,* ZUM 2004, 417–426.

d) *Verteilungsautonomie und mitgliedschaftliche Rechte*

Nicht mehr im einzelnen erörtert sind die Verteilungsautonomie und die mitgliedschaftlichen Rechte. Zur Verteilung hatte der Entwurf noch eingehender Stellung genommen und dabei für eine weitgehende Verteilungsautonomie plädiert:

> „As a general rule, however, collecting societies should be free to determine their distribution schemes, distribution quota, allocations to social funds, the repartition of administrative costs and the respective deductions, the treatment of non-attributable funds, as well as any other internal matters of concern to the rightholders they represent as trustees – provided that rightholders can duly influence such internal decision-making of their society on the basis of democratic rules of representation."

In einer von § 7 UrhWG her bekannten Weise wird hier zunächst die Verteilung der Einnahmen weitgehend den Verwertungsgesellschaften anvertraut. Auch diese Beschränkung – Mitentscheidungskompetenz der Berechtigten – entspricht in rechtsvergleichender Sicht dem in Europa Üblichen.[45] In ähnlicher Weise wie im Urheberrechtswahrnehmungsgesetz (§ 6 Abs. 2 UrhWG) wird die Autonomie der Verwertungsgesellschaften mit den mitgliedschaftlichen Rechten der Berechtigten verknüpft.[46] Wenn die Kommission in der Mitteilung jetzt einen „echten Einfluß der Rechteinhaber auf den Entscheidungsprozeß wie auch auf soziale und kulturelle Politik ihrer Gesellschaft" fordert, so entspricht das dem, was man in Deutschland § 6 Abs. 2 UrhWG entnimmt. Wie wir gesehen haben, leitet man aus dem Gebot der gemeinsamen Vertretung zur angemessenen Wahrung der Belange ungeachtet des grundsätzlich eingeräumten Ermessensspielraums ab, den Berechtigten müsse ein „echter Einfluß auf die Willensbildung und Entscheidungsprozesse" gegeben werden.[47]

e) *Soziale und kulturelle Förderung*

In der Mitteilung zeichnet sich endlich auch in einem letzten, mit der Verteilung zusammenhängenden Punkt eine begrüßenswerte Klarstellung ab. Selbstverständlich geht die Kommission davon aus, daß die Verwertungsgesellschaften eine „soziale und kulturelle Politik" verfolgen und verfolgen dürfen. Das soll offenbar auch in einem Europäischen Wahrnehmungsrecht unverändert so bleiben. Es würde sich empfehlen, diese Frage ähnlich wie in § 7 S. 2 UrhWG klarstellend zu regeln.

Wichtiger als diese Klarstellung ist der Kommission hier wie bei der Verteilung der Einnahmen allgemein, daß die Berechtigten einen „echten Einfluß" auf die soziale und kulturelle Politik ihrer Gesellschaft haben müssen. Zutreffend unterstreicht die Kommission mit dieser Formulierung, daß es um die Steuerung der *den Berechtigten eigenen* Gesellschaft geht. In der Tat erfordern Verteilungsregeln die auf Wertun-

---

45 *Dillenz,* GRUR Int. 1997, 315, 324 f. (der freilich fordert, daß einzelne Verteilungsprinzipien – insbes. nutzungsbezogene Verteilung –, die wir im Wege der Auslegung ermittelt habe [oben, § 7 III 4 b bb, S. 87–93] schon gesetzlich hervorgehoben werden). Weitergehend fordert *Vogel,* GRUR 1993, 513, 531, ein Angemessenheitsgebot.
46 Vgl. auch *Dillenz,* GRUR Int. 1997, 315, 324.
47 I.e. oben, § 7 IV (S. 97–100).

gen aus kulturellen oder sozialen Belangen beruhen, eine Legitimation aus dem Willen der Mitgliederversammlung. Nicht nur ist der Staat – oder die Europäische Gemeinschaft – nicht wohl berufen zu entscheiden. Vor allem geht es um das Geld der Berechtigten. Die von der Kommission ins Auge gefaßte weitgehende Zurückhaltung bei der Kontrolle der Verteilung ist dann auch mit Rücksicht auf die „vereins-demokratische" Legitimation gerechtfertigt.

§ 12

I. Vielzahl der Kontrolltatbestände und Einheit der Kontrollregelungen

Unsere Durchsicht der Kontrolltatbestände von Urheberrechtsgesetz, Wahrnehmungsgesetz, Bürgerlichem Gesetzbuch, GWB und EG-Vertrag hat ungeachtet der Vielzahl der Kontrolltatbestände eine gewisse Einheit der Kontrollregelungen erkennen lassen (nachfolgend 2). Diese Einheit ergibt sich freilich nicht schon durch eine formale Abgrenzung der Anwendungsbereiche, Regelungsgegenstände oder Rechtsfolgen.

1. Überschneidende Kreise der Kontrolle

Die Kontrolltatbestände überschneiden sich vielmehr mehrfach, und zwar auch dann, wenn man die Änderungen der 7. GWB-Novelle schon berücksichtigt. Das verdeutlicht die nachstehende – etwas vereinfachende – tabellarische Übersicht.

a) Tabellarische Übersicht: Kontrollgegenstände

	Wahrnehmungsvertrag	**Verteilungsplan**	**Satzung**
§ 6 Abs. 1 S. 1 UrhWG	v.a. Umfang der Rechteübertragung[1]	–[2]	–[3]
§ 6 Abs. 2	–	–	mitgliedschaftsähnliche Rechte der Nicht-Mitglieder
§ 7 UrhWG	–[4]	v.a. Verteilung i.e.S.[5]	–[6]

1 Oben, § 7 II, besonders unter 3 (S. 67 f.).
2 Oben, § 7 II 3 (S. 67 f.).
3 Oben, § 7 II 3 (S. 67 f.).
4 Oben, § 7 III 3 (S. 81 f.).
5 Oben, § 7 III 3 a (S. 81 f.).
6 Oben, § 7 III 3 b (S. 82 f.).

	Wahrnehmungsvertrag	Verteilungsplan	Satzung
§§ 305c, 307–309 BGB	Nebenbestimmungen (nicht Umfang der Rechteübertragung)[7]	Nebenbestimmungen (nicht Verteilungsregeln i.e.S.)[8]	–[9]
§§ 1, 30 GWB	Umfang der Rechteübertragung[10]	–[11]	–[12]
§§ 19, 20 GWB	Umfang der Rechteübertragung und Nebenbestimmungen[13]	Verteilung i.e.S.[14] und Nebenbestimmungen	mitgliedschaftliche Rechte[15]
Art. 82 EG	Umfang der Rechteübertragung und Nebenbestimmungen[16]	Verteilung i.e.S.[17] und Nebenbestimmungen	mitgliedschaftliche Rechte[18]

b) Einzelne gegenständliche Abgrenzungen

Die Übersicht macht deutlich, daß im deutschen Recht die *spezialgesetzlichen Kontrolltatbestände des UrhWG* einen gegenständlich klar abgegrenzten Anwendungsbereich haben. Das Angemessenheitsgebot des § 6 Abs. 1 UrhWG betrifft den Wahrnehmungsvertrag und dort schwerpunktmäßig den Umfang der Rechteübertragung. Das Willkürverbot des § 7 S. 1 UrhWG kontrolliert die Verteilung. Beide Regeln werden ergänzt durch das Angemessenheitsgebot des § 6 Abs. 2 UrhWG, das für alle Berechtigten ein Mindestmaß an mitgliedschaftsähnlichen Rechten verbürgt und so die Einflußnahme garantiert, die wesentliche Legitimation insbesondere für die Verteilung ist, zumal für die Verteilung nach anderen als Leistungskriterien.

Eine sinnvolle Ergänzung dieser Spezialkontrolle stellt die *AGB-Kontrolle* nach §§ 305–310 BGB dar. Sie kann zum einen die Spezialkontrolle in Einzelheiten verstärken, so z.B. durch die Kontrolle von Einbeziehungsklauseln. Zum anderen enthält sie ein erprobtes und funktionierendes Instrumentarium zur Kontrolle von Nebenbedingungen. Dafür waren die §§ 6, 7 UrhWG nicht geschaffen, diesen Zweck können sie sinnvoll nicht erfüllen. Wechselseitige Störungen der beiden Kontrollregime sind schon durch die gegenständliche Abgrenzung weithin ausgeschlossen.

---

7 Oben, § 8 III 3 (S. 107–111).
8 Oben, § 8 III 3 b (S. 108–110).
9 Oben, § 3 III 2 b cc (S. 30–33).
10 Oben, § 9 II (S. 124 f.).
11 Oben, § 9 II (S. 124 f.).
12 Oben, § 9 II (S. 124 f.).
13 Oben, § 9 III 3 (S. 129 f.).
14 Oben, § 9 III 3 (S. 129 f.).
15 Oben, § 9 III 3 (S. 129 f.).
16 Oben, § 10 III 3 (S. 142).
17 Oben, § 10 II 3 (S. 142).
18 Oben, § 10 II 3 (S. 142).

Anders verhält es sich hingegen mit den kartellrechtlichen Kontrolltatbeständen. Sie lassen sich gegenständlich nicht begrenzen, sondern beanspruchen für alle Wahrnehmungsbedingungen Geltung, Wahrnehmungsvertrag, Verteilungsplan und Satzung. Aus der Warte des Kartellrechts ist das nur schlüssig. Mit dem differenzierten Kontrollinstrumentarium des Urheberrechtswahrnehmungsgesetzes paßt die pauschale Mißbrauchskontrolle indes äußerlich nicht gut zusammen.

2. Innere Einheit der Kontrollmaßstäbe

Umso wichtiger ist daher die innere Einheit der Kontrollmaßstäbe. Hier hat sich gezeigt, daß die Kontrolle durch das Kartellrecht mit der Kontrolle durch das Wahrnehmungsgesetz in der Praxis gut abgestimmt ist. Im Rahmen der AGB-Kontrolle bietet § 307 BGB ausreichend Möglichkeit, die Wertungen des Urheberrechtswahrnehmungsgesetzes zu beachten und die innere Einheit der Kontrolle zu wahren.[19] Bei der Kartellrechtskontrolle haben Bundeskartellamt und Gerichte die Wertungseinheit gewahrt, indem sie den Freistellungszweck des § 30 GWB bei der Auslegung mit berücksichtigt haben.[20]

Für das bisherige deutsche Kartellrecht war das freilich wenig überraschend. Wenn der Gesetzgeber die Kontrolle nach dem Wahrnehmungsgesetz und jene nach dem GWB nebeneinander installiert hat, so ist davon auszugehen, daß er damit Widersprüchliches nicht aussagen wollte.[21] Zu Recht werden daher bei der Auslegung des kartellrechtlichen Mißbrauchsverbots die Wertungen des Urheberrechtswahrnehmungsgesetzes mit berücksichtigt.[22]

Eine entsprechende Abstimmung des Europäischen Kartellrechts ist indes keineswegs selbstverständlich. Aufgrund des normhierarchischen Vorrangs des EG-Kartellrechts – Primärrecht wie Verordnungsrecht[23] – ist es vielmehr umgekehrt so, daß ein Widerspruch zulasten des mitgliedstaatlichen Rechts aufzulösen wäre. Eine Notwendigkeit dazu hat sich indes nicht ergeben. Das dürfte nicht so sehr daran liegen, daß die Kontrollintensität in der Praxis der Kommission weitaus dünner ist als in der Praxis des DPMA. Vielmehr hat vor allem der Gerichtshof in den wenig konkretisierten normativen Vorgaben des Art. 82 EG – auch ohne Heranziehung des Art. 86 Abs. 2 EG – weiten Raum gefunden, die Besonderheiten der kollektiven Rechtewahrnehmung zu berücksichtigen.[24] So trifft es durchaus zu, wenn ein Ein-

---

19 Oben, § 8 III 4 (S. 112–114).

20 Oben, § 9 III 4 (S. 130–135).

21 S. nur *Neuner,* Privatrecht und Sozialstaat, S. 22; *Riesenhuber,* System und Prinzipien des Europäischen Vertragsrechts, S. 8.

22 Anschaulich BGH, GRUR 1988, 782 – GEMA-Wertungsverfahren; näher oben, § 9 III 4 (S. 130–135).

23 Für Richtlinien ist die Bindung freilich auch gegeben. Doch tritt sie nicht schon automatisch ein, sondern erst im Wege der Umsetzung und ggf. der richtlinienkonformen Auslegung. Wo eine richtlinienkonforme Auslegung nicht möglich ist, kann die Bindung ggf. nur im Wege des Vertragsverletzungsverfahrens (Art. 226 EG) oder der Staatshaftung durchgesetzt werden. Zum Ganzen nur *Grundmann,* Europäisches Schuldvertragsrecht, 1. Teil Rn. 121–175.

24 S.a. RefE 7. GWB-Novelle, Begründung zu Art. 1 Nr. 15.

klang der Kartellaufsicht nach Art. 82 EG und §§ 19, 20 GWB festgestellt wird, der „deutlich über das sonst bei der Anwendung von [Art. 82 EG] einerseits und der [§§ 19, 20 GWB] andererseits zu Beobachtende hinaus[geht]."[25] „Der Sache nach könnten die vom Europäischen Gerichtshof und der Kommission angestellten Überlegungen auch im Rahmen eines Verfahrens nach [§ 20 Abs. 1 GWB] angestellt worden sein".[26] Es bestehe „weitgehende Übereinstimmung der Beurteilungskriterien deutscher und europäischer Kartellbehörden und -gerichte in Sachverhalten, die Verwertungsgesellschaften betrafen".[27] Daher führt die gemeinschaftsrechtliche Kartellaufsicht zu „weitgehend übereinstimmenden Ergebnissen mit denen des zurückhaltend ausgeübten deutschen Kartellrechts".[28]

Mit dieser Feststellung ist es nicht unvereinbar, wenn sich herausgestellt hat, daß die Zielrichtung der gemeinschaftsrechtlichen Kontrolle durchaus besonders ist. Sie hat – nicht von ungefähr – den spezifisch gemeinschaftsrechtlichen Aspekt, allen Berechtigten gleichen Zugang zu den Verwertungsgesellschaften und gleiche Rechte innerhalb der Verwertungsgesellschaften zu sichern. Noch dahinter steht freilich das umstrittene und nach den Erfahrungen in Deutschland vor 1933[29] und in den USA[30] durchaus zweifelhafte Anliegen, einen Wettbewerb zwischen Verwertungsgesellschaften herzustellen bzw. zu fördern.[31]

II. Fazit und rechtspolitischer Ausblick

1. Beschränkung auf eine Spezialkontrolle

Welche Folgerungen kann man daraus ziehen? Nach einer Redewendung soll man nicht reparieren, was nicht kaputt ist, und das spricht auf den ersten Blick dafür, eine positive Bilanz zu ziehen und alles beim Bestehenden zu belassen. Das gilt zumal mit Rücksicht auf die gegenwärtigen Änderungen im deutschen und Europäischen Kartellrecht, die für die Kontrolle des Wahrnehmungsvertrags im Ergebnis weithin den Wegfall der Kontrolle nach dem GWB bedeuten werden. Dann bleiben nur noch drei Kontrollregime.

Indes sprechen doch gute Gründe für eine Reduzierung der Kontrolle des Wahrnehmungsvertrags auf ein spezialgesetzliches Regime unter Ausschluß der Kartellrechtskontrolle.[32] Wie sich gezeigt hat, hat der Gesetzgeber des deutschen Wahrneh-

---

25 *Stockmann,* in: Die Verwertungsgesellschaften im Europäischen Binnenmarkt, S. 42.
26 *Stockmann,* in: Die Verwertungsgesellschaften im Europäischen Binnenmarkt, S. 44. Ebenso *Gerlach,* FS Dittrich, S. 119, 126.
27 *Stockmann,* in: Die Verwertungsgesellschaften im Europäischen Binnenmarkt, S. 45. S.a. schon *Ulmer,* Urheber- und Verlagsrecht, § 98 I 2 (S. 415).
28 *Goldmann,* Die kollektive Wahrnehmung musikalischer Rechte, S. 258.
29 S.o. § 2 I (S. 4 f.) und § 3 I (S. 11 f.).
30 *Goldmann,* Die kollektive Wahrnehmung musikalischer Rechte, S. 68, 74, 117–121 und öfter.
31 *De lege ferenda* für eine Stärkung der Monopolstellung auf Gemeinschaftsebene *Wandtke,* GRUR 1995, 385, 391 f.
32 Auf rechtsvergleichender Grundlage dezidiert ebenso *Goldmann,* Die kollektive Wahrnehmung musikalischer Rechte, S. 264–266.

mungsgesetzes aus guten Gründen ein differenziertes Kontrollinstrumentarium bereitgestellt, das in geschlossener und widerspruchsfreier Weise alle Wahrnehmungsbedingungen betrifft. Dieses System droht indes durch eine normativ wenig strukturierte Mißbrauchskontrolle nach dem EG-Kartellrecht empfindlich gestört zu werden. Daß solche Störungen bislang nicht eingetreten sind,[33] darf über die Nachteile nicht hinwegtäuschen. Die mangelnde Vorstrukturierung des Kontrollmaßstabs überantwortet die Kontrolle weithin den Kartellbehörden und dem EuGH. Sie haben zwar die relevanten Abwägungsfragen zutreffend hervorgehoben, doch bleibt die Konkretisierung eine Frage des Einzelfalls und dadurch mit Risiken behaftet, die für die Berechtigten, die Nutzer und die Verwertungsgesellschaften Kosten bedeuten. Die Mißbrauchskontrolle nach Europäischem Kartellrecht ist daher wenig voraussehbar und wenig verläßlich.[34]

Eine eigenständige Funktion kommt der Kartellrechtskontrolle demgegenüber nicht zu. Allerdings wird teilweise eine Auffangfunktion der Kontrolle nach dem GWB angenommen.[35] Die Praxis läßt indes nicht erkennen, daß dafür ein Bedürfnis besteht. Und weil die Kartellrechtskontrolle weithin anhand derselben Maßstäbe erfolgt wie die Spezialkontrolle des UrhWG, läßt sich die Mehrfachkontrolle auch nicht aus den unterschiedlichen Zielrichtungen – der urheberrechtlichen und kartellrechtlichen –[36] begründen.

Insofern wäre daher eine gemeinschaftsrechtliche Regelung durchaus sinnvoll: um die Kartellrechtskontrolle zu ersetzen. Ob freilich, wie die Kommission jetzt mit ihrer Mitteilung der Kommission vom 16. 4. 2004[37] ankündigt, gleichzeitig eine umfassende gemeinschaftsrechtliche Regelung des Wahrnehmungsrechts erfolgen sollte, muß man bezweifeln. Bislang sind weder Angleichungsbedarf noch Rechtsetzungskompetenz der Gemeinschaft begründet.[37a]

2. Differenzierte Kontrolltatbestände und Rechtsfolgen

Inhaltlich muß die Kontrolle des Wahrnehmungsvertrags eine Differenziertheit aufweisen, die den gesetzgeberisch vorgesehenen Aufgaben und der Rolle der Verwertungsgesellschaften entspricht. Wenn wir bei der Erörterung von Einzelfragen immer wieder auf die staatsferne Selbstverwaltung und damit letztlich auf das (auch) dem Urheberrechtswahrnehmungsgesetz zugrundeliegende Prinzip der Privatautonomie zurückgegriffen haben, so deswegen, weil sich diese Organisationsfrage gerade bei der Kontrolle von Wahrnehmungsvertrag, Verteilungsplan und Sat-

33 Vor sich abzeichnenden gegenläufigen Entwicklungen warnend *Schwarze*, ZUM 2003, 15–26; s.a. *Gerlach*, FS Dittrich, S. 119–132.
34 Ähnlich Walter-*Dillenz*, Europäisches Urheberrecht, Allgemeiner Teil 4. Kapitel Rn. 20 f.; und schon *Wallace*, GRUR Int. 1973, 357, 358.
35 *Reinbothe*, Schlichtung im Urheberrecht, S. 124 f.
36 Dahin Schricker-*Reinbothe*, § 24 UrhWG/§ 30 GWB Rn. 5.
37 Mitteilung der Kommission v. 16. 4. 2004 an den Rat, das Europäische Parlament und den Europäischen Wirtschafts- und Sozialausschuß: Die Wahrnehmung von Urheberrechten und verwandten Schutzrechten im Binnenmarkt, KOM (2004) 261 endg.; s.o., § 11 II (S. 150–158).
37a *Riesenhuber/v. Vogel*, EuZW 2004, 519–523.

zung auswirken muß. Bei der Ausgestaltung muß man zweitens berücksichtigen, daß die drei zentralen Sachfragen – Rechteübertragung im Wahrnehmungsvertrag, Verteilung, mitgliedschaftliche Rechte – in einem inneren Zusammenhang stehen. Die Verteilung ist als Schlüssel für die Auskehrung der Einnahmen ein zentraler Aspekt der Rechtewahrnehmung, der aber mit Rücksicht auf die Autonomie der Verwertungsgesellschaften und den besonderen Gegenstand (Verteilungsplan als „Vergütungsregelung") weniger intensiv kontrolliert werden soll und – mit Rücksicht auf die mitgliedschaftlichen Rechte der Berechtigten – auch weniger intensiv kontrolliert werden kann.

Daher ist die Unterscheidung von Wahrnehmungsvertrag, Verteilungsplan und Satzung von den Verwertungsgesellschaften nicht willkürlich gewählt, sondern von Sachgesichtspunkten gelenkt. Und daher kommt es auch nicht von ungefähr, wenn der Gesetzgeber des Urheberrechtswahrnehmungsgesetzes diese Differenzierung auch im Hinblick auf die Kontrolle fortgesetzt hat. Die Regelung des Urheberrechtswahrnehmungsgesetzes kann daher durchaus als vorbildlich gelten. Die Rechteübertragung im Wahrnehmungsvertrag unterliegt der Angemessenheitskontrolle, die Regelungen des Verteilungsplans dem Willkürverbot und die Regelungen über die mitgliedschaftlichen Rechte werden, wenn auch zurückhaltend, ebenfalls auf eine Angemessenheit im Hinblick auf ihre Bedeutung für die Wahrnehmungs- und Verteilungsbedingungen überprüft. Eine eigenständige Funktion behält bei alledem die AGB-Kontrolle, die die Nebenbestimmungen des Wahrnehmungsvertrags (außer Rechteübertragung) und des Verteilungsplans (außer materielle Verteilungsregeln) einer Prüfung unterzieht.

Was indes fehlt, ist eine differenzierte Rechtsfolgenregelung, vor allem für die Kontrolle des Verteilungsplans.[38] Die bloße Kassationswirkung ist hier unangemessen, weil und soweit dadurch der als Regelungsganzes gedachte Verteilungsplan gestört und im äußersten Fall inoperabel wird. Und auch die vom BGH mit sorgfältigem Bedacht für die Erfordernisse der kollektiven Rechtewahrnehmung gewählte Lösung, eigentlich sachwidrige Differenzierungen übergangsweise hinzunehmen, ist zwar in der Sache zu befürworten, bleibt aber unbefriedigend: Für die Verwertungsgesellschaft, da die Maßstäbe zu unbestimmt und unvorhersehbar sind; und ebenso für den klagenden Berechtigten, der damit ein unkalkulierbares Klagerisiko trägt. Insofern ist die Bescheidungswirkung des aufsichtsbehördlichen Spruchs vorzuziehen, die der Verwertungsgesellschaft zugleich Maß gibt, welche äußersten Grenzen eine Neugestaltung des Verteilungsplans berücksichtigen muß.

3. Beschränkung auf eine Spezialaufsicht

Ebenso hat sich, wie die Praxis zeigt, die Mehrfachaufsicht durch Patentamt, Kartellamt, Kommission und Gerichte nicht bezahlt gemacht. Allerdings dürfte sie nicht schon von Verfassungs wegen zu beanstanden sein.[39] Die Verwertungsgesellschaf-

---

38 S.o. § 7 II 5 b (S. 76–78) und III 5 b (S. 95 f.).
39 Zur Diskussion aus der Entstehungszeit des UrhWG, s. die Nachweise oben, § 3 II 1 Fn. 18.

ten haben sich damit gut abgefunden, sie beziehen heute ihre Legitimation nicht zuletzt aus der weitgehenden staatlichen Kontrolle.[40] Und endlich ist hier auch ein Auseinanderdriften der Aufsichten nicht zu besorgen, da Patentamt und Kartellamt „im Benehmen“ handeln.[41] Ist auch das Nebeneinander der Aufsicht *de lege lata* nicht zu bezweifeln, so zeigt doch die Praxis, daß es nicht funktioniert. Nach einer Welle von Kartellverfahren vor allem in den achtziger Jahren – die wohl zu einem erheblichen Teil von wenigen einzelnen Berechtigten veranlaßt wurde – spielt die deutsche Kartellaufsicht heute praktisch keine bedeutende Rolle. Das dürfte nicht zuletzt daran liegen, daß das Kartellamt sich auf die Kontrolle durch das DPMA verlassen kann.[42] Zudem hat die Entscheidung GEMA-Wertungsverfahren Zweifel an den Aufsichtskompetenzen des Kartellamts zurückgelassen.[43] Ebenso hat auch die Kontrolle durch die EG-Kommission – ungeachtet ihrer fundamentalen Bedeutung in Einzelfragen – zu keinem Zeitpunkt eine auch nur annähernd umfassende Wirkung gehabt.

Der Grund dafür dürfte vor allem darin liegen, daß die Kartellbehörden nicht über die erforderliche Spezialisierung verfügen. Die Spezialaufsicht durch das DPMA, das zudem über besondere Kontrollkompetenzen nach § 19 UrhWG verfügt, geht demgegenüber weit mehr in die Breite und Tiefe und hat sich weithin bewährt.[44] Ein Bedürfnis für eine Mehrfachaufsicht hat sich daher insgesamt nicht gezeigt.[45]

Spricht demnach manches für eine Spezialaufsicht, so soll damit doch keineswegs die Notwendigkeit einer dauernden Tätigkeitsaufsicht geleugnet werden. Die (faktische) Monopolstellung der Verwertungsgesellschaften und ihre marktbeherrschende Stellung sowie ihre Treuhandfunktion machen die besondere Kontrolle heute ebenso erforderlich wie bei Erlaß des Urheberrechtswahrnehmungsgesetzes.[46] So wie in anderen Fällen auch besteht hier ein Spannungsverhältnis zwischen wünschenswerter Selbstregulierung und der Gefahr der Verbandsmacht.[47] Daher werden Aufsicht und Kontrolle auch von den Verwertungsgesellschaften selbst nicht in Frage gestellt: „Es ist deshalb ganz normal, daß Verwertungsgesellschaften ihre Monopolstellung durch Transparenz und Effizienz ihrer Tagesarbeit sowie durch ständigen Nachweis der Gleichbehandlung von Mitgliedern und Nutzern immer wieder aufs Neue rechtfertigen müssen. Kritik an den Praktiken von Verwertungsgesellschaften bleibt, soweit berechtigt und konstruktiv, erwünscht.“[48]

---

40 *Kreile/Becker,* FS Mestmäcker, S. 97.
41 S. nur die positive Bilanz (und Erwartung) von *Stockmann,* Die Verwertungsgesellschaften im Europäischen Binnenmarkt, S. 30 f.
42 S.a. Langen/Bunte-*Jestaedt,* § 30 GWB Rn. 9.
43 S.o. § 9 III 4 b (S. 133 f.).
44 Kritisch allerdings *Rehbinder,* DVBl. 1992, 216–222; gegen ihn *Nordemann,* GRUR 1992, 584–589; positiver auch die Bilanzen von *Vogel,* GRUR 1993, 513–531, und *Dördelmann,* GRUR 1999, 890–896.
45 Denken könnte man allein daran, die Mehrfachaufsicht zum Schutz vor Vereinnahmung der Aufsichtsbehörde (*capture* Theorie) einzurichten; dazu *Bing,* Die Verwertung von Urheberrechten, S. 243, 245.
46 S.o., § 3 II (S. 13–17).
47 *Vieweg/Röthel,* ZHR 166 (2002), 6–34.
48 *Kreile/Becker,* FS Mestmäcker, S. 96.

4. Gemeinschaftsrecht und nationales Recht

Die Frage nach Art und Umfang der Aufsicht ist freilich nicht allein national zu beantworten. Es geht nicht nur darum, ob es eine oder mehrere Aufsichtsbehörden geben soll, sondern auch darum, auf welcher Ebene die Aufsicht zu installieren ist. Hier ist einerseits eine Europäische Aufsicht unverzichtbar, andererseits kann sie aber die nationale Aufsicht nicht ersetzen.

Eine Europäische Aufsicht ist unverzichtbar, weil es hier einer Instanz bedarf, die die spezifisch gemeinschaftsrechtlichen Interessen wahrnimmt: vor allem die Verhinderung der Marktabschottung und den gleichen Zugang zu den Verwertungsgesellschaften. Darin lag, wie sich gezeigt hat, schon bislang der Schwerpunkt der Europäischen (Kartell-) Aufsicht.[49] Angesichts der disparaten nationalen Urheber- und Wahrnehmungsrechte und gut eingespielter nationaler Rechtstraditionen in diesem Bereich sollte die Gemeinschaftsaufsicht indes die nationalen Aufsichten nicht ersetzen, sondern nur spezifisch gemeinschaftsrechtlich ergänzen. Verfahrensrechtlich sollten einerseits die Zuständigkeiten von Europäischer Aufsicht und mitgliedstaatlichen Aufsichten klar abgegrenzt und durch eine „Benehmens-Regel" ergänzt sein, wie sie für das Verhältnis von DPMA und BKartA § 18 Abs. 2 UrhWG enthält.

Um bei diesem Zusammenspiel Friktionen zu vermeiden, wie wir sie oben besorgt haben,[50] kann sich eine gesetzgeberische Klarstellung empfehlen. Sie könnte in einer Kodifizierung der weithin eingespielten Praxis von EuGH und Kommission liegen. Eine weitergehende inhaltliche Rechtsangleichung wäre mit Rücksicht auf die begrenzten Kompetenzen der Gemeinschaft bedenklich, ist aber auch in der Sache nicht geboten.[51]

---

49 Oben, § 10, besonders unter II 2 (S. 140).
50 Oben, 1 (S. 162).
51 *Riesenhuber/v. Vogel,* EuZW 2004, 519–523.

Literaturverzeichnis

Arnold, Claudius/Rehbinder, Manfred, Zur Rechtsnatur der Staatsaufsicht über die deutschen Verwertungsgesellschaften, UFITA 118 (1992), 203–215

Augenstein, Christof, Rechtliche Grundlagen des Verteilungsplans urheberrechtlicher Verwertungsgesellschaften, Diss. Freiburg i. Br. 2003 (zitiert *Augenstein,* Grundlagen des Verteilungsplans; die hier noch nach der Manuskriptversion zitierte Arbeit ist während der Drucklegung erschienen: Baden-Baden [Nomos] 2004)

Bechtold, Rainer, Kartellgesetz – Gesetz gegen Wettbewerbsbeschränkungen – Kommentar, 3. Auflage München (Beck) 2002 (zitiert *Bechtold,* GWB §§ Randnummer)

Becker, Jürgen, Begrüßung und Einführung zum Symposion „Digital Rights Management – Rechtliche und wirtschaftliche Aspekte" des Instituts für Urheber- und Medienrecht am 24.10. 2003, ZUM 2004, 182

Becker, Jürgen, Verwertungsgesellschaften als Träger öffentlicher und privater Aufgaben, in: Jürgen Becker (Hrsg.), Wanderer zwischen Musik, Politik und Recht – Festschrift für Reinhold Kreile zu seinem 65. Geburtstag, Baden-Baden (Nomos) 1994, 27–51

Benda, Ernst/Klein, Eckart, Verfassungsprozeßrecht, 2. Auflage Heidelberg (C. F. Müller) 2001

Bezzenberger, Gerold/Riesenhuber, Karl, Rechtsprechung zum „Binnenrecht" der Verwertungsgesellschaften – dargestellt am Beispiel der GEMA, GRUR 2003, 1005–1014

Bing, Friederike, Die Verwertung von Urheberrechten – Eine ökonomische Analyse unter besonderer Berücksichtigung der Lizenzvergabe durch Verwertungsgesellschaften, Berlin (Zeitungs-Verlag) 2002 (Besprechung von *Riesenhuber,* ZUM 2004, 87–88)

Brugger, Gustav, Der Begriff der Bearbeitung und Verfilmung im neuen Urheberrechtsgesetz – Unter Berücksichtigung der Verwendung von Musikwerken im Film und Fernsehen, UFITA 51 (1968), 89–125

Brugger, Gustav, Kartellrecht und Urheberrecht, UFITA 27 (1959), 189–232

Brugger, Gustav, Kartellrechtliche Beurteilung von Urheberrechtsgesellschaften, WuW 3 (1959), 159–169, 244–254

Bunte, Hermann-Josef, Kartellrecht – Lehrbuch für Studium und Praxis, München (Beck) 2003

Bydlinski, Franz, Juristische Methodenlehre und Rechtsbegriff, 2. Auflage Wien/New York (Springer) 1991

Calliess, Christian/Ruffert, Matthias, Kommentar des Vertrages über die Europäische Union und des Vertrages zur Gründung der Europäischen Gemeinschaft – EUV/EGV – 2. Auflage Neuwied (Luchterhand) 2002 (zitiert Calliess/Ruffert-*Bearbeiter,* Art. Vertrag Rn.)

Canaris, Claus-Wilhelm, Das Rangverhältnis der „klassischen" Auslegungskriterien, demonstriert an Standardproblemen aus dem Zivilrecht, in: Volker Beuthien/Maximilian Fuchs/Herbert Roth/Gottfried Schiemann/Andreas Wacke (Hrsg.) Festschrift für Dieter Medicus, Köln/Berlin/Bonn/München (Heymanns) 1999, S. 25–61

Canaris, Claus-Wilhelm, Die Bedeutung der iustitia distributiva im deutschen Vertragsrecht, München (Beck) 1997 (zitiert *Canaris,* Iustitia distributiva)

Canaris, Claus-Wilhelm, Grundrechte und Privatrecht – Eine Zwischenbilanz –, Berlin/New York (de Gruyter) 1999

Canaris, Claus-Wilhelm, Schuldrechtsreform 2002, München (Beck) 2002 (zitiert *Canaris,* Schuldrechtsreform 2002)

Canaris, Claus-Wilhelm, Systemdenken und Systembegriff in der Jurisprudenz – entwickelt am Beispiel des deutschen Privatrechts, 2. Auflage Berlin (Duncker & Humblot) 1983

Canaris, Claus-Wilhelm, Verfassungs- und europarechtliche Aspekte der Vertragsfreiheit in der Privatrechtsgesellschaft, in: Peter Badura/Rupert Scholz, Festschrift für Peter Lerche zum 65. Geburtstag, München (Beck) 1993, S. 873–891

Canaris, Claus-Wilhelm, Wandlungen des Schuldvertragsrechts – Tendenzen zu seiner „Materialisierung", AcP 200 (2000), 273–364

Castendyk, Oliver, Neue Ansätze zum Problem der unbekannten Nutzungsart in § 31 Abs. 4 UrhG, ZUM 2002, 332–348

Cherpillod, Ivan, Die Aufsicht über die Verwertungsgesellschaften in: Reto M. Hilty (Hrsg.), Die Verwertung von Urheberrechten in Europa, Basel (Helbing und Lichtenhahn) 1995, 33–45 (zitiert *Cherpillod,* in: Die Verwertung von Urheberrechten in Europa)

Dauner-Lieb, Barbara/Heidel, Thomas/Lepa, Manfred/Ring, Gerhard, Das neue Schuldrecht – Ein Lehrbuch, Heidelberg (C. F. Müller) 2002

Dietz, Adolf, Das Urheberrecht in der Europäischen Gemeinschaft, in: Friedrich-Karl Beier/Alfons Kraft/Gerhard Schricker/Elmar Wadle (Hrsg.), Gewerblicher Rechtsschutz und Urheberrecht in Deutschland – Festschrift zum hundertjährigen Bestehen der Deutschen Vereinigung für gewerblichen Rechtsschutz und Urheberrecht und ihrer Zeitung, Weinheim (VCH) 1991, 1445–1484 (zitiert *Dietz,* FS GRUR)

Dietz, Adolf, Das Urheberrecht in der Europäischen Gemeinschaft – Studie im Auftrag der Generaldirektion „Forschung, Wissenschaft und Bildung" der Kommission der Europäischen Gemeinschaften, Baden-Baden (Nomos) 1978 (zitiert *Dietz,* Urheberrecht in der Europäischen Gemeinschaft)

Dietz, Adolf, Die Entwicklung des Rechts der Verwertungsgesellschaften in Mittel- und Osteuropa am Beispiel des neuen ungarischen Urheberrechtsgesetzes von 1999, in: Helmuth Tades/Karl-Heinz Danzl/Gernot Graninger (Hrsg.), Ein Leben für Rechtskultur – Festschrift für Robert Dittrich zum 75. Geburtstag, Wien (Manz) 2000, 21–38

Dietz, Adolf, Harmonisierung des Urheberrechts in der Europäischen Gemeinschaft, FuR 1984, 343–361

Dietz, Adolf, Kinderkomponisten und die GEMA – Zugleich Anmerkung zum Urteil des BGH vom 13. 12. 2001 – I ZR 41/99 – Klausurerfordernis, ZUM 2003, 41–44

Dillenz, Walter, Die EG-Wettbewerbsregeln und die österreichischen Verwertungsgesellschaften, ZfRV 1990, 161–177

Dillenz, Walter, Harmonisierung des Rechts der Verwertungsgesellschaften in Europa, GRUR Int. 1997, 315–329

Donhauser, Daniela, Der Begriff der unbekannten Nutzungsart gemäß § 31 Abs. 4 UrhG, Baden-Baden (Nomos) 2001 (zitiert *Donhauser,* Der Begriff der unbekannten Nutzungsart)

Donle, Christian, Die Bedeutung des § 31 Abs. 5 UrhG für das Urhebervertragsrecht, München (VVF) 1993 (zitiert *Donle,* Die Bedeutung des § 31 Abs. 5 UrhG)

Dördelmann, Jörg-Eckhard, Die gemeinsame Vertretung der Wahrnehmungsberechtigten nach § 6 Abs. 2 WahrnG, in: Christian Schertz/Hermann-Josef Omsels (Hrsg.), Festschrift für Paul W. Hertin zum 60. Geburtstag am 15. November, München (Beck) 2000, 31–52

Dördelmann, Jörg-Eckhard, Gedanken zur Zukunft der Staatsaufsicht über Verwertungsgesellschaften, GRUR 1999, 890–896

Dreier, Thomas/Schulze, Gernot, Urheberrechtsgesetz, Urheberwahrnehmungsgesetz, Kunsturhebergesetz – Kommentar, München (Beck) 2004 (zitiert *Dreier/Schulze,* §§ Gesetz Randnummer)

Drewes, Stefan, Neue Nutzungsarten im Urheberrecht, Baden-Baden (Nomos) 2002

Drexl, Josef Die wirtschaftliche Selbstbestimmung des Verbrauchers – Eine Studie zum Privat- und Wirtschaftsrecht unter Berücksichtigung gemeinschaftsrechtlicher Bezüge, Tübingen (Mohr) 1998

Dümling, Albrecht, Musik hat ihren Wert – 100 Jahre musikalische Verwertungsgesellschaften in Deutschland, Regensburg (ConBrio Verlagsgesellschaft) 2003 (zitiert *Dümling,* Musik hat ihren Wert)

Dünnwald, Rolf, Die Verpflichtung der Verwertungsgesellschaften zur Rechtswahrnehmung zu angemessenen Bedingungen, in: Jürgen Becker (Hrsg.), Wanderer zwischen Musik, Politik und Recht: Festschrift für Reinhold Kreile zu seinem 65. Geburtstag, Baden-Baden (Nomos) 1994, 161–167

Dünnwald, Rolf, Zum GEMA-Berechtigungsvertrag – Begriffe und Rechte, FuR 1974, 554–560

Dünnwald, Rolf/Gerlach, Tilo, GVL, in: Rolf Moser/Andreas Scheuermann (Hrsg.), Handbuch der Musikwirtschaft, 6. Auflage München (Josef Keller) 2003, 708–714 (zitiert *Dünnwald/Gerlach,* in: Handbuch der Musikwirtschaft)

Emmerich, Volker, Kartellrecht, 9. Auflage München (Beck) 2001

Fikentscher, Wolfgang, Urhebervertragsrecht und Kartellrecht, in: Friedrich-Karl Beier/Horst-Peter Götting/Michael Lehmann/Rainer Moufang (Hrsg.), Urhebervertragsrecht – Festgabe für Gerhard Schricker zum 60. Geburtstag, München (Beck) 1995, 149–192

Fiscor, Mihály, Collective Management of Copyright in the International Environment, ZUM 2003, 3–15

Fitzek, Sebastian, Die unbekannte Nutzungsart, Berlin (Berlin Verlag) 2000

Flume, Werner, Allgemeiner Teil des Bürgerlichen Rechts, Band II, Das Rechtsgeschäft, 4. Auflage, Berlin/Heidelberg/NewYork/London/Paris/Tokio/Hongkong/Barcelona/Budapest, (Springer) 1992 (zitiert *Flume* Rechtsgeschäft)

Fritsch, Klaus, Besteht ein subjektiv-öffentliches Recht auf ermessensfehlerfreie Ausübung der Staatsaufsicht über die Verwertungsgesellschaften?, GRUR 1984, 22–27

Fromm, Friedrich Karl/Nordemann, Wilhelm, Urheberrecht – Kommentar zum Urheberrechtsgesetz und zum Urheberrechtswahrnehmungsgesetz, 9. Auflage Stuttgart/Berlin/Köln (Kohlhammer) 1998, (zitiert Fromm/Nordemann-*Bearbeiter,* §§ Gesetz Randnummer)

Gamm, Otto Friedrich Frhr. v., Urheberrechtliche Verwertungsverträge und Einschränkungen durch den EWG-Vertrag, GRUR Int. 1983, 403–409

GEMA-Jahrbuch s. Kreile, Reinhold

Genthe, Barbara, Der Umfang der Zweckübertragungstheorie im Urheberrecht, Frankfurt a.M. (Lang) 1981 (zitiert *Genthe,* Zweckübertragungstheorie im Urheberrecht)

Gerlach, Tilo, Verwertungsgesellschaften und europäischer Wettbewerb, in: Helmuth Tades/Karl-Heinz Danzl/Gernot Graninger (Hrsg.), Ein Leben für Rechtskultur – Festschrift für Robert Dittrich zum 75. Geburtstag, Wien (Manz) 2000, S. 119–132

Goldbaum, Wenzel, Urheberrecht und Urhebervertragsrecht, 1. Auflage Berlin (Verlag Georg Stilke) 1922

Goldmann, Bettina C., Die kollektive Wahrnehmung musikalischer Rechte in den USA und in Deutschland – Eine vergleichende Studie zu Recht und Praxis der Verwertungsgesellschaften, München (Beck) 2001 (zitiert *Goldmann,* Die kollektive Wahrnehmung musikalischer Rechte) (Besprechung von *Riesenhuber,* ZUM 2003, 888–890)

Goldmann, Bettina C., Die Regulierung der Urheberverwertungsgesellschaften in den USA – Kollektive Wahrnehmung im Konflikt mit dem Wettbewerbsrecht, GRUR Int. 2001, 420–438

Grundmann, Siegfried, Die GEMA – ein marktbeherrschendes Unternehmen?, NJW 1954, 297–298

Grundmann, Stefan, Europäisches Gesellschaftsrecht, Heidelberg (C. F. Müller) 2004 (zitiert *Grundmann,* Europäisches Gesellschaftsrecht)

Grundmann, Stefan, Europäisches Schuldvertragsrecht – Das europäische Recht der Unternehmensgeschäfte, Berlin/New York (de Gruyter) 1999

Grundmann, Stefan, Privatautonomie im Binnenmarkt – Informationsregeln als Instrument, JZ 2000, S. 1133–1143

Grunewald, Barbara, Die Auslegung von Gesellschaftsverträgen und Satzungen, ZGR 1995, 68–92

Grunewald, Barbara, Die in § 23 AGBG vorgesehene Bereichsausnahme für Gesellschaftsrecht, in: Marcus Bierich/Peter Hommelhoff/Bruno Kropff (Hrsg.), Festschrift für Johannes Semler zum 70. Geburtstag am 28. April 1993 –Unternehmen und Unternehmensführung im Recht, Berlin (de Gruyter) 1993, 179–193

Grunewald, Barbara, Gesellschaftsrecht, 5. Auflage Tübingen (Mohr) 2002

Guggemos, Werner-Christian, Digital Rights Management im praktischen Einsatz, ZUM 2004, 183–188

Haertel, Kurt, Verwertungsgesellschaften und Verwertungsgesellschaftsgesetz, UFITA 50 (1967), 7–22

Hauptmann, Christian, Der Zwangseinbehalt von Tantiemen der Urheber und ihre Verwendung für soziale und kulturelle Zwecke bei der GEMA und der VG Wort, UFITA 126 (1994), 149–177

Hauptmann, Christian, Die Vergesellschaftung des Urheberrechts – Das ausschließliche Recht, Entindividualisierung und Vergesellschaftung bei Wahrnehmung durch Verwertungsgesellschaften am Beispiel der GEMA und der VG Wort, Baden-Baden (Nomos) 1994 (zitiert *Hauptmann,* Die Vergesellschaftung des Urheberrechts)

Häußer, Erich, Aufsicht über Verwertungsgesellschaften und Vereinsautonomie, in: Wilhelm Herschel/Heinrich Hubmann/Manfred Rehbinder (Hrsg.), (2.) Festschrift für Georg Roeber zum 10. Dezember 1981, Freiburg i. Br. (Hochschulverlag) 1982, 113–130

Häußer, Erich, Praxis und Probleme der Aufsicht der Verwertungsgesellschaften – eine Bestandsaufnahme mit Blick auf die Zukunft, FuR 1980, 57–71

Have, Harro von/Eickmeier, Frank, Das Lied eines Boxers – Eine Erwiderung auf Russ, ZUM 1995, 32 ff, ZUM 1995, 321–324

Held, Stefan, Fragen der kartellrechtlichen Mißbrauchsaufsicht über Verwertungsgesellschaften – Kontroll- und Eingriffsfunktionen des Bundeskartellamts, FuR 1980, 71–78

Henke, Wilhelm, Das subjektive öffentliche Recht, Tübingen (Mohr) 1968

Hk-BGB s. Schulze, Reiner

Hilty, Reto M. (Hrsg.), Die Verwertung von Urheberrechten in Europa, Basel (Helbing und Lichtenhahn) 1995

Hoeren, Thomas, AGB-rechtliche Fragen zum Wahrnehmungsvertrag der VG Wort, AfP 2001, 8–13

Holeschofsky, Peter/Huber, Werner, Zur Mißbrauchsaufsicht über urheberrechtliche Verwertungsgesellschaften, ZfRV 1979, 30–40

Holeweg, Annette, Europäischer und internationaler gewerblicher Rechtschutz und Urheberrecht. Tabellarischer Überblick und aktuelle Entwicklungen, GRUR Int. 2001, 141–165

Hübner, Heinz/Stern, Klaus, Zur Zulässigkeit der Aufsicht des Deutschen Patentamtes über die Verwertungsgesellschaften nach dem Gesetz über die Wahrnehmung von Urheberrechten und verwandten Schutzrechten vom 9. 9. 1965 (WahrnG), GEMA-Nachrichten 1978 Nr. 106, 85–98

Immenga, Ulrich/Mestmäcker, Ernst-Joachim (Hrsg.), EG-Wettbewerbsrecht – Kommentar, München (Beck) 1997 (Band I und II sowie Ergänzungsband) (zitiert Immenga/Mestmäcker-*Bearbeiter* Art. EG Randnummer)

Immenga, Ulrich/Mestmäcker, Ernst-Joachim (Hrsg.), GWB, Gesetz gegen Wettbewerbsbeschränkungen – Kommentar, 3. Auflage München (Beck) 2001 (zitiert Immenga/Mestmäcker-*Bearbeiter,* § GWB Randnummer)

Isacker, Franz van, Vom tieferen Sinn des Urheberrechts und der Rolle, die die Verwertungsgesellschaften dabei spielen, in: Wilhelm Herschel/Friedrich Klein/Manfred Rehbinder (Hrsg.), (1.) Festschrift für Georg Roeber, Berlin (Schweitzer) 1973, 221–235

Jauernig, Othmar (Hrsg.), Bürgerliches Gesetzbuch (Kommentar), 10. Auflage München (Beck) 2003 (zitiert Jauernig-*Bearbeiter,* §§ Rn.)

Karnell, Gunnar Die Verwertungsgesellschaften in einem zusammenwachsenden Europa, GRUR Int. 1991, 583–592

Klauer, (o. Angabe des Vornamens), Die Vermittlung von Musikaufführungsrechten nach dem Gesetz vom 4. Juli 1933, UFITA 6 (1933), 291–298

Klauer, Irene, Die Europäisierung des Privatrechts – Der EuGH als Zivilrichter, Baden-Baden (Nomos) 1997

Koizumi, Naoki, Die Treuhandverwaltung von Urheberrechten durch Verwertungsgesellschaften in Japan, GRUR Int. 1998, 579–583

Kopp, Ferdinand O./Schenke, Wolf-Rüdiger, Verwaltungsgerichtsordnung (VwGO) – Kommentar, 13. Auflage München (Beck) 2003

Kötz, Hein, Europäisches Vertragsrecht, Bd. I: Abschluß, Gültigkeit und Inhalt des Vertrages, Die Beteiligung Dritter am Vertrag, Tübingen (Mohr) 1996

Kreile, Johannes, Die Berechtigten am Film: Produzent/Producer – Statement aus der Sicht der Verwertungsgesellschaften, ZUM 1999, 59–62

Kreile, Reinhold (Hrsg.), GEMA-Jahrbuch 2003/2004, Baden-Baden (Nomos) 2003

Kreile, Reinhold, Die Sozialbindung des geistigen Eigentums – Ein Beitrag zur Lehre über die Schranken des Urheberrechts, in: Peter Badura/Rupert Scholz, Festschrift für Peter Lerche zum 65. Geburtstag, München (Beck) 1993, S. 251–266

Kreile, Reinhold, Rechtedurchsetzung und Rechteverwaltung durch Verwertungsgesellschaften in der Informationsgesellschaft, in: Manfred Rehbinder/Martin Schaefer/Peter Zombik (Hrsg.), Aktuelle Rechtsprobleme des Urheber- und Leistungsschutzes sowie der Rechtewahrnehmung – Festschrift für Norbert Thurow, Baden-Baden (Nomos) 1999, S. 41–51 (zitiert *Kreile,* FS Thurow)

Kreile, Reinhold/Becker, Jürgen, GEMA, in: Rolf Moser/Andreas Scheuermann (Hrsg.), Handbuch der Musikwirtschaft, 6. Auflage München (Josef Keller) 2003, 687–707 (zitiert *Kreile/Becker,* in: Handbuch der Musikwirtschaft)

Kreile, Reinhold/Becker, Jürgen, Multimedia und die Praxis der Lizenzierung von Urheberrechten, GRUR Int. 1996, 677–692

Kreile, Reinhold/Becker, Jürgen, Stand der Harmonisierungsbemühungen der EG auf dem Gebiet des Urheberrechts am Vorabend des Europäischen Binnenmarkts, ZUM 1992, 581–594

Kreile, Reinhold/Becker, Jürgen, Verwertungsgesellschaften in der Informationsgesellschaft – Wirtschaftliche und rechtliche Standortbestimmung, in: Ulrich Immenga/Werner Möschel/Dieter Reuter (Hrsg.), Festschrift für Ernst-Joachim Mestmäcker zum siebzigsten Geburtstag, Baden-Baden (Nomos) 1996, S. 77–99

Kreile, Reinhold/Becker, Jürgen, Verwertungsgesellschaften, in: Rolf Moser/Andreas Scheuermann (Hrsg.), Handbuch der Musikwirtschaft, 6. Auflage München (Josef Keller) 2003, S. 593–631 (zitiert *Kreile/Becker,* in: Handbuch der Musikwirtschaft)

Kuhn, Martin, Recht und Praxis der Urheberrechtsverwertungsgesellschaften in Italien im Vergleich zu Deutschland, München (VVF) 1998 (zitiert *Kuhn,* Urheberrechtsverwertungsgesellschaften in Italien)

Kukuk, Gerd Urheberrechtswahrnehmung in den USA, Diss. Berlin 1995

Langen/Bunte, Kommentar zum deutschen und europäischen Kartellrecht, Band 1, 9. Auflage Neuwied (Luchterhand) 2001

Larenz, Karl/Wolf, Manfred, Allgemeiner Teil des Bürgerlichen Rechts, 9. Auflage München (Beck) 2004 (zitiert *Larenz/Wolf* Allgemeiner Teil)

Leinemann, Felix, Die Sozialbindung des „Geistigen Eigentums" – Zu den Grundlagen der Schranken des Urheberrechts zugunsten der Allgemeinheit, Baden-Baden (Nomos) 1998

Leisner, Walter, Urheberrechtsverwertung und Verfassungsrecht, UFITA 48 (1966), 46–81

Lerche, Peter, Anm. zu BGH v. 5. 6. 1984 – I ZR 53/83 – GEMA-Vermutung I, in: Schulze BGHZ 334, S. 18–21

Lerche, Peter, Rechtsfragen der Verwirklichung kultureller und sozialer Aufgaben bei der kollektiven Wahrnehmung von Urheberrechten, insbesondere im Blick auf den sogen. 10 %-Abzug der GEMA, GEMA-Jahrbuch 1997/98, 80–127

Lerche, Peter, Verwertungsgesellschaften als Unternehmen „sui generis", ZUM 2003, 34–38

Leßmann, Thomas, Verwertungsgesellschaften nach deutschem und europäischen Kartellrecht und deren Herausforderungen im Hinblick auf die digitalen Techniken, Diss. Münster 2001

Lieberecht, Erhard, Die Zweckübertragungslehre im ausländischen Urheberrecht – Deutschsprachige Länder und Europäische Gemeinschaft, München (Beck) 1983

Loewenheim, Ulrich (Hrsg.), Handbuch des Urheberrechts, München (Beck) 2003 (zitiert Loewenheim-*Bearbeiter*, Handbuch des Urheberrechts, § Rn.)

Loewenheim, Ulrich, Anmerkung zu BGH v. 14.10.1999 – I ZR 117/97 – Musical-Gala, LM Nr. 2 zu § 19 UrhG

Loewenheim, Ulrich, Urheberrecht und Kartellrecht – Überlegungen zur Anwendung des GWB bei der Verwertung von Urheberrechten und verwandten Schutzrechten, UFITA 79 (1977), 175–211

Löhr, Joachim, Die Aufsicht über Verwertungsgesellschaften, München (VVF) 1992 (zitiert *Löhr,* Die Aufsicht über Verwertungsgesellschaften)

Lux, Herwig, Verwertungsgesellschaften, Kartellrecht und 6. GWB-Novelle, WRP 1998, 31–38

Mauhs, Angela, Der Wahrnehmungsvertrag, Baden-Baden (Nomos) 1990

Medicus, Dieter, „Geld muß man haben" – Unvermögen und Schuldnerverzug bei Geldmangel, AcP 188 (1988), 489–508

Medicus, Dieter, Allgemeiner Teil des BGB, 8. Auflage Heidelberg (C. F. Müller) 2002

Melichar, Ferdinand, Die Wahrnehmung von Urheberrechten durch Verwertungsgesellschaften; am Beispiel der VG Wort, München (Schweitzer) 1983 (zitiert *Melichar,* Die Wahrnehmung von Urheberrechten durch Verwertungsgesellschaften)

Melichar, Ferdinand, Schöpfer vorbestehender Werke aus der Sicht der VG WORT, ZUM 1999, 12–15

Melichar, Ferdinand, Urheberrecht in Theorie und Praxis, Tübingen (Mohr) 1999

Melichar, Ferdinand, Zur Sozialbindung des Urheberrechts, in: Johann Adrian/Wilhelm Nordemann/Artur Wandtke (Hrsg.), Josef Kohler und der Schutz des geistigen Eigentums in Europa, Berlin (Berlin-Verlag Spitz) 1996, 101–111 (zitiert *Melichar,* in: Josef Kohler und der Schutz des geistigen Eigentums)

Menzel, Hans-Jürgen, Die Aufsicht über die GEMA durch das Deutsche Patentamt: ein Beispiel für die Aufsicht über Verwertungsgesellschaften, Heidelberg (Decker & Müller) 1986 (zitiert *Menzel,* Die Aufsicht über die GEMA)

Merkel, Jörg, Möglichkeiten und Grenzen einer Anwendung der Zweckübertragungstheorie in Erfinder-, Patent- und Gebrauchsmusterrecht, Bern/Frankfurt a.M. (Lang) 1974

Mestmäcker, Ernst-Joachim, Geistiges Eigentum und Kultur im Spannungsfeld von nationaler Regelungskompetenz und europäischem Wirtschafts- und Wettbewerbsrecht aus Sicht der Verwertungsgesellschaften, in: Jürgen Schwarze/Jürgen Becker (Hrsg.), Geistiges Eigentum und Kultur im Spannungsfeld von nationaler Regelungskompetenz und europäischem Wirtschafts- und Wettbewerbsrecht, Baden-Baden (Nomos) 1998, 53–74 (zitiert *Mestmäcker* in: Geistiges Eigentum und Kultur im Spannungsfeld)

Mestmäcker, Ernst-Joachim, Rechtstellung und Marktstellung der Inhaber gewerblichen und kommerziellen Eigentums im europäischen Gemeinschaftsrecht – zum Verhältnis von Art. 36 und Art. 86 EGV in: Jürgen Becker (Hrsg.), Wanderer zwischen Musik, Politik und Recht – Festschrift für Reinhold Kreile zu seinem 65.Geburtstag, Baden-Baden (Nomos) 1994, 419–428

Mestmäcker, Ernst-Joachim, Sind urheberrechtliche Verwertungsgesellschaften Kartelle? Berlin/Frankfurt a.M. (Vahlen) 1960

Mestmäcker, Ernst-Joachim, Zur Anwendung von Kartellaufsicht und Fachaufsicht auf urheberrechtliche Verwertungsgesellschaften und ihre Mitglieder in: Herbert Leßmann/Bernhard Großfeld/ Lothar Vollmer (Hrsg.), Festschrift für Rudolf Lukes zum 65. Geburtstag, Köln/Berlin/Bonn/München (Carl Heymanns) 1989, 445–460

Mestmäcker, Ernst-Joachim, Zur Rechtsstellung urheberrechtlicher Verwertungsgesellschaften im europäischen Wettbewerbsrecht in: Manfred Löwisch/Christian Schmidt-Leithoff/Burkhard

Schmiedel (Hrsg.), Beiträge zum Handels- und Wirtschaftsrecht – Festschrift für Fritz Rittner zum 70. Geburtstag, München (Beck) 1991, 391–404

Mestmäcker, Ernst-Joachim/Schulze, Marcel, Kommentar zum deutschen Urheberrecht unter Berücksichtigung des Internationalen Rechts und des Gemeinschaftsrechts in den Mitgliedstaaten der EG, Neuwied/Kriftel/Berlin (Luchterhand) seit 1962, Stand: 65. Aktualisierungslieferung Dezember 2003 (zitiert Mestmäcker/Schulze-*Bearbeiter* §§ Gesetz Randnummer)

Meyer, Katrin, Verwertungsgesellschaften und ihre Kontrolle nach dem Urheberrechtswahrnehmungsgesetz – Unter besonderer Berücksichtigung der Anforderungen und Möglichkeiten des digitalen Zeitalters, Baden-Baden (Nomos) 2001 (zitiert *Meyer,* Verwertungsgesellschaften und ihre Kontrolle)

Michael, Lothar, Der allgemeine Gleichheitssatz als Methodennorm komparativer Systeme – Methodenrechtliche Analyse und Fortentwicklung der Theorie der „beweglichen Systeme" (Wilburg), Berlin (Duncker & Humblot) 1997 (zitiert *Michael,* Der Gleichheitssatz als Methodennorm)

Möhring, Philipp/Schulze, Erich/Ulmer, Eugen/Zweigert, Konrad (Hrsg.), Quellen des Urheberrechts, Band 6 – Europäisches Gemeinschaftsrecht I und II, Neuwied (Luchterhand) Stand 53. Lieferung Oktober 2003

Müller, Bernd, Die verfassungsrechtliche Problematik des Gesetzes über die Wahrnehmung von Urheberrechten und verwandten Schutzrechten, Diss. Frankfurt a.M. 1968

Münchener Kommentar, s. Säcker/Rebmann/Rixecker

Neuner, Jörg, Die Rechtsfindung contra legem, München (Beck) 1992

Neuner, Jörg, Privatrecht und Sozialstaat, München (Beck) 1999

Nipperdey, Hans-Carl, Marktbeherrschende Unternehmen beim musikalischen Urheberrecht?, NJW 1953, 881–884

Nordemann, Wilhelm, Der Begriff der „angemessenen Bedingungen" in § 6 Absatz 1 Wahrnehmungsgesetz, GRUR Int. 1973, 306–310

Nordemann, Wilhelm, Entwicklung und Bedeutung der Vewertungsgesellschaften, in: Friedrich-Karl Beier/Alfons Kraft/Gerhard Schricker/Elmar Wadle (Hrsg.), Gewerblicher Rechtsschutz und Urheberrecht in Deutschland – Festschrift zum hundertjährigen Bestehen der Deutschen Vereinigung für gewerblichen Rechtsschutz und Urheberrecht und ihrer Zeitung, Weinheim (VCH) 1991, 1197–1210 (zitiert *Nordemann,* FS GRUR)

Nordemann, Wilhelm, Mängel der Staatsaufsicht über die deutschen Verwertungsgesellschaften?, GRUR 1992, 584–589

Palandt, Otto (Hrsg.), Kommentar zum Bürgerlichen Gesetzbuch, 63. Auflage München (Beck) 2004 (zitiert Palandt-*Bearbeiter,* § Randnummer)

Pawlowski, Hans-Martin, Methodenlehre für Juristen – Theorie der Norm und des Gesetzes; ein Lehrbuch, 3. Auflage Heidelberg (C. F. Müller) 1999 (zitiert *Pawlowski,* Methodenlehre)

Peinemann, Berthold, Die Pflichten der Verwertungsgesellschaften gegenüber den Urhebern und Leistungsschutzberechtigten, UFITA 52 (1969), 153–168

Pfennig, Bruno, Kartellrechtliche Fragen im urheberrechtlichen Geschäftsverkehr – Ein Beitrag darüber aus Anlaß des Erscheinens des Buches „Die Wettbewerbsbeschränkung" von Oswald Lehnich, UFITA 25 (1958), 129–151

Pfennig, Gerhard, Anmerkung zu LG Köln v. 9. 4. 1997, ZUM 1998, 170

Pfennig, Gerhard, Die Entwicklung der Verwertungsgesellschaften für Bildende Kunst, Fotografie und Film im europäischen Rahmen, in: Jürgen Becker (Hrsg.), Die Verwertungsgesellschaften im Europäischen Binnenmarkt – Symposion für Reinhold Kreile zum 60. Geburtstag, Baden-Baden (Nomos) 1990, 63–77 (zitiert *Pfennig,* in: Die Verwertungsgesellschaften im Europäischen Binnenmarkt)

Pfennig, Gerhard, Digital Rights Management Systeme aus der Sicht von Verwertungsgesellschaften, ZUM 2004, 198–203

Pickrahn, Günter, Verwertungsgesellschaften nach deutschem und europäischem Kartellrecht, Frankfurt a. M. (Lang) 1996
Platho, Rolf, Die nachträgliche Erweiterung des Rechtekatalogs in den Wahrnehmungsverträgen der Verwertungsgesellschaften – Diskussionsbeitrag in der Arbeitssitzung des Instituts für Urher- und Medienrecht am 24. 10. 1986, ZUM 1987, 77–79
Plugge, Walter/Roeber, Georg, Das musikalische Tantiemenrecht in Deutschland, Berlin (Hobbing) 1930
Poll, Günter, Aktuelle Rechtsfragen bei der Videoauswertung von Spielfilmen, FuR 1981, 505–513

Rawls, John, A Theory of Justice, Cambridge/Massachusetts (Harvard University Press) 1971
Reber, Nikolaus, Die Substituierbarkeit von Nutzungsformen im Hinblick auf § 31 Abs. 4 und 5 UrhG, ZUM 1998, 481–484
Reber, Nikolaus, Digitale Verwertungstechniken – neue Nutzungsarten – Hält das Urheberrecht der technischen Entwicklung noch stand?, GRUR 1998, 792–798
Reber,Nikolaus, Die Bekanntheit der Nutzungsart Film – ein weiterer Mosaikstein in einem undeutlichen Bild, GRUR 1997, 162–169
Rehbinder, Manfred, Mängel der Staatsaufsicht über die deutschen Verwertungsgesellschaften, DVBl. 1992, 216–222
Rehbinder, Manfred, Urheberrecht, 13. Auflage (Beck) München 2004
Reinbothe, Jörg, Die kollektive Wahrnehmung von Rechten in der Europäischen Gemeinschaft, in: Peter Ganea/Christopher Heath/Gerhard Schricker (Hrsg.), Urheberrecht – Gestern – Heute – Morgen, Festschrift für Adolf Dietz zum 65. Geburtstag, München (Beck) 2001, 517–531
Reinbothe, Jörg, Entwicklungen auf dem Gebiet des Urheberrechts in der Europäischen Union, in: Bernhard Großfeld/Rolf Sack/Thomas M.J. Möllers/Josef Drexl/Andreas Heinemann (Hrsg.), Festschrift für Wolfgang Fikentscher zum 70. Geburtstag, Tübingen (Mohr) 1998, 695–722
Reinbothe, Jörg, Geistiges Eigentum und die Europäische Gemeinschaft, ZEuP 2000, 5–28
Reinbothe, Jörg, Rechtliche Perspektiven für Verwertungsgesellschaften im Europäischen Binnenmarkt, ZUM 2003, 27–33
Reinbothe, Jörg, Rechtliche Rahmenbedingungen für Verwertungsgesellschaften im Europäischen Binnenmarkt, in: Jürgen Becker (Hrsg.), Die Verwertungsgesellschaften im Europäischen Binnenmarkt – Symposion für Reinhold Kreile zum 60. Geburtstag, Baden-Baden (Nomos) 1990, 19–24 *(zitiert Reinbothe,* in: Die Verwertungsgesellschaften im Europäischen Binnenmarkt)
Reinbothe, Jörg, Schlichtung im Urheberrecht – Die Schiedsstelle nach dem Wahrnehmungsgesetz, Funktion, Rechtsnatur und kartellrechtliche Problematik (§ 102a GWB), München (Beck) 1978 (zitiert *Reinbothe,* Schlichtung im Urheberrecht)
Reischl, Gerhard, Gewerblicher Rechtsschutz und Urheberrecht in der Rechtsprechung des Europäischen Gerichtshofs, GRUR Int. 1982, 151–158
Reischl, Gerhard, Zum Umfang der Staatsaufsicht nach dem Gesetz über die Wahrnehmung von Urheberrechten und verwandten Schutzrechten vom 9. September 1965 (BGBl. I S. 1294), GEMA-Nachrichten 106 (1978), 79–84
Riesenhuber, Karl, Besprechung von: Bernd Weichhaus, Das Recht der Verwertungsgesellschaften in Deutschland, Großbritannien und Frankreich, ZUM 2004, 335
Riesenhuber, Karl, Besprechung von: Bettina C. Goldmann, Die kollektive Wahrnehmung musikalischer Rechte in den USA und in Deutschland – Eine vergleichende Studie zu Recht und Praxis der Verwertungsgesellschaften, ZUM 2003, 888–890
Riesenhuber, Karl, Besprechung von: Friederike Bing, Die Verwertung von Urheberrechten – Eine ökonomische Analyse unter besonderer Berücksichtigung der Lizenzvergabe durch Verwertungsgesellschaften, ZUM 2004, 87–88
Riesenhuber, Karl, Besprechung von: Sabine Siebert, Die Auslegung der Wahrnehmungsverträge unter Berücksichtigung der digitalen Technik – Erläutert am Beispiel der GEMA, GVL, VG WORT und der VG BILD KUNST, ZUM 2004, 246–247

Riesenhuber, Karl, Die doppelte Vorausverfügung des Arbeitnehmer-Urhebers zugunsten von Verwertungsgesellschaften und Arbeitgeber, NZA 2004, (im Druck)

Riesenhuber, Karl, Die Richtlinie zum Urheberrecht in der Informationsgesellschaft als Ausgangspunkt für einen Konsolidierungsprozeß, in: Hanns Martin Schleyer-Stiftung (Hrsg.), Europa der Bürger? – Nach der Euro-Einführung und vor der EU-Erweiterung – Zwischenbilanz und Perspektiven, Köln 2002, S. 160f.

Riesenhuber, Karl, Die Vermutungstatbestände des § 10 UrhG, GRUR 2003, 187–196

Riesenhuber, Karl, System und Prinzipien des Europäischen Vertragsrechts, Berlin (de Gruyter) 2003

Riesenhuber, Karl, Transparenz der Wahrnehmungstätigkeit – Die Pflicht der Verwertungsgesellschaft zu Rechnungslegung, Publizität und zur Information ihrer Berechtigten –, ZUM 2004, 417–426

Riesenhuber, Karl/Rosenkranz, Frank, Das deutsche Wahrnehmungsrecht 1903–1933 – Ein Streifzug durch Rechtsprechung und Literatur –, UFITA 2004, im Druck

Riesenhuber, Karl/Vogel, Alexander v., Europäisches Wahrnehmungsrecht – Zur Mitteilung der Kommission über die Wahrnehmung von Urheberrechten und verwandten Schutzrechten im Binnenmarkt –, EuZW 2004, 519–523

Riesenkampff, Alexander, Wie sind urheberrechtliche Verwertungsgesellschaften nach dem GWB zu beurteilen?, Diss. Köln 1966

Rohleder, Bernhard, DRM – Herausforderung und Chance in der digitalen Welt, ZUM 2004, 203–204

Rom, Katharina von, Digital Rights Management – Rechtliche und wirtschaftliche Aspekte – Diskussionsbericht zum gleichnamigen Symposion des Instituts für Urheber- und Medienrecht vom 24.Oktober 2003 im Rahmen der Medientage München, ZUM 2004, 204–206

Rossbach, Claudia, Die Vergütungsansprüche im deutschen Urheberrecht – Praktische Wahrnehmung, Rechtsverkehr und Dogmatik, Baden-Baden (Nomos) 1990

Russ, Christian, Das Lied eines Boxers – Grenzen der Rechtswahrnehmung durch die GEMA am Beispiel des Falles „Henry Maske“, ZUM 1995, 32–35

Säcker, Jürgen/Rebmann, Kurt/Rixecker, Roland (Hrsg.), Münchener Kommentar zum BGB, 3. Auflage seit 1992 und 4. Auflage seit 2001 München (Beck) (zitiert Münchener Kommentar-*Bearbeiter* §§ Randnummer)

Samson, Benvenuto, Das neue Urheberrecht- Eine Einführung, UFITA 47 (1966), Seite 1–133

Samson, Benvenuto, Die urheberrechtliche Regelung in Dienst- und Tarifverträgen, UFITA 64 (1972), 181–193

Sandberger, Georg/Treeck, Joachim, Fachaufsicht und Kartellrecht nach dem Gesetz über die Wahrnehmung von Urheberrechten und verwandten Schutzrechten, UFITA 47 (1966), 165–210

Schack, Haimo, Europäisches Urheberrecht im Werden, ZEuP 2000, 799–819

Schack, Haimo, Urheber- und Urhebervertragsrecht, 2. Auflage Tübingen (Mohr) 2001

Schäfer, Hans-Bernd/Ott, Claus, Lehrbuch der ökonomischen Analyse des Zivilrechts, 3. Auflage Berlin/Heidelberg/New York (Springer) 2000 (zitiert *Schäfer/Ott,* Ökonomische Analyse des Zivilrechts)

Schenke, Wolf-Rüdiger, Schadensersatzansprüche des Versicherungsnehmers bei der Verletzung staatlicher Versicherungsaufsichtspflichten – Zur Frage der Drittgerichtetheit von Versicherungsaufsichtspflichten, in: Ulrich Hübner/Elmar Helten/Peter Albrecht (Hrsg.), Recht und Ökonomie der Versicherung – Festschrift für Egon Lorenz zum 60. Geburtstag, Karlsruhe (VVW) 1994, 473–514

Schippan, Martin, Rechtsfragen bei der Implementierung von Digital Rights Management-Systemen, ZUM 2004, 188–198

Schlechtriem, Peter, Die sogenannte Unklarheitenregel des § 5 AGBG, in: Andreas Heldrich/Peter Schlechtriem/Eike Schmidt, Recht im Spannungsfeld von Theorie und Praxis – Festschrift für Helmut Heinrichs zum 70. Geburtstag, München (Beck) 1998, 503–510

Schmidt, Karsten, Gesellschaftsrecht, 4. Auflage Köln/Berlin/Bonn/München (Heymanns) 2002

Schmidt, Manuela Maria, Die Anfänge der musikalischen Tantiemenbewegung in Deutschland – Eine Studie über den langen Weg bis zur Errichtung der Genossenschaft Deutscher Tonsetzer

(GDT) im Jahre 1903 und zum Wirken des Komponisten Richard Strauss (1864–1949) für Verbesserungen des Urheberrechts, Diss. Saarbrücken 2003, Berlin (Duncker & Humblot) voraussichtlich 2005 (in Vorbereitung)

Schmidt-Rimpler, Walter, Grundfragen der Erneuerung des Vertragsrechts AcP 147 (1941), 130–197

Schmieder, Hans-Heinrich, Werkintegrität und Freiheit der Interpretation, NJW 1990, 1945–1950

Schricker, Gerhard (Hrsg.), Urheberrecht – Kommentar, 2. Auflage München (Beck) 1999 (zitiert Schricker-*Bearbeiter* §§ Gesetz, Randnummer)

Schricker, Gerhard, Kurzkommentar zu BGH v. 13. 12. 2001 – I ZR 41/99 – Klausurerfordernis, EWiR 2002, 309–310

Schricker, Gerhard, Kurzkommentar zu BGH v. 14. 10. 1999 – I ZR 117/97 – Musical Gala, EWiR 2000, 99–100

Schricker, Gerhard, Kurzkommentar zu BGH v. 15. 10. 1987 – I ZR 96/85 – GEMA-Vermutung IV, EWiR 1988, 403–404

Schulze, Erich (Hrsg.), Rechtsprechung zum Urheberrecht – Entscheidungssammlung mit Anmerkungen, München (Beck) Stand 48. Ergänzungslieferung 2003

Schulze, Erich, Anmerkung zu EuGH v. 27. 03. 1974 Rs. 127/73 BRT II (SABAM III), GRUR 1974, 344–345

Schulze, Erich, Auswirkungen der Urheberrechtsnovelle, ZUM 1987, 47–56

Schulze, Erich, Die ersten Erfahrungen mit der neuen deutschen Urheberrechtsgesetzgebung, UFITA 50 (1967), 476–491

Schulze, Erich, Geschätzte und geschützte Noten – zur Geschichte der Verwertungsgesellschaften, Weinheim (VCH) 1995 (zitiert *Schulze,* Geschätzte und geschützte Noten)

Schulze, Erich, Sind wir auf dem Weg zu einer europäischen Verwertungsgesellschaft? in: Ulrich Immenga/Werner Möschel/Dieter Reuter (Hrsg.), Festschrift für Ernst-Joachim Mestmäcker zum siebzigsten Geburtstag, Baden-Baden (Nomos) 1996, 461–466

Schulze, Erich, Urheberrecht in der Musik, 2. Auflage Berlin/New York (de Gruyter) 1956 (zitiert E. *Schulze,* Urheberrecht in der Musik[2])

Schulze, Erich, Urheberrecht in der Musik, 5. Auflage Berlin/New York (de Gruyter) 1981

Schulze, Gernot, Teil-Werknutzung, Bearbeitung und Werkverbindung bei Musikwerken – Grenzen des Wahrnehmungsumfangs der GEMA, ZUM 1993, 255–269

Schulze, Marcel, Materialien zum Urheberrechtsgesetz, Texte – Begriffe – Begründungen, Band 1 und 2, Weinheim/Berlin/New York/Chichester/Toronto/Brisbane/Singapore (VCH) 1997 (zitiert *Schulze,* Materialien zum Urheberrechtsgesetz) (Besprechung *Riesenhuber,* KUR 2003, 107)

Schulze, Reiner (Schriftleitung), Bürgerliches Gesetzbuch – Handkommentar, 3. Auflage Baden-Baden (Nomos) 2003 (zitiert Hk-BGB-*Bearbeiter*)

Schwab, Roland, Recht und Praxis der Urheberverwertungsgesellschaften in Frankreich, München (VVF) 1989 (zitiert *Schwab,* Urheberverwertungsgesellschaften in Frankreich)

Schweyer, Stefan, Die Zweckübertragungstheorie im Urheberrecht, München (Beck) 1982

Siebert, Sabine, Die Auslegung der Wahrnehmungsverträge unter Berücksichtigung der digitalen Technik – erläutert am Beispiel der GEMA, GVL, VG Wort und VG BILD KUNST, München (Beck) 2002 (zitiert *Siebert,* Die Auslegung der Wahrnehmungsverträge)

Singer, Reinhard, Selbstbestimmung und Verkehrsschutz im Recht der Willenserklärungen, München (Beck) 1995 (zitiert *Singer,* Selbstbestimmung und Verkehrsschutz)

Staats, Robert, Aufführungsrecht und kollektive Wahrnehmung bei Werken der Musik, Baden-Baden (Nomos) 2004 (zitiert *Staats,* Aufführungsrecht und kollektive Wahrnehmung)

Staudinger, Julius von, Kommentar zum BGB, Berlin (Sellier/de Gruyter) (zitiert Staudinger-*Bearbeiter* (Erscheinungsjahr), §§ Randnummer)

Steden, Robin Christian, Das Monopol der GEMA – Zur Frage der kollektiven Wahrnehmung von Musikverwertungsrechten im 21. Jahrhundert, Baden-Baden (Nomos) 2003

Steding, Klaus, Der Kartellcharakter der Gesellschaft für musikalische Aufführungs- und mechanische Vervielfältigungsrechte, Diss. Münster 1964 (zitiert *Steding,* Der Kartellcharakter der GEMA)

Stockmann, Kurt, Die Verwertungsgesellschaften und das nationale und europäische Kartellrecht, in: Jürgen Becker (Hrsg.), Die Verwertungsgesellschaften im Europäischen Binnenmarkt – Symposium für Reinhold Kreile zum 60. Geburtstag, Baden-Baden (Nomos) 1990, S. 25–45 (zitiert *Stockmann,* in: Die Verwertungsgesellschaften im Europäischen Binnenmarkt)

Tietzel Manfred/Weber, Marion, Zur Ökonomik von Verwertungsgesellschaften am Beispiel der VG Wort, in: Claus Ott/Hans-Bernd Schäfer (Hrsg.), Ökonomische Analyse der rechtlichen Organisation von Innovation – Beiträge zum IV. Travemünder Symposium zur ökonomischen Analyse des Rechts (23.–26. März 1994), Tübingen (Mohr) 1994, S. 128–147

Ulmer, Eugen, Urheber- und Verlagsrecht, 2. Auflage Berlin/Heidelberg/New York (Springer) 1960 (zitiert *Ulmer,* Urheber- und Verlagsrecht[2])

Ulmer, Eugen, Urheber- und Verlagsrecht, 3. Auflage Berlin/Heidelberg/New York (Springer) 1980

Ulmer, Eugen, Zur Rechtsstellung der Musikverlage in der GEMA – Rechtsgutachten, GEMA- Nachrichten 1978 Nr. 106, 99–108

Ulmer, Eugen/Bußmann, Kurt/Weber, Sibylle, Das Recht der Verwertungsgesellschaften – Vergleichende Darstellung der gesetzlichen Bestimmungen, Weinheim (Verlag Chemie) 1955

Ulmer, Peter/Brandner, Erich/Hensen, Horst-Diether/Schmidt, Harry, AGB-Gesetz – Kommentar, 9. Auflage, Köln (Dr. Otto Schmidt-Verlag) 2001 (zitiert Ulmer/Brandner/Hensen-*Bearbeiter,* § AGBG Rn.)

Vieweg, Klaus/Röthel, Anne, Verbandsautonomie und Grundfreiheiten, ZHR 166 (2002), 6–34

Vogel, Martin, Wahrnehmungsrecht und Verwertungsgesellschaften in der Bundesrepublik Deutschland – Eine Bestandsaufnahme im Hinblick auf die Harmonisierung des Urheberrechts in der Europäischen Gemeinschaft, GRUR 1993, 513–531

Vogel, Martin, Kollektives Urhebervertragsrecht unter besonderer Berücksichtigung des Wahrnehmungsrechts in: Friedrich-Karl Beier/Horst-Peter Götting/Michael Lehmann/Rainer Moufang (Hrsg), Urhebervertragsrecht – Festgabe für Gerhard Schricker zum 60. Geburtstag, München (Beck) 1995, 117–147

Vogel, Martin, Verwertungsgesellschaften, in: Gerhard Schricker/Eva-Marina Bastian/Adolf Dietz (Hrsg.), Konturen eines europäischen Urheberrechts – 8. Ringberg-Symposium des Max-Planck-Instituts für Ausländisches und Internationales Patent-, Urheber- und Wettbewerbsrecht, 25. bis 30. September 1994, Schloß Ringberg, Tegernsee, Baden-Baden (Nomos) 1996, 79–86 (zitiert *Vogel,* in: Konturen eines europäischen Urheberrechts)

Wallace, William, Control over the Monopoly Exercise of Copyright, GRUR Int. 1973, 357–360

Walter, Michel (Hrsg.), Europäisches Urheberrecht – Kommentar, New York, Wien (Springer) 2001

Wandtke, Artur-Axel, Die Kommerzialisierung der Kunst und die Entwicklung des Urheberrechts im Lichte der Immaterialgüterrechtslehre von Josef Kohler, GRUR 1995, 385–392

Wandtke, Artur-Axel/Bullinger, Winfried (Hrsg.), Praxiskommentar zum Urheberrecht, München (Beck) 2002 (zitiert Wandtke/Bullinger-*Bearbeiter* §§ Gesetz Randnummer)

Weichhaus, Bernd, Das Recht der Verwertungsgesellschaften in Deutschland, Großbritannien und Frankreich, Hamburg Verlag (Dr. Kovač) 2002 (Besprechung *Riesenhuber,* ZUM 2004, 335)

Wiedemann, Herbert, Die Auslegung von Satzungen und Gesellschaftsverträgen, DNotZ 1977, Sonderheft, S. 99–111

Winghardt, Stefan, Gemeinschaftsrechtliches Diskriminierungsverbot und Inländerbehandlungsgrundsatz unter dem Blickwinkel der kollektiven Wahrnehmung urheberrechtlicher Ansprüche, GRUR Int. 2001, 993–1011

Wirtz, Martin, Die Kontrolle von Verwertungsgesellschaften – Eine rechtsvergleichende Studie des Deutschen, Britischen und Europäischen Rechts, Frankfurt a. M. (Lang) 2002 (zitiert *Wirtz,*

Die Kontrolle von Verwertungsgesellschaften) (Besprechung *Waldenberger,* AfP 2002, 554–555)

Wolf, Manfred/Horn, Norbert/Lindacher, Walter, AGB-Gesetz – Kommentar, 4. Auflage München (Beck) 1999 (zitiert Wolf/Horn/Lindacher-*Bearbeiter,* § AGBG Randnummer)

Wolff, Hans J./Bachof, Otto/Stober, Rolf, Verwaltungsrecht, Band 1, 11. Auflage, München (Beck) 1999

Wünschmann, Christoph, Die kollektive Verwertung von Urheber- und Leistungsschutzrechten nach europäischem Wettbewerbsrecht, Baden-Baden (Nomos) 2000 (zitiert *Wünschmann,* Die Kollektive Verwertung von Urheber- und Leistungsschutzrechten)

Zimmermann, Reinhard, The Law of Obligations – Roman Foundations of the Civilian Tradition, Cape Town/Wetton/Johannesburg (Juta) 1990

Stichwortverzeichnis